本书出版获以下经费资助,特此致谢:

· 李嘉诚基金会汕头大学文学院专项经费

· 汕头大学科研启动项目"社会语言学视野中的中国农村"
  (编号:35941926)

· 2014 年度国家社会科学基金项目" 闽南农村汉语方言词
  汇变化研究"(批准号:14BYY048)

· 2016 年度" 福建省高等学校新世纪优秀人才支持计划"
  (JYXSJ201602)

闽南农村
汉语方言词汇
变化研究

付义荣◎著

中国社会科学出版社

图书在版编目（CIP）数据

闽南农村汉语方言词汇变化研究／付义荣著．—北京:中国社会科学出版社，
2020.12

ISBN 978-7-5203-7358-6

Ⅰ.①闽… Ⅱ.①付… Ⅲ.①汉语方言—词汇—研究—福建 Ⅳ.①H17

中国版本图书馆 CIP 数据核字（2020）第 186807 号

出 版 人 赵剑英
责任编辑 周慧敏 任 明
责任校对 李 莉
责任印制 郝美娜

出　　　版 中国社会科学出版社
社　　　址 北京鼓楼西大街甲 158 号
邮　　　编 100720
网　　　址 http://www.csspw.cn
发 行 部 010-84083685
门 市 部 010-84029450
经　　　销 新华书店及其他书店

印刷装订 北京君升印刷有限公司
版　　　次 2020 年 12 月第 1 版
印　　　次 2020 年 12 月第 1 次印刷

开　　　本 710×1000 1/16
印　　　张 14.75
插　　　页 2
字　　　数 252 千字
定　　　价 88.00 元

内容提要

　　本书是一次关于闽南农村方言词汇变化的社会语言学研究。通过深入调查，我们发现，闽南农村的方言词汇虽然有一部分还比较稳定，但更多的词语变化明显，变化中的词汇既有闽南方言的核心特征词，也有一般词汇以及诸多亲属称谓。突出的变化主要有三：一是老龄化，即闽南方言词汇的知晓者更多地集中于年长者，而越是年轻者就越不知道这些词汇了；二是正在消失，即有些词语已经极少为人所知，甚至连相应的替代语词都没有；三是普通话化，即很多闽南方言词语正被普通话词语所取代，或者闽南方言中那些与普通话更接近的词语正在闽南农村迅速扩散。导致变化的既有社会因素，也有语言自身的因素。社会因素诸如非农化、城市化、教育的普及、社会流动的日益活跃等，而语言自身的因素诸如语言本身的变异性、词汇本身的某些特性等。这些因素综合在一起，才引发了一系列变化，而这些变化又使得闽南农村方言词汇原有的特征正在加速消退。闽南农村所发生的这一切不能不引起我们的重视，加强农村地区汉语方言词汇的记录、描写与研究，因此将是我国语言文字工作当前及未来一个时期的重要任务。

目　　录

第一章

绪　　论

　　本书是国家社科基金项目"闽南农村汉语方言词汇变化研究"的结项成果，但该项目在开始申报的时候，其题为"进行中的语言变化：闽南农村汉语方言词汇的消失"，只是在后来的论证过程中，有关专家和同行建议将其改为现在的题目。这一改，题目确实变得更简洁、更明了，但需要指出的是，改后的题目较没改之前在研究内容和方法上都有很大的变化，其涵盖的内容更加广泛：原题所要研究的只是"进行中的语言变化"（change in progress），这是社会语言学领域的研究范畴；而改后的题目也可以涉及已经完成的语言变化，这是历史语言学的研究范畴；原来的题目只涉及词汇的消失，而改后的题目还可以涉及词汇的其他变化，包括新词的产生、词语形式的变化等。不过，题目的改变并没有改变笔者的初衷，更没有改变笔者所要研究的重点，即要运用社会语言学的理论、方法来描写并解释闽南农村地区汉语方言词汇①的变化，尤其是消失的情况。

第一节　问题的缘起

　　之所以要进行本项目的研究，主要基于以下几个方面的考虑。

一　中国社会及方言的现状

　　改革开放之于中国的改变不言而喻，其中最为突出的就是中国社会的转型，即由一个乡村型社会进入一个城镇型社会。据国家统计局（www. stats. gov. cn）公布的数据：1978 年，我国城镇人口还只有 17425

---

① 为行文方便，若非特别指出，后文所说"方言词汇"即指"汉语方言词汇"。

万，城镇化率①仅为 17.92%，这时中国还是一个典型的农业大国；2011
年，中国的城镇人口首超农村人口，达到 69079 万，城镇化率达到
51.27%；2016 年，我国城镇人口更是达到了惊人的 79298 万，城镇化率
已高达 57.35%。在不到 40 年的时间里，我国经历了世界上最大规模的城
镇化过程，城镇化率年均增长 1%，城镇每年新增人口 1600 多万。与城镇
化高速发展形成鲜明对比的，则是中国农村人口的流失、村落社会的解体
甚至终结。在广大农村，越来越多的人洗脚上田，走进工厂、走进城镇，
甚至走向世界，开启了与父辈们别样的生活。原本"鸡犬之声相闻"的
乡村一下子冷清许多，成为空巢老人和留守儿童的家园，甚至单人村、无
人村也不再是什么新鲜事。有数据显示，1985—2001 年，中国村落的个
数就由 940617 个锐减到 709257 个，仅 2001 年，就比 2000 年减少了
25458 个，日均减少 70 个（李培林，2004：1）。

中国社会结构的巨大变化之于汉语方言的影响是可以想见的。城市
方言随着外来人口的大量涌入正面临从未有过的压力，农村方言则会因
人口的大规模迁出而导致方言使用人口的损耗。许多研究显示，我国很
多地区的汉语方言已经出现程度不等的萎缩现象。所谓"萎缩"，主要
是指这样两种情况：一是从系统内部看，方言原有的特征（包括语音、
词汇、语法等）正在消退，越来越趋同于其他语言或方言；二是从使用
的角度看，曾经在一个地区盛行的方言，其使用者的数量及比例在下降
或呈现老龄化的趋势，或者使用范围在不断缩小，有的甚至退至家庭
内部。

以江淮官话的代表——"南京话"为例：从其系统看，其方音正在
向普通话靠拢（鲍明炜，1980），其原有的特色正在减退，而北方话的成
分正在增加（刘丹青，1994）；从其使用来看，普通话在南京的使用人口
比例正在快速递升，尤其在家庭之外的场合，普通话的使用已经远超南京
话，南京甚而已经成为一个"普通话城市"（付义荣，2004；徐大明、付
义荣，2005；张璟玮、徐大明，2008）。类似南京的情况还有很多，如在
苏州（汪平，2003）、徐州（苏晓青、刘磊，2002；苏晓青、佟秋妹等，
2004）、常州（孙锐欣，2007）、怀化（胡蓉、蒋于花，2008）等地，都
发现了当地方言在萎缩的现象。不止如此，那些传统上被认为比较强势的

———————

① 这里的"城镇化率"指的是当年度的城镇人口与年末总人口的百分比。

方言，如上海话、广州话，还有我们所要研究的闽南话等，情形似乎也不好。如蒋冰冰（2006）、吴翠芹（2008）等研究显示，在上海，上海话正在由外部交际退至家庭内部，且越来越集中于老年人；陆镜光等（2003）、郭熙等（2005）的调查也显示，广州话在广州也大致如此；林晓峰与吴晓芳（2015）甚至认为，厦漳泉的闽南话活动能力相当低，前景堪忧，已处于濒危状态。强势方言尚且如此，那些小片的弱势方言更是可想而知，如闽浙边界一带的畲话，两广、湘、琼的水上人家所说的疍家话，两广、闽、琼等地分布的军话、正话、儋州话、迈话、伶话等方言岛，闽北山区及湘桂边界的一些小片方言，使用人口很少，正面临失传的危险（李如龙，2008）。方言萎缩在今天的中国业已成为不争的事实，为此，一批学者如潘悟云等人（2010）积极呼吁"抢救日渐衰微的汉语方言"；曹志耘（2010）则倡议建立语言或方言博物馆，将各种汉语方言及其文化形式展列其中，既供人欣赏，也供人研究。

方言的萎缩也是一种语言变化，而语言变化具有不平衡性，其中词汇的变化速度要快于语音和语法，所以方言的萎缩必然更明显地表现在方言词汇的消失上，就像美国语言学家汤姆森（Thomason，2014：226）所认为的那样，如果一种语言要消失，那第一步便是其词汇的消失。令人担忧的是，现有的一些研究者如苏晓青等（2004）、李如龙与徐睿渊（2007）、张敏（2011）、刘立娅（2017）等都证实了方言词汇正在消失的事实。这一事实对于旨在建设文化强国的现代中国来说并不是什么好消息，因为文化与语言，尤其与语言中的词汇有着异常密切的联系。英国著名社会语言学家赫德森（Hudson，2000：78）认为，文化是由概念（concept）和命题（proposition）构成的，而语言绝大多数词汇都是可以表达概念的；我国著名学者陈松岑（1985：51）则认为，特定的文化常把某种烙印加到语言之上，尤其加到语言的词汇上；邢福义（2000：11）也明确指出，"语言，主要是它的词汇，是人类编织文化世界，当然包括其物质层次的丝线；从语言棱镜，主要是它的词汇系统中，可以观察到文化物质层次的种种景象"。"方言是地域文化的重要载体，又是地域文化整体的一部分"（陈建民，1997），方言词汇的消失显然不利于我们对地方文化的认知，当然也不利于地方文化的传承、保护与发展。因此，单就文化保护这个视角看，加强方言词汇的研究也是非常必要而紧迫的。

二　我国方言词汇研究的现状

2014 年年初，笔者准备申报课题时，曾以篇名含有 "方言词汇" 在中国知网（www.cnki.net）上搜索了 2009—2013 年的论文，通过一番甄别，共获得 201 篇汉语方言词汇方面的研究性论文（相关数据见表 1.1）。由该表来看，关于方言词汇的研究主要集中于方言学、历史语言学、比较语言学、文化语言学等领域，而从社会语言学视角进行研究的最少，仅 7篇。即便几年过去了，这一局面并没有多大改观。以国内唯一的方言学核心期刊《方言》为例，该刊最近三年（2014—2016）共发表了 14 篇关于汉语方言词汇方面的论文，但它们全部都是从方言学或历史语言学视角来进行研究的，没有一篇是属于社会语言学的。虽然这些数据并不能代表我国汉语方言词汇研究的全部，但也从一定程度上反映了这一领域的研究现状，其所关注的问题无外乎：某地方言有哪些词汇，特征如何，具有怎样的文化内涵，与其他语言（包括方言）或古汉语相比，有什么渊源关系或有什么异同，曾经历了怎样的变化，等等。

表 1.1　　　　　　　　　　汉语方言词汇研究方献统计

	方言学	历史语言学	比较语言学	文化语言学	社会语言学	其他	合计
篇　数	91	23	27	28	7	25	201
％	45.3	11.5	13.4	13.9	3.5	12.4	100

这些问题不仅是近几年，也是我国方言词汇研究长期以来都非常关注的内容。例如，对某地方言词汇进行共时描写的有朱建颂与刘兴策（1981）的《武汉方言词汇》、黄雪贞（1991）的《湖南江永方言词汇》、刘丽华（2000）的《蓝田（涟源）方言词汇》等；对方言词汇进行比较研究的有鲍厚星（1985）的《方言词汇比较与湖南方言分区》、沈文洁（1996）的《成都话与普通话及各方言词汇的比较》、孙建华（2009）的《陕西方言词汇比较研究》等；关注方言词汇特征的有饶秉才等（1981）的《广州方言词汇特点研究》、邓晓华（1996）的《客家方言的词汇特点》、周志锋（2010）的《宁波方言的词汇特点》等；关注方言词汇的历史文化内涵的有郭锦桴（2004）的《汉语地名与多彩文化》、周振鹤与游汝杰（2006）的《方言与中国文化》、陈建民（1997）的《从方言词汇

看地域文化》等；关注方言词汇历史演变的有邵百鸣（2003）的《南昌话词汇的历史层次》、叶雪萍（2010）的《客家方言词汇源流考》、邵则遂（2011）的《古楚方言词历时研究》等；对方言词汇的意义、用字进行考释或考证的有张惠英（1990）的《广州方言词考释》、董绍克（2005）的《方言字初探》、雒鹏（2008）的《甘肃方言本字考察》等。可以说，此类文献随处可见、难以尽数，反观社会语言学领域的研究则要稀疏得多（下文会有详述，在此不赘）。

　　作为我国方言研究重要的组成部分，涉及或专门针对闽南地区方言词汇的研究也大致如此。以我们所要研究的闽南方言为例：进行共时描写的如林宝卿（1992）的《漳州方言词汇》、林连通（1987）的《福建永春方言词汇》；进行比较研究的如许绿翎等（1991）的《闽南方言词汇初探》、马重奇等（2007；2008）的《闽台闽南方言词汇比较考源》等；进行历时研究的如李如龙与徐睿渊（2007）的《厦门方言词汇一百多年来的变化——对三本教会厦门话语料的考察》、马重奇（2009）的《十九世纪初叶福建闽南方言词汇研究》；进行考释或考证的如周长楫（1982）的《说"一""禃"和"蜀"》、林宝卿（1998）的《闽南方言若干本字考源》等；关注方言文化的如林寒生（1994）的《从方言词汇透视闽台文化内涵》、李如龙（2003）的《闽南方言与闽南文化》等。

　　上述研究虽然对于了解方言词汇是必要的，但却忽略了这样一些重要的问题：方言词汇究竟正在发生怎样的变化，其变化的类型有哪些，是否正在发生令人担忧的消失呢，是什么原因导致的变化，变化的趋势如何，我们又该如何应对这些变化。这些问题归结为一点，那就是我们对汉语方言词汇"进行中的变化"还缺乏足够的了解。通过调查共时的语言变异（linguistic variation）来研究进行中的变化，不仅可以对语言变化进行直接观察，还可以解释变化动因、厘清发展机制，这是社会语言学的创新，也是社会语言学之于语言学的价值所在（Labov，2007：9—27；徐大明等，1997：131—161）。因此，对方言词汇有必要引入并增强社会语言学的研究，这可以让我们深入并系统了解汉语方言词汇"进行中的变化"。

三　中国社会语言学研究的现状

　　社会语言学产生于 20 世纪 60 年代的美国，其形成标志是 1964 年，由美国社会科学研究理事会社会语言学委员会（the Committee on Sociolin-

guistics of the US Social Science Research Council) 召集一群语言学家及其
他学者而举行的一次跨学科的研讨会，此次会议为期八周，会议的论文最
后结集出版。自此以后，社会语言学得以正式确立并迅速发展起来，从而
成为"语言研究中一个主要的增长点"（Hudson，2000：1）。

　　然而，社会语言学因其兴起于高度城市化的西方，从一开始便带有
"重城市轻农村"的倾向。许多重要的社会语言学家都明确表达了自己对
城市的偏好，社会语言学的奠基人拉波夫（Labov，2007：23）就认为，
"城市总是语言变化的中心"；渥德华（Wardhaugh，2000：134）则认为，
"在 20 世纪晚期一个高度城市化的社会里，城镇是研究语言变异的唯一
途径，忽视城镇是不可理解的"；甘柏兹（2001：8）更是明确说道："正
是在都市生活的领域中，社会语言学的研究可以揭示社会过程的内涵。"
正是基于这样的认识，西方很多经典的社会语言学研究都是以城市为单元
而进行的，如拉波夫在纽约市（New York）关于英语和社会层次的研究
（Labov，1966）、在美国内陆城市关于黑人英语的研究（Labov，1972a）；
特鲁杰在诺里奇市（Norwich）关于语言与性别的研究（Trudgill，1972）、
关于城市方言变化的研究（Trudgill，1988）；麦克雷（Macaulay，1977）
在格拉斯哥市（Glasgow）关于语言和社会阶层、语言与教育之间关系的
研究；L. 米尔罗伊（L. Milroy，1987）在英国贝尔法斯特市（Belfast）关
于语言与社会网络的研究等。西方社会语言学研究诚如许国璋（1997：
75）所总结的，社会语言学家们"就在自己生活和工作的城市及周围寻
找研究对象，制定了目标和方法，得出了有趣的结果"。

　　20 世纪 80 年代初，社会语言学被引进中国。经 30 余年的发展，
中国社会语言学无论在国际交流、组织整合，还是在理论及实践方面
都取得了长足的进步（赵蓉晖，2004；徐大明，2006a）。然而，审视
我国社会语言学的实践，不难发现，它与西方社会语言学一样依旧带
有浓浓的城市味，大量调查研究仍旧以城市为主题而进行，所涉内容
包括城市方言与普通话的使用、城市居民的语言使用与语言态度、城
市化进程中的特有社会族群（如农民工族群、少数民族族群）的语言
使用与语言适应、城市中特别言语社区（如新兴工业区、科学岛等）、
城市方言的保持情况等（郭骏，2013）。除了不断涌现的专著、论文，
以城市为单元的社会语言学调查与研究——"城市语言调查"，还有

专门的国际学术研讨会①、学术团体②；在一些大学还开设了面向研究生的"城市语言调查"选修课。"城市语言调查"就像徐大明等（2010）所总结的，业已成为"中国社会语言学的一个特色，并得到国际学术界的认可"。

　　与"城市语言调查"的热闹相比，针对中国农村的社会语言学调查研究则门前冷落：迄今没有专门的学术研讨会、学术团体，其实际成果也是少得可怜。以国内唯一常年辟有"社会语言学"专栏的核心期刊——《语言文字应用》为例，其最近5年发表的社会语言学论文共有41篇，其中"农村语言调查"类论文仅仅只有5篇，还不到"城市语言调查"类论文数的1/4（具体见表1.2）。这些数据一定程度上反映了中国社会语言学当前的状况，即依旧存在"重城市轻农村"的明显倾向。

表1.2　　　　《语言文字应用》2012—2016年社会语言学论文统计③

	城市	农村	综合	理论	特殊语域	合计
篇数	23	5	3	3	7	41
%	56.10	12.20	7.31	7.31	17.08	100

　　在论及"城市语言调查"的重要性与必要性时，徐大明等（2010）认为，语言具有与社会共变的性质，城市化的加速发展，使得大批具有不同语言及方言背景的人口短期内涌入城市，加大了城市语言状况的复杂性，为语言变化提供了更多的社会动力；观察城市化进程中的语言演变情况、发现新的言语社区和新的语言变体的形成过程便成为现代语言学尤其是社会语言学的重要任务；但在社会语言学刚刚兴起的20世纪60年代，

---

①　2003年6月，南京大学成立国内首家社会语言学实验室；同时召开了"首届城市语言调查专题报告会"。该实验室成立一周年时，又举办了"第二届城市语言调查专题报告会"。2005年，该报告会更名为"城市语言调查国际学术研讨会"并于当年6月在南京召开。该会议每年举办一次，截至2016年，已在中国的南京、天津、长春、厦门、呼和浩特、西安，还有德国的曼海姆（Mannhem）、荷兰的莱顿（Leiden）等市举办过14次。

②　2016年8月11—12日，"第十四届城市语言调查国际学术研讨会"在南京晓庄学院召开。在此次会议上，与会代表倡议建立"国际城市语言学会"以便学术交流。2017年，该学会在澳门注册并正式成立，第一任会长为澳门大学徐大明教授。

③　该表中"城市"是指"城市语言调查"类论文；"农村"是指"农村语言调查"类论文；"综合"是指调查区域不明确或既包括城市也包括农村的论文；"理论"是指理论探讨或综述类论文；"特殊语域"是指针对儿童语言、军事术语、公司用语等所作的论文。

欧美各国的城市化加速发展期已基本结束，因此欧美的社会语言学家未能及时观察到城市化加速发展期的语言演变情况，也无从观察现有城市言语社区的形成过程。在徐大明教授看来，中国正处在城市化加速发展期，中国的"城市语言调查"可谓适逢其时，正好弥补了欧美社会语言学的缺憾。对此观点，笔者深以为然，但需要指出的是，城市化的加速发展同样也是应该加强"农村语言调查"的重要因素，甚至是首要因素。因为城市化的加速发展所改变的并不仅仅只有城市，还有广大农村，这在前文已有所述，即农村人口比例下降、村落社会解体等，进而导致农村地区汉语方言的萎缩甚至消亡，更何况欧美社会语言学也同样地错过了观察农村言语社区语言变化的最佳时期。

实际上，近年来，针对中国农村所做的社会语言学研究也有一些，但主要集中于宏观社会语言学①和民族语言学这两个领域。前者所探讨的主要是说话人对普通话与汉语方言的选择使用、态度以及这两种语言变体的关系等，如曹志耘（2003）对浙江金华市珊瑚村方言状况的调查研究，钟梓强等（2010）对贺州市八步镇某自然村语言生活的调查研究，林伟（2011）对山东泰安市东平县宿城村外出务工人员语言状况的调查研究；后者所探讨的主要是说话人对汉语与少数民族语言的选择使用、态度以及这两种语言变体的关系等，如岳雅风（2010）对云南绿春县牛孔乡四个民族村的双语状况所进行的调查研究，向亮（2010）对湘西自治州潭溪镇某土家语孤岛所做的调查研究，孙叶林（2011）从语言接触视角对湖南常宁塔山汉语与勉语（瑶语的一种）关系所做的调查研究。

相对这两个领域，针对中国农村汉语方言而进行的微观社会语言学研究则更少。其中与方言词汇变化相关的研究，较早的如笔者于2002—2005年期间针对安徽无为县傅村所做的社会语言学调查，其中有部分内容涉及傅村方言词汇的变化（付义荣，2011a）；专门针对词汇变化的则有蒙凤金与唐红梅（2010）对广西南宁市万秀村平话词汇的代际差异现

---

① "宏观社会语言学"（macrosociolinguistics）又称"语言社会学"（the sociology of language），是相对于"微观社会语言学"（microsociolinguistics）的。按英国社会语言学家 Hudson（2000：4）的观点，宏观社会语言学就是"联系语言而对社会进行的研究"，微观社会语言学则是"联系社会而对语言进行的研究"。一般而言，前者更多地关注语言整体的属性，如语言规划、语言生活、语言文化研究等；后者则深入语言系统本身，探讨社会因素对语言的影响，如语言变异与变化研究、话语分析等。

象所做的调查研究、张敏（2011）对河南商水县刘营村方言词汇变异的调查研究等。此外，还有一些调查研究则是专门针对某一类词尤其是亲属称谓的，如付义荣（2008）关于安徽傅村父亲称谓的变化研究、陈琦敏（2009）关于福建莆田方言母亲称谓的调查研究。这些针对方言词汇所做的社会语言学研究或以某个村子为调查单元，或以亲属称谓为研究对象，都不同程度地存在调查范围过小、研究内容过窄等问题，若要较为完整地、系统地了解某个方言区域内词汇的变化机制，还需要拓展调查范围与研究内容。

四 研究的可行性及特殊意义

从上述中国社会及语言的实际状况以及学术界的相关研究来看，加强中国农村地区方言词汇的社会语言学研究无疑是一项十分紧迫的任务，而当我们确定这样的研究议题时，接下来的问题就是如何选择一个合适的研究对象来实施。

从研究的可行性出发，我们选择了闽南农村。与传统的语言学研究有所不同，社会语言学所要研究的是社会环境中人们正在使用的语言，这就决定了它不是"椅子上"的学问，而是一门实证性很强的学科，需要研究者走出书斋去搜集所需的语料与数据。然而，中国农村太大，仅凭本课题组屈指可数的几个人在短短几年内，甭说深入调查，即便是走马观花也不太可能，因此必须在广袤的中国农村选择某个区域来进行调查研究。本项目组从负责人到成员，绝大多数都在闽南地区工作、生活多年，其中不乏地地道道的闽南人。从研究的方便、可行角度看，就近选择闽南农村就成了自然而然之事。而且闽南地区最为流行的方言——闽南方言也是中国学术界研究得最为充分的方言之一。传统的闽南方言研究，从第一部闽南方言韵书《汇音妙悟》① 算起，至今已有200多年的历史了，而具有现代意义的语言学研究，以周辨明的《厦语入门》② 等算起，也有近百年的历史了（马重奇，2016：848）。长期持续的研究为我们留下了大量关于闽

---

① 《汇音妙悟》，全称《增补汇音妙悟》，著者黄谦，泉州人氏。书成于嘉庆五年（1800），是一部仿造《戚林八音》而撰作、反映泉州方音的通俗韵书。

② 《厦语入门》，初版于20世纪30年代，后于1949年由厦门大学出版社再出修订版。著者周辨明（1891—1984），福建惠安人，著名语言学家，是最早研究汉语拼音的学者。

南方言的文献，从诸多市县的闽南方言志，到闽南方言韵书、词典，到闽南方言学习材料，再到专门的学术著作和论文，可谓一应俱全①，它们都可以为我所用，是本项目顺利实施的有利条件。

此外，闽南地区所具有的另一项特殊性也使得本项目具有了另一番特殊的价值与意义。2007 年 6 月 9 日，文化部正式批准建立闽南文化生态保护实验区，这是以闽南的泉州、漳州、厦门为特定区域的、全国第一个实验性质的文化生态保护区；与此同时，文化部还公布实施《闽南文化生态保护实验区纲要》。为更好地推进该实验区的建设，福建省闽南文化生态保护实验区领导小组以该《纲要》为基础，于 2009 年出台了《闽南文化生态保护区总体规划》并报文化部，其间反复修改，至 2013 年 2 月 5 日经文化部同意，批转福建省政府实施。2014 年 4 月，福建省人民政府办公厅正式颁布实施统一规划。国家及地方之所以如此重视闽南文化的保护，不仅是为了维护我国传统文化的多样性，也是为了促进两岸文化交流、增进两岸文化认同、推进两岸和平统一。可以说，闽南文化是海峡两岸血脉相连的最好证明，其保护工作成功与否直接关乎祖国统一大业的成败。

显而易见，要做好闽南文化保护工作自然少不了闽南方言研究，尤其是闽南方言词汇研究这一关键环节（文化与词汇之间的特殊关系，前文已有所叙，在此不赘）。就《闽南文化生态保护区总体规划》来看，虽然没有明确列出"闽南方言"这一项，但其中的"民间文学""传统戏剧""曲艺"三个大类共 18 个项目②，显然与闽南方言有关，而其他的文化保护项目，如传统音乐、传统舞蹈，甚至古建筑、石刻等，也或多或少地以词汇的形式在闽南方言中有所体现。因此，从闽南方言入手，尤其从其词汇入手，是可以了解闽南文化的真实状况的，而这是任何保护工作的基础。

总之，正是基于以上四个方面的综合考量，我们才会想到用社会语言

---

① 马重奇（2011）在其《20 年来闽方言研究综述》一文中也对 1989—2009 年的闽南方言研究成果进行了梳理，列举了大量关于闽南方言的文献及其他成果，光方言志就有 25 种之多。
② 根据《闽南文化生态保护区总体规划》，非物质文化部分共有 10 个大类，其中"民间文学"类 2 项：闽南童谣、灯谜（晋江）；"传统戏剧"类 10 项：梨园戏、高甲戏、歌仔戏、泉州提线木偶戏、晋江布袋木偶戏、漳州布袋木偶戏、打城戏、南靖竹马戏、惠安南派布袋戏、诏安铁枝戏；"曲艺"类 6 项：东山歌册、锦歌、漳州南词、答嘴鼓、歌仔说唱、厦门方言讲古。

学的理论、方法来研究闽南农村方言词汇的变化，这样的研究至少具有这样几个意义：其一，有助于了解方言词汇乃至整个方言的消失机制，进而对弄清语言如何变化、何以变化有所贡献；其二，有助于了解我国农村地区汉语方言的现状，为我国制定更加科学、和谐的语言政策提供依据和参考；其三，记录下那些行将消失的方言词汇，为我国语言资源的保护有所贡献；其四，有助于了解中国农村地方文化的变迁，萨丕尔（1985：196）说过，"语言的词汇多多少少忠实地反映出它所服务的文化"，透过我国农村汉语方言词汇的变化也可了解当地的文化变迁，并因此对我国地方文化的保护有所贡献。

第二节　闽南地区的社会及语言概况

既然要在闽南农村实施一次社会语言学调查与研究，那就要对闽南地区的总体情况有所了解，尤其要对其社会、语言的基本状况有个宏观的把握。

一　闽南地区的社会概况

福建简称为"闽"，但"闽南"一词在历史上却有多种含义。据陈名实（2015）、林国平与钟建华（2016：1—5）等考证，大到福建省，中到福建南部（包括厦门、漳州、泉州、莆田四地），小到今天的厦门、漳州、泉州（简称厦漳泉）这三个地区，"闽南"一词在历史上都曾指称过。不过，今天的"闽南"一词已有了特定的含义，这一含义并不仅仅是从地理上确定的，更多的是依据语言、文化、风俗等的相对一致性来确定的。例如，仅从地理上看，莆田地区甚至还处在泉州德化县的西南方，但因其通行的方言——莆田话明显有别于闽南话而被排除在"闽南"之外；龙岩市的新罗区和漳平市，其所在的纬度比泉州德化县还低，但因其地处内陆，不具备厦漳泉所具有的海洋文化，亦同样被排除在"闽南"之外。因此，今天的"闽南"一词一般取其狭义，仅指今天的厦漳泉地区。例如，2014 年 4 月 23 日，经文化部同意实施，福建省人民政府同意，并由省政府办公厅印发的《闽南文化生态保护区总体规划》就非常明确地将"闽南"界定为今天的厦漳泉地区。本项目也将继续沿用这一做法，在这一区域进行相应的社会语言学调查与研究。

（一）厦门市①

厦门市位于台湾海峡西岸中部，地处北纬 24°23′—24°54′、东经 117°53′—118°26′，隔海与金门县、龙海市相望，陆地与南安市、安溪县、长泰县、龙海市接壤，全市土地面积约 0.17 万平方公里。厦门市是我国五个经济特区之一，现辖思明、湖里、集美、海沧、同安和翔安 6 个区。2016 年年末，厦门全市常住人口 392 万，其中城镇人口 348.9 万，农村人口 43.1 万；城镇化率 89.0%，为福建最高②。

厦门原属同安县，其行政规划历史上多有变革。晋太康三年（282）置同安县，属晋安郡，后并入南安县。唐贞元十九年（803）析南安县西南部置大同场，五代后唐长兴四年（933）升为同安县，属泉州。宋属清源军、平海军、泉州。元属泉州路，明属泉州府。洪武二十年（1387）始筑"厦门城"，寓意国家大厦之门，"厦门"之名自此被列入史册。清顺治七年（1650）郑成功驻兵厦门，十二年（1655）置思明州，康熙十九年（1680）废。光绪二十九年（1903）厦门鼓浪屿沦为"公共租界"，民国元年（1912）4 月析同安县嘉禾里（厦门）及金门、大小嶝置思明县，9 月升思明府，旋废，1915 年分出金门、大小嶝设金门县，同年置南路道（1914 年改名厦门道，1925 年废）。1949年 9 月、10 月同安县、厦门市相继解放，同安县属第五专区（后改名为泉州专区、晋江专区），设厦门为省辖市；1950 年 10 月厦门市设开元、思明、鼓浪屿、厦港（后废）、禾山五区。1953 年同安县集美镇归厦门市辖，1958 年 1 月撤禾山区，改设郊区，8 月同安县由晋江专区划属厦门市。1966 年 8 月开元、思明区更名东风、向阳区（1979 年 10 月复原名），1970 年 2 月同安县划属晋江专区（地区），1973 年 6 月再归厦门市。1978 年 9 月设杏林区。1987 年增设湖里区，郊区改名集美区。1996 年同安撤县设区。

2003 年 5 月经国务院批准，同意厦门市调整部分行政区划。调整的主要内容包括：（1）思明区、鼓浪屿区和开元区合并为思明区，原

---

① 关于厦门市的社会概况，我们主要采用了当地政府和统计局官网公开发表的内容、数据以及《闽南方言大词典》（周长楫，2006）中的相关内容，漳泉二地亦然。

② 2016 年年末，福建全省常住人口 3874 万，其中城镇人口 2464 万，农村人口 1410 万，城镇化率 63.6%。

三区的行政区域划归思明区管辖。（2）将杏林区的杏林街道办事处和杏林镇划归集美区管辖。杏林区更名为海沧区。（3）设立翔安区，将同安区所辖新店、新圩、马巷、内厝、大嶝5个镇划归翔安管辖。行政区划调整后，厦门市现辖就是现在的思明、湖里、集美、海沧、同安和翔安6个区。

（二）漳州市

漳州市位于台湾海峡西岸南部，地处北纬23°32′—25°13′、东经116°53′—118°09′，陆地主要与福建省的泉州、厦门、龙岩三地以及广东的潮州接壤，全市土地面积1.26万平方公里。漳州市现辖二区一市八县，即芗城区、龙文区、龙海市以及漳浦、云霄、诏安、东山、南靖、平和、长泰和华安8个县。2016年年末，漳州全市常住人口505万，其中城镇人口283.8万，农村人口221.2万，城镇化率56.2%，低于厦泉，也低于全省平均水平。

漳州是国务院（1986）公布的历史文化名城。秦始皇二十五年（前222），漳州列入秦中央版图，属闽中郡。汉代，以梁山（今地名）为界，分属南越、闽越，延至隋开皇十二年（592）归于一统。唐垂拱二年（686），陈元光将军请建漳州获准，始设漳州州治，辖漳浦、怀恩二县；开元二十九年（741）怀恩县并入漳浦县，并划入泉州龙溪县来属。天宝元年（742），改名漳浦郡，直至乾元元年（758）复名漳州。大历十二年（777）析汀州龙岩县来属，太平兴国五年（980）又析泉州长泰县来属。元至治十年（1322）析龙溪、漳浦、龙岩三县边境置南胜县（至正十六年即1356年改称南靖县）。明成化七年（1471）析龙岩县地置漳平县，正德十四年（1519）析南靖县地置平和县；嘉靖九年（1530）析漳浦县地置诏安县。之后的数百年间，漳州一地的行政规划不断在内部地区或与邻近地区进行分合、调整。1949—1950年期间，随着辖内各区的解放，漳州成为第六行政督察区；之后又陆续改为漳州专区、龙溪区、龙溪专区、龙溪地区。1985年，撤销龙溪地区成立省辖地级市——漳州市；同年，漳州市被国务院列为全国沿海经济开放区，是全国较早实行对外开放的地区之一。

（三）泉州市

泉州市位于台湾海峡西岸北部，地处北纬24°30′—25°56′、东经117°25′—119°05′，是福建省三大中心城市之一（另外两市为福州与厦门），陆地主要与莆田、福州、三明、龙岩、漳州、厦门等地接壤，全市土地面积约 1.1 万平方公里。泉州全市现辖鲤城、丰泽、洛江、泉港 4 个区，晋江、石狮、南安 3 个县级市，惠安、安溪、永春、德化、金门（尚未统一）五县和泉州经济技术开发区、泉州台商投资区。2016 年年末，泉州全市（不包括金门县）常住人口 858 万，其中城镇人口 553.4 万，农村人口 304.6 万，城镇化率 64.5%，略高于福建全省平均水平。

泉州历史悠久，经济开发早在周秦时期就已开始。夏商两代，泉州地属扬州。秦始皇二十六年（前 221），立闽中郡，泉州归之。汉高祖五年（前 202），泉州地属闽越国；汉始元十年（前 85）归会稽郡。三国吴永安三年（260），会稽南部都尉改为建安郡，析建安郡侯官县地置东安县，县治在今南安市丰州镇，辖今泉州、莆田、厦门及漳州部分地区。西晋太康三年（282），析建安郡置南安郡，改东安县为晋安县，管辖今莆田、泉州、厦门、漳州四地。唐武德五年（622）置丰州，领南安、莆田、龙溪三县；唐久视元年（700）置武荣州，景云二年（711）改名泉州。五代后唐长兴四年（933）析南安县增置桃源县，后晋天福三年（938）改桃源县为永春县。宋宣和三年（1121）改治下清溪县为安溪县。至此，泉州辖晋江、南安、同安、惠安、安溪、永春、德化七县。1949 年 8—11 月，成立福建第五专区；次年 3 月改为泉州专区、10 月称晋江区，之后又陆续改为晋江专区、晋江地区。1985 年撤晋江地区，设省辖地级市——泉州市。

二　闽南地区的语言概况

闽南境内主要分布有闽南方言与客家方言，但前者占据了闽南的绝大部分区域，而后者主要分布于闽客交界地带，如南靖县的曲江村、平和县的九峰镇和诏安县的官陂镇、秀篆镇等地（周长楫，1986）。此外，闽南方言的分布虽然远超闽南地区，从国内的广东、广西、海南、台湾、浙江、江西、四川等地到东南亚诸国，都有闽南方言的分布，但闽南却是闽南方言的形成地与核心区（李如龙、姚荣松，2008：86）。可以说，闽南方言已成为闽南地区的符号，犹如苏州话之于苏州、客家话之于梅州一般。鉴于此，我们自然将闽南方言锁定为本项目的研究对象，本项目确切地说就是"闽南农村闽南方言词汇变化研究"。当然，这么做也有理论上的需要（具体见本书第二章第一节，在此不赘）。

　　闽南方言①分离于古汉语，是汉语的一个方言，大致孕育于汉魏，形成于南北朝，成熟于唐代；其形成主要是中原汉人因避灾祸、征蛮乱而在不同历史时期从北方中原一带迁徙入闽的结果（周长楫，2014：4—10）。如西晋末年的永嘉之乱，唐高宗总章二年（669）朝廷派大军平定泉潮蛮獠啸乱，唐末至五代的战乱，都给今天的福建地区带来大量的北方移民，这其中又以河南光州固始人为主、为领袖，他们不仅为福建带来先进的生产工具、农业技术和文化，也带来河洛一带的方言，而当年的河洛方言，正是形成闽方言最重要的基础成分（马重奇、施榆生，2016：4—7），而闽南方言就是闽方言在闽南地区的变体②。不过，经千余年的发展，闽南方言早已不再限于闽南一地，而成为跨地区、跨省界，甚至跨国界的一种方言了。据福建本籍学者，如周长楫（2014：10—13）、马重奇和施榆生（2016：17—18）等人的估算，如今使用闽南方言的大致有 4500 万人，其中闽南本土，即厦漳泉地区约有 1500 万人，国内台湾、潮汕、海南等地约有 1500 万人，东南亚诸国约有 1500 万人。

　　闽南方言最早是以泉州方言为代表的，明清之后漳州得到较大发展，又形成了有别于泉州腔的漳州腔，而厦门在近代的崛起吸引了大量来自漳泉二地的民众，这又形成了混合泉州腔与漳州腔的厦门方言，俗称"漳泉滥"（李如龙，2008：86）。近代以来，随着厦门在政治、经济、文化生活中地位的迅速提升，现代闽南方言的代表已经从泉州方言转移为厦门方言（李如龙、姚荣松，2008：86）。不过，厦漳泉的闽南方言虽然有别但彼此仍能互通。与普通话相比，现代闽南方言主要具有以下特点③。

（一）闽南方言的语音特点

　　闽南方言的语音具有音系庞大、文白异读多、连读时变调多等特点（周长楫，2014：18）其声韵调大致如下：

　　闽南方言包括零声母在内共有 17 个声母：

---

　　① 为行文方便，除非特别说明，后文的"闽南方言"仅指闽南地区的闽南方言。
　　② 闽方言按其语言特点大致可以分为 5 个区：闽南方言、闽东方言、闽北方言、闽中方言和莆仙方言（詹伯慧，2001：111）。
　　③ 闽南方言内部亦多变异，不仅在厦漳泉之间，甚至一地内部，如厦门就存在市区（包括近郊）、远郊、同安（包括翔安）的差别，漳泉亦然。因此，在描述闽南方言的特点时，我们就以现代闽南方言的代表——厦门方言的一般情况来谈，这其中我们主要参考了周长楫（1993；2014；2016）、李如龙和姚荣松（2008）、林寒生（2014）、马重奇与施榆生（2016）等的研究成果。

p p' m b；t t n l；ts ts' s；k k' ŋ g；h；ø

其中 b、g、ŋ 这 3 个声母是普通话所没有的，而普通话的声母 f、tʂ、tʂ'、ʂ、ʐ、tɕ、tɕ'、ɕ 则是闽南方言所没有的。

闽南方言韵母有 80 个，主要有：

1）单元音韵母 6 个：a、i、u、e、o、ɔ。

2）复元音韵母 10 个：ai、au、ia、io、iu、iau、ua、ue、ui、uai。

3）鼻化韵母 12 个：ã、ẽ、ɔ̃、ĩ、ãi、ãu、iã、iũ、iãu、uã、uĩ、uãi。

4）带鼻音韵母 15 个：m、im、am、iam、in、un、an、ian、uan、ŋ、iŋ、aŋ、iaŋ、ɔŋ、iɔŋ。

5）入声韵母 37 个：ip、ap、iap、it、ut、at、iat、uat、ik、ak、iak、ɔk、iɔk、aʔ、eʔ、oʔ、ɔʔ、iʔ、uʔ、iaʔ、uaʔ、ueʔ、uiʔ、iuʔ、ioʔ、auʔ、iauʔ、uaiʔ、ãʔ、ẽʔ、ɔ̃ʔ、ĩʔ、iãʔ、uẽʔ、ãuʔ、iãuʔ、uãiʔ。

由上可知，闽南方言的韵母非常多，是普通话韵母的两倍多，这主要是因为其具有普通话所没有的鼻化韵、入声韵和带 m 音韵母。不过，闽南方言亦没有普通话所具有的撮口呼韵母，即/y/、/yɛ/、/yən/、/yan/。

闽南方言有七个声调（不包括轻声）：阴平（44）、阳平（24）、上声（53）、阴去（21）、阳去（22）、阴入（32）、阳入（4）。

（二）闽南方言的词汇特点[①]

闽南方言词汇主要是由古语词、普通话词语、方言特有词[②]及一小部分外来词构成的（周长楫，2006：18）。古语词如"面［bian32］"（脸）、"汝［li53］"（你）、"牢［tiau24］"（关养牛羊等牲畜的圈子）、"册［tsheʔ4］"（书册）等，它们在普通话或其他方言中已经不再使用或极少使用了，但仍应用于现代闽南人的口语中。闽南方言中的普通话词汇，即闽南方言从普通话中吸收过来的词，这类词在词形与词义上跟普通话基本一致，但其语音则是闽南方言自己的，因此亦叫对音词，如"年代［ni24dai32］""领导［liŋ53do32］""手表［ʂiu53pio53］"等（周长楫，2014：64—66）。闽南地处沿海，与海外尤其是东南亚联系紧密，因

---

① 除非特别说明，本文对闽南方言词汇的注音主要来自周长楫（2006）的《闽南方言大词典》，且以厦门话为准。

② 据周长楫（2006）在其《闽南方言大词典·引论》中的定义，闽南方言特有词是指使用闽南方言的人们在长期的生活中不断创造的方言词语。

此闽南方言中也有一些借自其他语言的外来词，如"雪文〔sap⁴bun²⁴〕"（肥皂，马来语 sabun 的音译）、"巴刹〔pa⁴⁴sat⁴⁴〕"（市场，马来语 pasar 的音译）、"木胜〔bɔk⁴siŋ²²〕"（拳击，英语 boxing 的音译）、"马擎〔ma⁵³khin²²〕"（缝纫机，英语 machine 的音译）、"便所〔pian³²sɔ⁵³〕"（厕所，借自日语）、"合万〔kap⁴ban³²〕"（保险柜，借自日语）等。闽南方言特有词因其由闽南人民自己创造出来的，普通话或其他汉语方言一般没有或者少有，因此最能代表闽南方言的词汇特点，单音节的如"月〔ge⁴〕"（月亮）、"消〔siau⁴⁴〕"（消化），与普通话词汇语序相反的如"牛母〔gu²⁴bu⁵³〕"（母牛）、"人客〔laŋ²⁴khɛeh⁴〕"（客人），与普通话词汇义同形异的如"夜婆〔ia³²po²⁴〕"（蝙蝠）、"目屎〔bak⁴sai⁵³〕"（眼泪），与普通话义同但形似的如"头毛〔thau²⁴mŋ²⁴〕"（头发）、"天顶〔thĩ⁴⁴tiŋ⁵³〕"（天上）等。

据周长楫（2014：64—71）的统计，闽南方言中，古语词或者以古语词为构词语素的大约有 3000 个词语，对音词大约有 30000 个，特有词大约有 20000 个。虽然对外来词没有进行统计，但据闽南人自古就有与外界频繁接触的传统、闽南方言长时期接受外来词的实际情况来看，闽南方言中的外来词是很丰富的（陈恒汉，2011）。

（三）闽南方言的语法特点

在词类划分、句法结构等方面，闽南方言与普通话大体一致，不像在语音、词汇方面那么差别大。例如，闽南方言也有实词与虚词两大类，实词包括名词、动词、代词、数词、量词、副词、形容词，虚词包括连词、介词、助词、叹词、语气词、象声词，总共十三个小类，这和普通话是一致的①；闽南方言的句法结构一般也遵循这样的基本规则：

（定语＋主语）＋（状语＋谓语＋补语＋定语＋宾语＋补语)②

主语部分　　　　　　　　谓语部分

不过，在总体相同之下，闽南方言语法与普通话仍有不少差别并体现出自己的特色。

以词法为例：在称呼他人时，多用前缀"阿〔a⁴⁴〕"，或加在名字的最后一个字前，如"阿强""阿丽"；或加在排行前，如"阿大""阿

---

① 我们在此参照了胡裕树（2005）在其主编的《现代汉语》中的词类划分办法。
② 根据周长楫与欧阳忆耘(1998：386)关于厦门方言语序的描述所总结。

二"；或加在亲属称谓前，如"阿公"（爷爷）、"阿爸""阿妹"等。指称人或物时还多用后缀"囝［a⁵³］"①，如"桌囝"（桌子）、"老鼠囝"（老鼠）、"舅囝"（小舅子）、"新妇囝"（童养媳）等。另有特殊的倒置构造，如"鸡公"（公鸡）、人客（客人）、菜蔬（蔬菜）等。

　　以句法为例：句中结构也可以倒置，如"你拿代先"②（你先拿）、"伊来过也八"③（他/她也曾来过）等。丰富的"有/无"④字句，如"我有吃"（我吃过了）、"即种米有煮"（这种米耐煮）、"水无滚"（水还没开）、"鱼有买无"（鱼买了吗）等。独特的比较句，如"我较矮你"（我比你矮）、"我肥伊十斤"（我比他胖十斤）。

　　通过以上所列，我们从中已经能够领略闽南方言与普通话之间的巨大差异，也正因如此，一个说闽南话的人与一个说普通话的人在现实生活中往往是不能相互交流的。

第三节　结构安排

　　本书共分六章，大致如下：

　　第一章，即本章——"绪论"，其内容主要回答"为什么要研究本课题"的问题。在该章，我们主要基于中国的社会及方言现状、方言词汇研究现状、社会语言学研究现状这三个方面的考虑，觉得有必要加强中国农村方言词汇的社会语言学研究，同时又基于研究的可行性与特殊意义，选择了闽南农村来实施这样的研究。接着我们对调查的实施地——闽南地区的社会及语言概况进行了简要的叙述，这样的叙述是很有必要的，它会让我们更加关注研究本身，避免为之后的内容做过多的注解。

　　第二章，即"理论与方法"。社会语言学研究往往要对"一定范围内

---

　　① "囝"作为词尾，也写作"仔"。在指物时，只是当作名词的标志，类似于普通话或其他方言中的后缀"—子"；在指人时，则有"小"的含义，因此加与不加意思不一样，如"舅"就是"舅舅"，而"舅囝"就是"小舅子"，即"妻子的弟弟"。

　　② "代先［tai³²siŋ²²］"，闽南方言副词，有"先""在前面""首先"等意，在此句中为"先"意。

　　③ "也八［ia³²pat⁴］"，闽南方言副词，"也曾"之意。

　　④ "有/无"放在动词或形容词的前面，表示动作的是否完成或状态的是否存在，也可表示肯定或否定；也可放在动词后面，表示动作行为所达到的程度，甚至可以连用，表示疑问。周长楫（2014：120—122）、林华东（2008：118—119）等对此有着较为详细的描写，读者可参考。

一定规模的人”实施调查，本课题也不例外。问题是，我们为什么要调查这部分人而非其他人？调查的内容是什么？如何调查才能实现我们的目标？针对这些问题，本章将在理论与方法上予以澄清与说明。

第三章，即“闽南农村方言词汇的变化状况”。本章主要通过不同年龄层之间的对比来弄清楚闽南农村的方言词汇哪些在变化，哪些还没有，并对其变化类型及特征进行概括。

第四章，即“闽南农村方言词汇变化的原因”。本章主要对闽南农村方言词汇的社会分布进行描写与分析，并由此入手探究闽南农村方言词汇变化的原因。

第五章，即“闽南农村亲属称谓的变化机制”。亲属称谓在闽南方言中存在诸多变异情况，我们专辟此章对此展开研究，主要弄清楚这样几个问题：它们有无发生变化，变化的过程是什么，又是什么原因推动的。

第六章，即“结语”，是本书最后一章。这是对本课题研究的最后总结：一方面对本次研究得出的结论作最后的提炼和梳理；另一方面指出本次研究存在的不足，提醒同类研究今后所要避免或重视的问题。

理论与方法

现代科学研究总是要以一定的理论为指导并使用具体的方法来实施，我们关于闽南农村方言词汇的变化研究也不例外。因为这是一次社会语言学研究，而社会语言学研究最为显著的特征就是要研究"社会环境中的语言"，语言学家们常说的"言语社区"就是一种社会环境。著名社会语言学家甘柏兹认为，尽管社会语言学领域内存有不同流派，但众多社会语言学者都将言语社区视为首要的研究对象和调查的基本单位（高海洋，2003）。言语社区理论也因而成为社会语言学的重要理论，甚至有学者预言："言语社区理论一旦全面、成熟地发展起来，必然成为社会语言学的核心理论，而且会在普通语言学理论中取得重要的地位"（徐大明，2004）。我们亦将以言语社区理论为指导，采用通则式与个案式研究相结合、定量与定性研究相结合、问卷调查与实地调查相结合的方式来探讨闽南农村方言词汇的变化状况及原因。

第一节 言语社区理论

根据著名社会语言学家艾尔·巴比（Earl Babble，2009：33）的观点，理论的一大功能就是能够建立研究的形式和方向，指出实证观察可能有所发现的方向。我们之所以借助于言语社区理论，其意也在于此，希望能够通过它搞清楚在闽南农村这个言语社区内，方言词汇正在发生怎样的变化以及变化的原因与发展方向。搞清楚这个问题并不容易，因为这里至少有两个子问题需要说明，即"言语社区是什么"，"闽南农村言语社区又是什么"。这两个问题若不有所交代，我们的调查乃至整个研究都将难以进行。

一 "言语社区" 概念

"言语社区"，即英语中的 speech community，国内也有人将其译为"言语社团""言语共同体""语言社会""语言集团""语言社团"等。出于纯粹的理论目的，乔姆斯基（1986：1—2）曾拟想了一个"完全同质的言语社区"（completely homogeneous speech community），即一个全部由"理想的说话人—听话人"构成的社区，他们说一种完全相同的语言，且不受像记忆限制、精神涣散、注意力和兴趣的转移等这样一些跟语法毫不相干的条件的影响。当然，这样的言语社区也就是一个"理想"，现实中并不存在。至于现实中的言语社区究竟是什么，语言学家们却存在诸多争议。

有的认为言语社区应该是单语的。如布龙菲尔德（1980：45—47）认为，一个言语社区就是依靠言语相互交往的一群人，大到几亿人的汉语区，小到几百人的印第安部落，都是一个言语社区；莱昂斯（Lyons，1970：326）认为，言语社区就是使用某一特定语言或方言的全体人员；霍凯特（2002：7）则认为，每一种语言都可界定出一个言语社区。

有的认为言语社区可以是多语的。如甘柏兹（Gumperz，1971：101）认为，我们可以将言语社区视为这样一个群体，它可以是单语或多语的，是通过频繁的社会互动集聚在一起的，并由于交际线的衰退而与周边地区区别开来。

这两类观点都强调言语社区外在的语言特性，前者强调语言形式的同一性，后者强调语言的交际互动。还有一种观点则注重言语社区内在的语言态度，如拉波夫（Labov，1972b：120—121）根据其在纽约市的调查认为，言语社区并不是根据语言因素使用过程中任何明显的一致性，而是根据对一套共有规范的参与来界定的，这些规范可以从公开的种种评价行为中得以观察，也可以根据变异的种种抽象模式所具有的一致性得以观察，而就使用的特定水平而言，这些变异又是非变异的。在拉波夫看来，表面上的语言差异如果有其内在的一致性评价，那么就可认为这是一个言语社区。

与布龙菲尔德、甘柏兹、拉波夫等人强调言语社区的语言属性有所不同，还有一些学者更加关注言语社区的社会属性。如海姆斯认为，言语社区是一个社会的而非语言的实体，我们首先将它看作一个社会群体，然后再考虑到这个群体内的一系列语言手段（Hymes，1974：47）；纯粹通过语言方面的知识并不足以界定一个言语社区，对言语社区的界定还应借鉴社会学的研究成果（Hymes，1974：51）。海姆斯的这些观点，也就是徐大明（2004）所主张的，在界定言语社区时应遵循"社区第一、语言第二"原则。

总之，不同的学者出于各自的需要从不同的角度对言语社区概念进行了界定，而就这一概念的实际使用来看，其所指也是五花八门。从具有地理界限、大大小小的城市，到城市郊区或城市中的亚群体都曾被人视为一个言语社区；有时言语社区还可以指称城市移民或全国性的团体；有时还可打破地理或阶层的界限，用其指称儿童或妇女这样的普遍性群体，甚至像陪审团这样具体而临时性的群体也可被视为一个言语社区（Patrick，2002）。对于言语社区概念存在的分歧，赫德森（Hudson，2000：29）不无感叹道，"我们对言语社区真实定义的探寻只是水中捞月"。然而，在笔者看来，关于言语社区概念的热议只能说明这一概念是多么的重要，就像一位学者所言："在社会科学中，一个概念的重要性与它的精确性往往是呈反比的；越是重要的概念，它在含义上则越不精确。"（黎熙元，1998）因此，我们很有必要结合本课题的实际情况来对这一概念进行必要的澄清，不能因为其真实定义的难寻而做简单的放弃。

二　言语社区是社会语言学研究的重要平台

言语社区概念虽然早在社会语言学兴起之前就已存在，但毋庸置疑的是，言语社区只是在社会语言学领域才受到前所未有的重视，围绕它进行的争论和研究也基本集中于这一领域。所以，我们需要将言语社区概念纳入社会语言学的学科体系之中来考察其定义。对此，笔者曾专门撰文进行过论述，主要观点列述如下①：

第一，言语社区是社会语言学调查和研究的基本单位。社会语言学是基于对形式语言学的批判继承而发展起来的，它不再人为地将语言与其所在的社会剥离开来进行研究，而是研究"社会环境中的语言"：既从社会

---

① 笔者 2005 年的博士学位论文《傅村语言调查：言语社区和语言变化研究》曾就言语社区概念的界定进行过专门的论述；2006 年又将相关内容独立成论文——《试论言语社区的界定》，发表于中国社会语言学会的会刊——《中国社会语言学》2005 年第 2 期上；之后，笔者将博士学位论文扩充成专著《言语社区和语言变化研究——基于安徽傅村的社会语言学调查》，并由北京大学出版社于 2011 年出版，关于言语社区概念如何界定的问题，主要见于该书第二章第一、二节。读者若要更加详细地了解言语社区理论的相关内容，可以查阅上述文献。

寻找语料，也从社会寻求答案。然而，"社会"是如此的广阔，任何一项具体的社会语言学研究都不可能处理整个人类社会及其所用的所有语言，唯一可行的就是从中选择"一定范围内一定规模的人"，也就是选择一个小社会加以研究。从这个意义上讲，言语社区概念正好切合了社会语言学研究的实际需要，因为言语社区就是一个小社会，在那儿，社会语言学家们可以抽取一部分被试，调查他们的语言与社会信息，并对数据进行统计、分析，最后得出自己的结论。很显然，言语社区就是社会语言学家们探索语言与社会关系的一个窗口，是社会语言学研究能否实施的关键，诚如帕特里克（Patrik，2002）所说的："言语社区是实证语言学的一个核心概念，是社会语言学理论和方法中许多基本问题的交汇处。"

第二，言语社区应该是单语的。针对索绪尔、乔姆斯基等人所奉行的语言同质论，社会语言学主张语言是一个有序异质的系统。可以说，有序异质论是社会语言学得以形成的理论基础，也是社会语言学研究的指导思想。但需要指出的是，社会语言学对语言异质性的关注并非要另起炉灶，而只是对形式语言学进行必要而有益的补充，这也正是社会语言学的意义所在。之所以如此，是因为现实社会中，语言本身兼具同质与异质的双重属性，二者是对立统一的关系。这里的同质指的是任何一种语言内在的齐整性、对称性，而异质指的是任何一种语言内部在语音、词汇、句法等不同层次上表现出来的差异性、变异性。也就是说，同质与异质并非指多种语言相互比较所表现出来的齐整性与变异性，它们实际上统一于某一种语言，是该语言都具有的双重属性。强调言语社区的单语性，不仅满足了语言变异与变化研究的需要，也为多语社区研究提供了一个很好的分析单元，比如在多语社区内发生的语码转换、语言接触、语言联盟等，实际上都是同一个说话人在转换自己不同的言语社区身份，或者都是不同言语社区之间发生接触时之于语言的某种影响。我们对多语社区的研究也不能只从个体的多语说话人入手，所得出的结论也不能笼统地针对这些个体或整个多语社区，而只能针对个体所在的言语社区。因此，对多语社区的研究最终都要落实到其中的每个言语社区上，这也进一步说明了，言语社区是社会语言学研究的基本单位。还有，如果一个言语社区既可以是单语的，也可以是多语的，那么就没必要在"社区"之外再创造一个"言语社区"的概念来指称，因为人类所生活的社区从所用的语言变体来看，无非这两种情况：单语或多语。在此，笔者倒是非常赞同著名社会语言学家渥德华

（Wardhaugh，2000：123）的观点：如果将多语的社区视为所有小言语社区的组合，也许是再好不过的。

第三，言语社区是社区。"言语社区"概念是社会学中的"社区"① 概念在社会语言学的一次衍生，是社会语言学借鉴社会学的结果。虽然社会学关于"社区"的定义有颇多争论，但一般都将其视为具体化的社会。我国学者徐永祥（2000：33—34）总结各家之言对其进行了这样的界定："所谓社区，是指由一定数量居民组成的、具有内在互动关系与文化维系力的地域性生活共同体；地域、人口、组织结构和文化是社区构成的基本要素。"在此基础上，社会语言学给"言语社区"增加了"语言"这一要素，即徐大明（2004）所说的："'社区'可以由社会学的标准来确定，'言语社区'则应该由社会语言学的标准来测定。"结合言语社区应该是单语的这一情况，我们可以进行这样的界定：言语社区是由一定数量并使用同一种语言的居民组成的、具有内在互动关系与文化维系力的地域性的生活共同体；地域、人口、组织结构、文化和语言是其构成的基本要素。这与国内较为通行的言语社区主张基本一致，二者并无特别明显的巨大差异②。

第四，言语社区具有相对性。"社区是灵活的，有弹性的"（肖巧朵，

---

① 社会学中的"社区"概念是由德国社会学家滕尼斯（Tendinanel Tonnies）最早提出来的，他在 1887 年出版了一本德文著作 *Gemeinschaft und Gesellschaft*，英文版译为 *Community and Society*。20 世纪 30 年代初，费孝通翻译了该著作英文版。关于 community 一词，费孝通（1999）曾如此说道："当初，community 这个字介绍到中国来的时候，那时的译法是'地方社会'，而不是'社区'。当我们翻译滕尼斯的 community 和 society 两个不同概念时，感到 community 不是 society，成了互相矛盾的不解之词，因此，我们感到'地方社会'一词的不恰当。偶然间，我就想到了'社区'这么两个字样，最后大家援用了，慢慢流行。这就是'社区'一词的来由。"

② 我们在此提出的"言语社区"定义最早出现于付义荣（2005）的博士学位论文《傅村语言调查：言语社区和语言变化》。其中关于言语社区的构成要素，学术界还未完全达成一致。如国内最早提出"言语社区理论"的徐大明（2004）提出了"人口、地域、互动、认同、设施"这 5 个要素，杨晓黎（2006）则提出了"独特的人群、区域与语言变体"这 3 个要素。其中徐氏的"五要素"论在学术界更为流行，如周明强（2007）、王玲（2009）、李现乐（2010）、张斌华（2014）、苗守艳（2014）、周永军（2015）等都表示了总体上的认同。相比较而言，我们在此提出的"五要素"与徐氏的"五要素"其实非常相近，可谓"名异实似"：除了共有的"人口、地域"外，我们所说的"组织结构"主要指各种社会群体和组织之间的相互关系及其构成方式（徐永祥 2000：36），换句话说，就是言语社区成员发生互动的形式，如家庭、邻里、生产经营部门、村委会等，这大体等同于徐大明的"互动"；我们所说的"文化"则是指言语社区长久以来逐渐形成的历史传统、风俗习惯、村规民约等，这些都是言语社区成员所普遍认同的东西，这就大体等同于徐大明的"认同"；我们所说的"语言"是指在言语社区成员共同使用的一种语言变体，而徐氏的"设施"则是一个更为宽泛的概念，是包括"语言"在内的、为言语社区成员所拥有的"公共的财产与设施"。

2002），即社区具有相对性，村庄、街道、城镇、郊区、市区、大都市等都可以被视为一个社区。言语社区亦然，诚如有学者所指出的，每个言语社区往往都有一个同等规模的单元与之相对，相对于剑桥郡（Cambridgeshire），兰卡郡（Lancashire）就是一个言语社区，相对于苏格兰，英格兰就是一个言语社区，相对于德国，大不列颠联合王国就是一个言语社区（Brown and Levinson，1979：298—299）。不过，与社区相比，言语社区还多了一个"语言"层次上的相对性。言语社区是单语的，但这种"单语"，不仅是指英语、法语、汉语等语言，也可以是方言。我们必须接受这样一个理念：现实社会中，语言基本上是以方言的形式出现的，每个人都至少是一种方言的使用者，即使是某种语言的标准形式，其实也是一种方言（Chambers and Trudgill，2002：3）。可以说，语言就是方言，而方言也是语言，它们都是一种相对独立的符号系统。我们平常所说的"语言""方言""次方言""土语"等概念，其实都掺杂了许多非语言学的因素，它们彼此之间的区分并不纯粹是语言学意义上的。如此导致的一个结果就是，有些语言彼此之间的差别甚至要小于某些方言之间的差别。鉴于这一事实，社会语言学使用了"变体"这一概念以便更加准确地指称不同的语言或方言。"变体"就是一个相对的概念，例如，相对英语，汉语是另一种变体；相对粤方言，闽方言就是另一种变体；相对闽东方言，闽南方言就是另一种变体。"变体"的使用不仅有助于研究者保持一个中间、客观的立场，而且还有助于研究者在错综复杂的语言变异现象面前，有效地限定自己的研究范围（徐大明等，1997：78）。

从言语社区概念的实际使用来看，学者们往往是根据自己的研究需要给予其基本相同但略有差异的理解。就我们的研究而言，将言语社区视为使用某个语言变体的社区，是很有必要的，也很有用，因为它直接决定我们将要调查哪些人或不调查哪些人，从而实现我们的研究目标，这其实也是大多数学者的常用做法，如布龙菲尔德、莱昂斯、霍凯特、拉波夫等人。

三 闽南农村言语社区的界定

当我们确定了言语社区的内涵后，有一个问题接踵而至，那就是：闽南农村是一个言语社区吗？如果是，那么它所涵盖的范围包括哪些？要回答这两个问题，首先需要搞清楚"闽南农村是什么"的问题。

按前文所叙，"闽南"即指今天的厦漳泉地区，那"闽南农村"也就是厦漳泉的农村。在社会学中，"农村"是指以农业生产活动为基础的，以农业为主要职业的居民聚居地，狭义上的"农业"仅指种植业，但广义上的"农业"还包括林业、畜牧业、副业①和渔业（刘豪兴、徐珂，2004：45—46）。由此来看，"闽南农村"就是厦漳泉地区以农业为主要职业的居民的聚居地。当然，这样的聚居地是否可以构成社区呢？答案是肯定的。社会学界在划分社区的类型时虽然彼此有别，但无一不将"农村社区"视为人类社会最基本的社区类型（徐永祥，2000：41；刘豪兴、徐珂，2004：47；郑杭生，2013：237），"农村社区"也因而成为社会学的一个重要概念，如《社会学词典》（张光博，1989）、《新编社会学辞典》（韩玉敏，1997）、《社会学辞典》（邓伟志，2009）等都收录了这一词条并有着大体一致的解释。综合各家之言，"农村社区"一般指在农村地域范围内、以（广义上的）农业生产活动为基础的人们所组成的生活共同体，如各种类型的村落（农业村、林业村、牧村、渔村等）、集镇等都可划归为农村社区。相对于城市社区，农村社区具有这样五个特征：第一，人口密度稀疏，同质性强；第二，经济活动简单，自给自足性强；第三，组织结构简单，职业分工简明；第四，家庭起重要作用，血缘关系浓厚，邻里关系密切；第五，风俗习惯成训，民间宗教意味较深厚（刘豪兴、徐珂，2004：47）。

闽南三地约有 2.5 万平方公里，气候适宜，自古以来就有人类生产与生活；目前常住人口约有 1700 万，其中农村人口约为 570 万，域内遍布各种类型的村落、集镇，显然存在社会学意义上的农村社区。但问题是，是否可以将这些村落、集镇视为同一个言语社区呢？这个问题首先取决于这一区域的实际情况，即它是否具备一个言语社区所具有的各项要素，其次还要看看我们的研究目的。

前文已叙，言语社区的构成主要有五要素：地域、人口、组织结构、文化和语言。这意味着，我们所要研究的厦漳泉农村若要成为一个言语社区，就需要具有一定规模的人口生活在同一片区域，他们有着内在的互动、共同的文化，尤其重要的是，他们使用同一种语言变体。

就今天的厦漳泉三地农村来看，它们地域上彼此相邻也相连、共处同

---

① 副业，是指农村从事种植业、林业、畜牧业和渔业以外的工业、商业、交通运输业、建筑业和服务业（刘豪兴、徐珂，2004：46）。

一片区域，早在旧石器时代就有人类在这里繁衍生息，而且在建制上自古都是分分合合，可谓你中有我、我中有你。以泉州为例，唐代辖晋江、南安、龙溪、莆田、仙游五县；唐开元二十九年（741）析龙溪归漳州；后周显德二年（955），辖晋江、南安、莆田、仙游、同安、德化、永春、清溪［宋宣和三年（1121）改名安溪］、长泰九县；宋太平兴国五年（980）析长泰归漳州，次年又增惠安县；清至民国乃至新中国成立后，泉州辖地仍多有变动。1956年，晋江专员公署辖泉州市（当时的公署所在地）、晋江、惠安、南安、同安、安溪、永春、莆田、仙游、金门、德化、福清、平潭、永泰、大田等一市十四县；1970年，莆田、仙游归入闽侯专区；同安归晋江专区；1973年，又析同安归厦门市①（林华东，2008：2）。由于长期共居一地，厦漳泉三地有着广泛而密切的互动并在此基础上形成共同的文化，他们在饮食、建筑、工艺、民间习俗、民间信仰、口传文学、家族制度等方面高度一致②，并且形成了能够彼此理解的语言变体——闽南方言，李如龙（1992）在划分福建方言的文化类型时就将厦漳泉地区视为"闽南方言文化区"，并认为它是福建省最为稳固的文化类型之一，前文关于"闽南文化生态保护区"的相关内容也充分证明了厦漳泉地区确实具有共同的文化。从言语社区概念本身来看，厦漳泉农村地区显然具备了共同的地域、人口、组织结构、文化和语言等要素，并且在这些方面与各自的中心城市（即厦漳泉市区）有着显著的差异而相互区别开来③。因此，将厦漳泉农村地区视为一个言语社区显然是可以的。

再从我们的研究目的来看，将厦漳泉三地农村视为一个言语社区也是非常必要的。本项目所要研究的是这一地区闽南方言词汇的变化，大体属

---

① 今天的厦门市历史上亦曾属于古同安县的一部分，1840年鸦片战争后，厦门被开辟为通商口岸。从此商业繁盛、经济发达、人口辏集，一举超越泉漳而成为闽南的政治、经济和文化的中心（陈荣岚、李熙泰，1999：30）。

② 相关内容请参见周长楫（2014）的《闽南方言与文化》第三章"丰富多彩的闽南文化与方言词汇"。

③ 农村言语社区首先是农村社区，而按社会学对社区的分类，农村社区与城市社区是人类最基本的两个社区类型，它们在地域、人口、组织结构和文化上有着显著的不同（徐永祥，2000：41）。而就今天的厦门、漳州和泉州这三个地方的市区而言，它们与各自周边的农村地区都有上述显著的不同，甚至因大量外来人口的涌入与普通话的迅速普及而在"语言"这一要素上亦与周边农村有着显著的差异［相关内容可参见林晓峰和吴晓芳（2015）、付义荣和严振辉（2017）等的研究成果］。

于社会语言学之"语言变异与变化"的研究范畴。按言语社区理论，这里的"语言变异与变化"是相对于某一种语言变体来说的，或者说是同一个语言系统内部的"变异与变化"，这也是社会语言学之于语言学贡献的价值所在，那种由两种或多种语言变体相互比较体现出来的差异并不是我们所要关注的"变异"。不过，这里的"语言变体"是一个相对概念：相对于英语，汉语就是一种变体；相对于北方方言，闽方言就是一种变体；相对于闽东方言，闽南方言就是一种变体。那么，厦漳泉地区的闽南方言是否可以被视为同一个语言变体呢？这就要看它相对于什么而言了。

　　与汉语其他一些方言有所不同，闽南方言并非通行闽南一地。历史上，闽南地区因人多地少、赋税繁重、政风腐败及内部争斗等原因，唐宋以来就陆续有人迁出。据郭锦桴（2008）研究，闽南人历史外迁的路线主要有6条：（1）向东及海南迁移；（2）向台湾迁移；（3）向浙江、江苏迁移；（4）向江西、四川等地迁移；（5）向省内其他地区迁移；（6）向东南亚诸国迁移。随着闽南人的向外迁移，闽南方言也向省内外、海内外广泛传播，其通行范围大大超出闽南乃至福建省：台湾全省，广东的潮汕地区、海陆丰和湛江地区，广西部分地区，浙江南部，江西、安徽、江苏等省的个别地方等都有闽南话的分布（周长楫，1986）。虽然有如此广泛的分布，但不可否认的是，厦漳泉地区才是闽南方言的核心区，是闽南方言得以形成和传播的源头（李如龙，2011a；林晓峰、吴晓芳，2015）。如果以台湾、大陆其他地区、东南亚诸国及境外其他地区的闽南方言为参照，那么厦漳泉地区的闽南方言无疑算是闽南方言的核心变体。

　　综上所述，闽南农村具备了地域、人口、组织结构、文化和语言这五个要素，是可以被视为一个言语社区来看待的。这样的界定实际上为我们确定了一个大致的调查范围和对象，即我们所要调查的区域并不包括厦漳泉地区的城市（即辖内市区及各县市的城关），而只包括域内的村落和集镇①，调查

---

　　① "集镇"原是一个人文地理学概念，英文为 town。作为社会学社区研究中的概念，集镇有一个特别的英文名词 rurban。它是用英文"乡村"（rural）和"都市"（urban）这两个词集合缩略而成，是由美国社会学家盖尔平（Charles T. Galpin）首先提出来的。这一概念表明了集镇是一种介于城、乡之间的过渡性社区，兼具农村社区和城市社区的特点。在我国，集镇一般指县以下的乡镇行政中心，并因为划分标准的不同而具有不同的类型（黎熙元，1998：196—197）。从城市化程度看，县（包括县级市）治所在的集镇（即俗称的城关）一般是全县的政治、经济和文化中心，城市化程度较高，绝大多数居民都从事工业、商业和服务业，与典型的城市并无多大区别。鉴于集镇的这些特点，我们将城关以外的其他集镇也一并纳入"农村"的范畴。

的对象就是出生并成长于这些村落和集镇的当地人。之所以聚焦于这部分人，还有一个重要的原因就是，外来流动人口或移民极少会习用流入地的语言或方言。以我国最大规模的流动群体——农民工为例，刘玉屏与侯友兰（2008）在绍兴的调查发现，那儿的农民工仅有 0.5% 的人使用绍兴话；高莉琴与李丽华（2008）在乌鲁木齐的调查发现，那儿的农民工一般不用乌鲁木齐当地的新疆普通话或其他民族语言；笔者 2012—2013 年期间曾在厦门、上海两地调查亦发现，绝大多数农民工都是普通话与老家话的双言者，而会说闽南话的也仅有 1% 多一点（付义荣，2016）；其他关于农民工的研究，如莫红霞（2010）、张先亮与赵思思（2013）、黎红（2015）等都有类似的发现。不光流动人口，即便是常住下来的外来移民也大致如此，如雷红波（2008）关于上海新移民①的调查发现，他们说上海话达到"标准流畅"的还不到 10%，绝大多数都是不会听说或只能听说一些简单的词句，而林华东与陈燕玲（2011）、佟秋妹（2018）等关于三峡移民的调查则发现，绝大多数人，尤其是成年人极少会说并使用迁入地方言。由此可见，对于一地方言来说，生长于当地的原居民才是最稳定的传承者与最坚定的守护者。如果这部分人出现了方言传承问题，那就说明该方言的形势着实不妙，对于我们的研究而言，观察这部分人对方言词汇的掌握情况，才最能直接体现当地方言词汇的现状与发展。

第二节 研究方法

言语社区理论只是帮助我们确定了大致的研究范围和研究内容，而要实现我们的研究目的，则还需要更为具体的操作，首先就要选择切实可行的研究方法。本项目主要基于以下三项原则采取相应的研究方法。

一 通则式解释与个案式解释相结合

本项目旨在探索厦漳泉农村闽南方言词汇正在发生怎样的变化，包括变化的状况、过程、特点以及原因。可以说，这是一项兼具"描述"与"解释"的研究，而这也是由社会语言学本身的性质所决定的。

---

① 这里的"上海新移民"是指 20 世纪 80 年代以来由外地来上海并居住半年以上的非户籍常住人口。

　　语言变化是语言学研究的重要议题，但不同的学派对其有着不同的认知与处理方式。在社会语言学之前，人们关于语言变化的认识大致经历了历史语言学与结构语言学这两个阶段。与历史语言学相比，社会语言学更加关注活的语料（即人们正在使用的语言或方言）和"进行中的语言变化"，并试图从语言所在的社会对变化有所解释；与结构语言学相比，社会语言学更加注重语言变化研究，认为语言变化是可以观察和解释的，语言并不是一个僵化的系统，而是一个动态的"异质有序体"①。关于社会语言学之于语言变化研究的意义，徐大明（2006a：11）有着非常好的总结，社会语言学"不仅使用推断手段确定了许多历史上和现实中的语言变化的事实，而且发展了预报语言发展变化趋势的手段，使语言研究不再停留在历史性、描写性研究的层次上，而带上了更多的社会科学的解释性、预报性、应用性、对策性研究的特征"。这种带有社会科学属性的研究尤其表现在研究方法的运用上，如问卷调查、匿名调查、参与观察、实验法、统计分析等社会研究方法，都是由社会语言学引入到语言研究中来的。这些方法不只丰富了语料收集的渠道，而且还将语言与所在的社会真正联系在一起，增强了我们对语言变化过程、特点以及原因等的理解。从某种意义上说，社会语言学在语言变化研究领域缔造了一种新的研究模式，就像陈忠敏（2007）所言：语言变化研究进入了一个新的发展阶段。

　　作为一项社会语言学研究，本项目亦将充分运用上述方法来实现我们的目的。然而，任何一种方法都有其优缺点。因此，在任何一项研究中，还是有必要使用多种方法，并尽可能地搜集各种来源的资料。社会研究方法虽然繁复多样，但从其调查的范围来看，大致分为普查、抽样调查和个案调查（袁方，1997：135）。对于起止时间只有5年、经费只有20万、课题组只有6人的本项目而言，要想对分布在厦漳泉2.5万平方公里范围内的570万农村人口②实施普查，显然是不可能的。最可行的还是抽样调查和个案调查，从解释的视角看，这两种调查大体属于通则式解释与个案

---

　　① 　关于语言变化，社会语言学与历史语言学、结构语言学有着明显不同的观点与处理方式。对此，笔者在拙著《言语社区和语言变化研究》第五章第一节中有着较为详细的论述，读者可以参考。

　　② 　根据厦漳泉各市统计局的数据，截至2016年年末，各地农村人口的具体数据为：厦门43.1万，漳州221.19万，泉州304.6万，合计568.89万（相关情况，读者可参见本书第一章第二节）。

式解释，且各有利弊。

通则式解释（Nomothetic）与个案式解释（Idiographic）这两个术语是由德国哲学家温德尔班德（Wilhelm Windelband）[①] 首先提出来的，后来通行于心理学、社会学等领域，其内涵也不断丰富，并被视为研究社会的两种方法体系。通则式解释旨在通过科学的方法寻找影响某些情形或者事件的一般性原因；个案式解释则旨在通过对个体或个案的深入了解穷尽某个特定情形或事件的所有原因（艾尔·巴比，2009：22）。为了确立某个（些）普遍性规律，通则式解释倾向于使用定量研究，如常用抽样调查、统计分析、量表测验等方法，并在结论中用"通常""总体来说"等字眼对样本总体所具有的某种因果关系进行描述，如"家境富裕的学生通常能考上更好的大学"。与通则式解释不同，个案式解释关注的是个体，认为既然每个人都是独特的，那就应该用独特的方式加以研究；个案式解释倾向于定性研究，常使用非结构访谈（unstructured interview）[②]、参与观察、匿名调查等方式收集数据。

通则式解释与个案式解释都是研究社会的有力工具，但各有缺陷。前者因其精确的测量、对被试行为的控制、对大规模被试的调查以及研究过程的可复制、研究结论的普遍性等而具有了科学性。然而，通则式解释因其研究的是一群人，所关注的只是这些人所具有的一部分变量，因此对研究对象缺乏整体而深入的了解。个案式解释虽然能够提供一个有关个体的完整理解，能够满足"描述与解释"这两个最关键的科学目标，但因其研究对象的独特性而使其结论难具普遍性。概括而言，通则式解释"有普遍性，但完整性不足"，个案式解释"有完整性，但普遍性不足"。这两种方式自产生以来便引起了"孰优孰劣"的争议，但越来越多的学者已经认识到，不同研究方法各有优劣，单纯的某种研究方法都不能解决研究方法本身的问题，因此方法之间的敌对情绪逐渐式微，而多种研究方法相结合的呼声越来越高（董海军，2017）。就像艾尔·巴比（2009：24）

---

① 威尔海姆·温德尔班德（1848—1915），德国新康德学派的成员，提倡"正确地理解康德就是要超越康德"，主张哲学应该推动人文科学与自然科学的对话而不只是采用它的方法。

② 非结构访谈，也称非标准化访谈，这是一种半控制或无控制的访谈。相对于结构式访谈，它事先不预定问卷、表格和提问的标准程序，只给调查者一个主题，由调查者与调查对象围绕这个主题自由交谈。因此，在这种访谈中，无论问题本身，还是提问的顺序、方式、访谈时的外部环境等都不是统一的（袁方，1997：271）。

所言："社会科学家可以运用这两种解释类型。就像物理学家有时把光看作一个质点，有时把光看作波，社会科学家可以今天寻找相对表面的通则，明天则严密地探究个案。两种方式都很好，都很有益，也都很有趣。"

正是基于这种考虑，我们亦将实施这种整合式研究。其实，在此之前，笔者已经做过这样的尝试。2011 年，笔者开始主持教育部人文项目"中国新生代农民工的语言使用与社会认同"。在实施该项目时，笔者一方面在上海、厦门等地对农民工群体进行了大范围的问卷调查，并使用EXCEL软件进行统计分析、检验；另一方面也以向菊、肖俊等人为个案对其进行深入的调查或分析。前者属于通则式解释，所解释的是农民工的社会认同对其语言使用的影响；后者属于个案式解释，所解释的是个体所有可能的因素对其语言使用的影响。这两项研究互为补充，彼此参照，能有助于我们更加全面、深入地了解农民工的语言状况。在接下来的研究中，我们也将继续类似的做法：一方面在厦漳泉农村地区进行较大范围的问卷调查，并进行数据的整理与分析；另一方面也以厦门的大社村、漳州的流岗村等为个案，甚至也结合安徽傅村作一些比较。两相结合、彼此对照，或许能够更全面、深入地了解闽南农村汉语方言词汇的变化特点与规律，并使我们的结论更具普遍性。

二　定量研究与定性研究相结合

定量研究（Quantitative Research）与定性研究（Qualitative Research）是社会科学研究领域的两个基本范式。定量研究的哲学基础是实证主义①，认为在人们的主观世界之外，存在一个客观且唯一的真相，研究者必须采用精确而严格的实验程序控制经验事实的情景，从而获得对事物因果关系的了解（张红川、王耘，2001），其着眼点在于用数量关系提示事物的根本特征，即通过精确测定的数据和图表反映事物的现状、类属和相互关系，从而使不确定的、模糊的社会现象变得相对确定和明晰（邓伟

---

① 实证主义是19世纪30年代由孔德（A. Comte）创建的一种哲学。作为形而上学的对立物，它只承认实证的事实，主张一切科学知识都建立在观察和实验的经验事实的基础上，超出经验的认识是不可能的；认为社会是自然的一部分，因此也受自然法则的支配，自然科学的经验研究方法也适用于社会科学研究。

志，2009：192）。在长期的实践中，定量研究已形成了包括严格的抽样技术、量化的资料收集技术（调查、实验）与以数理统计为基础的资料分析技术（描述统计、推断统计）在内的一整套方法体系，并在19世纪后期很快取代思辨研究，成为社会科学研究领域的主导范式（张红川、王耘，2001）。在语言学领域，系统引进这一研究范式并大规模使用的就是社会语言学。社会语言学研究的理论前提就是语言与社会密切相关，学者们往往通过田野调查，对社会和语言材料进行有计划的抽样和统计分析，看某个（些）语言变项①与某个（些）社会变项②之间有无相关性，从而得到概率性的语言规则。该领域的代表人物便是社会语言学的奠基人拉波夫，其最著名的就是关于纽约英语的阶层化研究。例如在对纽约不同档次的百货公司的调查中，拉波夫（Labov，1966）发现，纽约人在讲car，cart，four等词时，对其中的r有时发音有时不发音，但这种发与不发并非没有规律，而是跟说话人所属的社会阶层以及说话时的语体风格有关，一般而言，社会阶层越高、语体风格越正式，人们不使用r的概率也越高（相关数据见表2.1）。

表 2.1　　　　　　纽约市三个不同社会阶层的（r）变异指标

语体	读词对	读词表	读段落	正式谈话	随便谈话
下层阶级	50.5	76.5	85.5	89.5	97.5
劳工阶级	45	65	79	87.5	96
中等阶级	30	44.5	71	75	87.5

在接下来的研究中，我们亦将采用此类方式来研究闽南方言词汇的变化。这其中，问卷中涉及的每个闽南方言词便是一个语言变项，而问卷中涉及调查对象社会属性的内容，如性别、年龄、职业、文化程度等便是一

———————

　　① 语言变项（linguistic variable），也叫社会语言学变项（sociolinguistic variable），它是个语言学单位，一个语言变项就是具有同样意思的一套可替换的形式，而属于同一个语言变项的这些可替换的形式就是语言变式（linguistic variant）（Trudgill，2003：82）。例如，在纽约英语中，thing和three等词中的th可以读成［θ］、［tθ］或［t］这三个音。在这里，（th）就是一个语音变项，它具有［θ］、［tθ］和［t］三个语音变式。语言变项也可以是词汇的或语法的。

　　② 社会变项（social variable），也叫社会变量。在社会语言学领域，社会变项是相对于语言变项（linguistic variable）而言的一个概念，它是说话人很多社会属性在逻辑上的归类，如"年龄""职业""文化程度""社会阶层"等。社会语言学家们时常通过统计分析语言变项与社会变项之间的关系来探寻语言的变项规则，从而对语言与社会之间的互动关系有所说明。

个个社会变项。将这两类变项联系在一起进行统计分析，便可以了解厦漳泉农村地区闽南方言词汇的变化情况以及变化所涉及的社会因素。

然而，仅仅做到这些还不够，因为定量研究有其与生俱来的缺点，即它所要处理的"量"总是有限的，不能对所要研究的议题进行更加全面、深入的理解。例如，因为要在厦漳泉农村地区进行较大规模的问卷调查，但由于人力、物力、财力及课题时间等的限制，问卷的内容显然不能过多，一份问卷不可能涵盖所有的闽南方言词汇以及所有可能相关的社会属性，因此需要对问卷的内容进行精心的筛选与设计，只能重点关注闽南方言中那些有代表性的词汇以及最有可能影响词汇变化的那些社会因素。这样一来，我们就难以了解其他词汇的变化情况，也难以了解导致词汇变化的其他社会因素。定量研究的缺点，恰如有学者所言："由于是对大量样本的少数特征作精确的计量，因而定量方法很难获得深入、广泛的信息，容易忽略深层的动机和具体的社会过程。"（袁方，1997：146）

为此，在定量研究之外，我们还要进行定性研究。所谓定性研究，即以研究者本人作为研究工具，在自然情景下采用多种资料收集方法对社会现象进行整体性探究，使用归纳法分析资料和形成理论，通过与研究对象互动对其行为和意义建构获得解释性理解的一种活动（陈向明，2000：2）。相对而言，定性研究的方法体系更加多元化，包括参与和非参与观察、非结构访谈、文献分析等（张红川、王耘，2001），并能对难以量化的文化、心理、历史等资料进行收集、归纳、整理与分析。在本项目的研究中，我们也将适时地运用这些方法。例如，在了解闽南地区方言的社会分布时，我们就运用了快速匿名调查这一非参与观察的方式（付义荣、严振辉，2017）；在对流岗村进行个案研究时，我们就运用了参与观察、非结构访谈、文献分析等方式。这些方法能够帮助我们了解问卷之外的许多信息，如了解其他闽南方言词汇的基本状况，甚至帮助我们发现一些未被记录在案的闽南方言词，同时还可了解可能影响闽南方言词汇变化的其他因素。这些信息将对我们的定量研究形成很好的补充和佐证，从而能够有助于我们更加全面系统地理解厦漳泉农村地区闽南方言词汇的变化。

总的来看，定量研究在操作中严格遵循统计学的基本原理，其结果能够揭示总体的一般规律，而定性研究则是深入研究对象所处的社会环境中开展深入、系统的观察和研究，其结果不仅提供了更多的细节描述，还能有助于对某个议题的完整理解。二者各有优势，可以互为结合、相互补充，就像美国北卡罗来纳大学教堂山分校教授康拉德·雅劳施（Konrad Jarausch）所说的：定量研究能够保证成果的可靠性和精确度，定性研究擅于解释文化倾向、社会情绪等问题；有时定性研究给出的答案，需要通过定量研究予以佐证，只有相互配合才能收到最佳效果（杨敏，2013）。

三　问卷调查与实地调查相结合

在具体实施时，我们并没有拘泥于某一种方法，而是采用问卷调查与实地调查这两种方法来收集我们所需的数据，这也与上述两项原则相对应。一般而言，问卷调查更倾向于通则式解释与定量研究，而实地调查更倾向于个案式解释与定性研究①。

问卷调查是现代社会研究中最常用的数据收集方法，艾尔·巴比甚至将其喻为"社会调查的支柱"（袁方，1997：231）。相较于其他调查，问卷调查最突出的优点就在于其能够在较短的时间内进行大范围、大规模的标准化调查，而且所收集的数据亦便于定量处理与分析。本项目题为"闽南农村汉语方言词汇变化研究"，理论上讲，厦漳泉地区近570万农村人口都是可能的调查对象。在项目规定的时间内要在这样一个区域内完成一次有效的抽样调查，问卷调查无疑是非常合适而必要的。根据社会语言学研究的一般要求，并结合本项目的实际需要，我们精心设计了一份问卷（见附录Ⅰ）。问卷主要包括两个方面的内容。一是调查被试的社会状况，涉及被试的性别、年龄、职业、文化程度、家乡以及目前与家乡的联系情况；二是调查被试的语言状况，其中又分为两个部分，一部分是调查被试对普通话、闽南话及其他语言或方言的掌握情况；另一部分是调查被试对闽南方言词汇的掌握情况（具体见本章第三节）。从统计学的角度看，问卷中的每个问题实际上都对应一个变量，其中社会状况类问题大致属于自变量②，而语言状况类问题大致属于因变量③。通过对这两类变量

---

① 这里指的只是一般情况，它们的关系并非绝对如此。如在对个案进行心理学方面的实验时，就可对研究对象进行问卷调查并进行定量分析，而在一些通则式研究中，也可进行实地调查，像拉波夫在纽约百货公司实施的快速匿名调查。

② 自变量亦叫"刺激变量"，是能够影响其他变量（因变量）发生变化的变量。

③ 因变量是随着自变量的变化而变化的变量，如多项调查证明，文化程度影响着说话人的语言使用。这里的文化程度就是自变量，而语言使用就是因变量。

的统计分析，我们不仅可以对闽南农村地区汉语方言词汇的变化状况进行描述，还可以对其可能产生变化的原因进行解释。

在问卷中我们的问题既有开放式的①，又有封闭式的②。调查时我们主要采用访问的方式，即根据被试的回答由调查员来填写问卷，这可以很好地防止被试遗漏一些问题。但调查中若是遇到被试因为事忙而不能完成问卷调查等情况的时候，我们则会将问卷留下，让他（她）有空时自己填写，待填好后我们才去取。当然，正如艾尔·巴比（2009：257）所言，不管研究者在问卷设计上多么仔细、认真，还是存在错误的可能性，避免这种错误的最有效办法就是对问卷（全部或部分）进行预调查。为此，我们在问卷设计的过程中也进行了多次预调查，附录Ⅰ的问卷实际上就是在多次预调查后不断修正才最终定型的，较之最初的问卷，已尽可能剔除了那些难以回答或模糊不清的问题。至于具体的调查方式、数据整理及分析的方式，我们在之后的相关章节中会有更为清楚的说明，在此不赘。

实地调查主要是在厦门的大社村与漳州的流岗村进行的，前者地处厦门集美区，是个城中村，而后者地处经济相对落后的漳州。在这两个村子，我们在 2018 年 3—10 月进行了多次调查。调查方式有非结构访问③与参与式观察等：前者主要通过与当地村民的自由交谈或深度访谈，我们不仅可以从他们的话语中来收集或分析他们的词汇使用特点，还可以更加深入地了解这个村的社会、历史、文化等多方面的情况；后者则让我们可以在相对自然的状况下对当地村民的社会、语言生活进行观察。相对于问卷调查，实地调查可以让我们"看到不能预期或测量的微妙之处或其他事件"（艾尔·巴比，2009：288），从而让我们对闽南农村地区汉语方言词汇的变化有一个更加丰富而准确的理解。

总之，不同的研究方法各有其优缺点，单纯的某一种研究方法并不能

---

① 问卷调查中的一种提问方式。问卷没有为该类问题提供具体的答案，由被试根据自己的意愿或实际情况自由回答。如"面对面时，您一般如何称呼您的父亲"。

② 问卷调查中的一种提问方式。问卷为该类问题提供了若干具体的答案，让被试根据自己的意愿或实际情况进行选择。如"您觉得您的闽南话水平：（1）很熟悉；（2）一般；（3）只会一些简单用语；（4）一点不会"。

③ 非结构式访问是又称非正式访问或非标准化访问。访问者不使用或用简单的调查提纲，就某些研究的问题与被访问人员自由交谈。特点是交谈自然，被访人员可以随意提出自己的意见，有利于深入了解多方面情况（邓伟志，2009：197—198）。

消除方法本身的问题，因此结合多种方法，互为补充、相辅相成，或许能让我们更加接近答案，恰如周晓虹（2002）所说，多种方法的整合虽然未必能够产生一种无所不包的解释范式，但一定能使我们面临的问题以及对问题的解答更为准确。

第三节　调查词汇的选择

著名社会语言学家钱伯斯和特鲁杰尔（Chambers & Trudgill，2002：3）认为：我们应当有这样一种理念，即所有的说话人都至少是一种方言的使用者，即便是标准语也是一种方言。也就是说，从语言学的角度看，方言实际上也是一种语言，只不过是流行一方的语言而已，而我们所要研究的闽南方言，其实就是产生并流行于闽南地区的一种语言。作为一种语言，闽南方言有其独特的一套语音、语法和词汇系统，而任何一个词汇系统，其词语数量都是非常庞大的，少则几万，多则数十万。像《闽南方言大词典》（周长楫，2006）就收录了4.3万个词条，这还不包括那些新生的还未来得及收录的词语以及厦漳泉下辖各县市特有的方言词语。因此，囿于时间、人力等，我们不可能对所有的闽南方言词汇进行调查研究，必须有所选择，诚如李宗江（2016：4）所认为的："研究词汇的演变，没必要也不可能把从古到今所有的词都拿来进行研究，需要划定一个词汇范围。"为此，我们将根据方言特征词理论以及闽南农村的实际情况，对闽南方言词汇进行选择。

一　方言特征词理论

方言是一种语言在地域或社会上具有自身特点的一种变体，可从一批特殊的词和语法结构来识别，且口说的方言通常还带有独特的发音或口音（戴维·克里斯特尔，2007：107）。显然，每一种方言因其与其他方言在语音、词汇和语法结构上具有某些共同之处而同属一种语言，同时也因其语音、词汇和语法结构上的独特性而与其他方言区别开来。在我国，学界虽然将语音视为汉语方言最为显著的区别特征，但不少学者认为，词汇及语法层面上的差异也不容忽视，它们都是区别方言的重要标准（詹伯慧，2001：57；李如龙，2011b：148）。正因如此，方言学家们主张应加强汉语方言词汇，尤其是方言中那些特殊词语的研究（李如龙，1999；许宝华，1999）。这一类词其实就是方言学家们常说的"方言特征词""方言特有词"或"独特的方言词"等。随着对这一类词的持续关注，方言特征词理论应运而生。

最早提出"方言特征词"的是我国著名方言学家李荣先生，他提出："在继续方言语音研究的同时，把方言研究向词汇和语法方面推进。重要的是把词汇的研究做好，注意方言之间词汇的共同性和分歧性，注意研究方言的特征性词语。"（李荣，1983）不过，这只是提倡，真正对"方言特征词"进行系统性的理论阐释，并身体力行对其进行深入调查的则是李如龙先生。在《论汉语方言特征词》① 一文中，李如龙（1999）较为系统地阐述了方言特征词的含义、存在的客观性、词汇特点、来源演化、研究意义及方法；2001 年，他又约请了一些学者展开了各区方言特征词的调查研究，出版了论文集《汉语方言特征词研究》（厦门大学出版社 2002年版）。按照李如龙（2014）最新的定义，方言特征词就是从方言区片的比较研究中提取出来的、对内一致、对外排他的有特征意义的方言词；它一般都是方言中的基本词汇，具有常用、单音节②、语义泛化、构词能力强等特点。近 20 年来，方言特征词业已成为我国汉语方言学界的一大研究热点，成为学者进行方言描写、比较、分区等的又一个指导性理论。2018 年 1 月 29 日，笔者在中国知网（www.cnki.net）以篇名含有"方言特征词"进行搜索，共获得 60 篇论文，其内容不仅涉及方言特征词的理论、方法，更有针对各区方言特征词的调查、描写与分析，所涉方言包括闽方言、粤方言、晋方言、吴方言、湘方言、北方方言、客家方言等，几乎囊括了我国境内各大汉语方言。

方言特征词理论最初应用于方言比较，主要目的是为汉语方言的分区提供词汇方面的依据，但发展至今其意义已经溢出了原有的范畴，例如对于我们此次社会语言学调查也有很好的指导意义。因为方言特征词所表现的就是方言的词汇特征，和语音一样都是区别方言的重要指标（李如龙，1999）。对于某种方言来说，一旦其方言特征词正在发生巨大的变化，尤

---

① 该文原发表于中国语言学会第十届年会（1999，福州），后发表于《中国语言学报》2001 年第 10 期。

② 李如龙（2014）认为，单音节的特征词是闽南方言的核心词，具有很强的构词能力，是词汇系统的纲，在提取一种方言的特征时，就应该首先提取这一类词，不过其他多音节的词，若很常用且表示非常重要的概念，也可适当地收取一部分。

其是在朝着消失的方向发展，那就意味着该方言的词汇特征也在消失，更何况方言特征词属于基本词汇，往往具有稳固性、能产性和全民常用的特点，如果一种方言的基本词汇都在剧变、都在消失，那它的一般词汇必然更是如此。前文说过，本课题虽然名为"闽南农村汉语方言词汇变化研究"，但研究的重点却是"闽南农村汉语方言词汇的消失"，旨在探索这一地区方言词汇的变化机制并以此了解闽南方言的现状。要实现这一目标并不容易，因为闽南农村人口近570万，遍布于厦漳泉2.5万平方公里的区域，而闽南方言词汇也有好几万条。从研究的可行性出发，我们只能进行选择性的调查和研究，这既包括对调查地点和调查对象的选择（即抽样调查），也包括对调查词汇的选择。再从研究的经济性和有效性来讲，选择方言特征词来进行调查无疑再恰当不过，这不仅因为闽南方言中的特征词表现着闽南方言的词汇特征，是闽南方言区别于其他汉语方言的重要指标，同时也因为闽南方言中的特征词是闽南方言的基本词汇，数量有限（具体见下文）。很显然，从方言特征词入手不仅可以了解闽南方言的生存现状，而且还很简单可行。更何况，闽南方言毕竟只是汉语的一种方言，它与普通话及其他汉语方言有着很多共同的词语，如果对这部分词语也进行调查研究，并不能说明什么问题，只会劳而无功。

二 闽南方言特征词的选择

闽南方言究竟有哪些特征词？这个问题本身就是一个不小的课题，幸运的是，方言学界对此已经有了较为深入的研究，我们所能做的就是如何结合自己的课题需要来对这些成果加以适当的应用。

按李如龙（2002：2）的观点，汉语方言特征词不应该只是一条或少数几条，而应该有一定的批量；既然是批量的，就应该按其特征意义的大小分为不同的等级。根据这样的原则，并基于自己多年的调查所得和他人发表过的调查报告及相关文献，李如龙（2002：278—337）在闽方言中一共提取了200条特征词，其中一级特征词77条，它们是在闽方言中普遍通行，而在外区少见的特殊的方言词；二级特征词123条，它们是通行于闽方言的多数地区，与外区方言亦有交叉或区内只通行于中心区而在区外少见的方言词。闽南方言是闽方言的一个次方言，李如龙所列的这77条一级特征词通行于闽南地区，自然也是闽南方言的特征词。然而，这种提取特征词的方式往往基于提取者深厚的学术修养和方言知识，即便如此，在面对丰富繁多的词汇时，也难免有所疏忽（苏新春，2000）。因此，为了保证所选词语的代表性和典型性，我们又查阅了其他相关资料，如迄今收录闽南方言词条最多的《闽南方言大词典》（周长楫，2006）。该词典收录的闽南方言词共分为两大部分，其中第一部分是方言特有词，这部分词语绝大部分与普通话同义不同形或在义项上与普通话词语有所不同；第二部分是闽南方言所吸收的大量普通话词语。很显然，这里的闽南方言特有词跟方言特征词最为接近。因此，我们将之跟李如龙提取的这77条一级特征词进行比对，选取其中共有的词。与此同时，我们还参照《漳州方言词汇》（林宝卿，1992）、《泉州市方言志》（林连通，1993）和《厦门方言志》（谭邦君，1996）等资料，多方对照以选取为大多数资料所收录的闽南方言词，并进一步明确这些词的音、形、义。如此我们共提取了55条词语（具体见表2.2）。

表2.2　　　　　　　　　　　　闽南方言特征词（部分）

词类	词语	数量
名词	骹、喙、囝、盾、鼎、膦、洋、园、粟、秫、箸、枋、铇、碗、牺、配、翼、蟧、疕、垡、粕、墘、箪、稀、箬、筲	26
动词	嗌、饲、跋、拭、倚、泅、拍、沃、曝、拄、必、刣、趁、长、移、剌、倒、敆、捹、炊、拆、舣	22
形容词	悬、焦、清、饕、晏、泛、禽①	7

注：关于表中所列词语的音、义在附录Ⅱ有所说明。

表2.2所列的这55条词语通行于闽南地区，符合闽南方言特征词所具有的各项指标，具有常用、单音节②、语义泛化、构词能力强等特点（李如龙，2002）。它们不但是闽南方言的基本词汇，而且也是基本词汇的核心——根词，因为它们都具有极强的构词能力，闽南方言中的很多词语都是以它们为词根而构造起来的。如"骹［kha⁴⁴］"一词，除了自身成词外，以它为词首的词语就多达67条，像"～球［kiu²⁴］"（足球）、"～帛［peh⁴］"（裹脚布）、"～布［pɔ²¹］"（擦脚布）、"～斗［tau⁵³］"（主

① "禽"是一个兼类词，既是动词，也是形容词，但从词语数量看，只能算作一个词。为便于论述，我们按形容词对其进行统计分析，之后的相关章节也是如此，在此不赘。

② 李如龙（2014）认为，单音节的特征词是闽南方言的核心词，具有很强的构词能力，是词汇系统的纲，在提取一种方言的特征词时，就应该首先提取这一类词，不过其他多音节的词，若很常用且表示非常重要的概念，也可适当地收录一部分。

要用于洗衣洗脚的小木盆)、"~风〔hɔŋ⁴⁴〕"(寒腿)、"~骨〔kut³²〕"(腿)、"~兜〔tau⁴⁴〕"(地上)、"~踏车〔ta⁴ tshia⁴⁴〕"(自行车)、"~骚间仔〔sau⁴⁴ kia⁴⁴ a⁵³〕"(妓院)等。需要说明的是,表 2.2 只有名词、动词、形容词这三类,这主要是因为这三类词语,尤其是前两类确实是人类语言最具普遍性的词汇(叶蜚声、徐通锵,2012:118),各类语言的词汇绝大部分都是由这三类词语构成的。其实,闽南方言中也有其他类的特征词,如李如龙(2002)所列的一级特征词和周长楫(2006)所收的闽南方言特有词中,就有"其〔ki²⁴〕"和"共〔kaŋ²²〕"①等虚词。不过此类词语并不多,且语义虚化,难以向被试说明,预调查的效果很不理想,因此在正式调查中就将这几个虚词排除在外了。至于其他层次的特征词,我们则归入一般词汇中进行取舍。

三 闽南方言一般词汇的选择

在整个词汇系统中,基本词汇具有较强的稳固性,一般词汇才是应对社会变化最为敏感的部分,而且每一种方言往往都有自己独特的方式来构造新词以应对社会的变化。因此,任何一种方言都有大批较为独特的一般词汇。考虑到本项目针对的是闽南农村,因此调查的重点主要集中于跟农业有关的词汇,具体有:"粟埕〔tshik³² tiã²⁴〕"(晒谷场)、"锲仔〔kueh³² a⁵³〕"(镰刀)、"粗桶〔tshɔ⁴⁴ thaŋ⁵³〕"(粪桶)、"牛母〔gu²⁴ bu⁵³〕"(母牛)、"风鼓〔hɔŋ⁴⁴ kɔ⁵³〕"(扬谷用的风车)、"竹担〔tik³² tã⁴⁴〕"(竹子做的扁担)、"番(仔)肥〔hua⁴⁴ a⁵³ pui²⁴〕"(化肥),另外还加了一个生活词语,即"面桶〔bin²² thaŋ⁵³〕"(脸盆),一共 8 个词语②。这些词语构词能力不强,并不是闽南方言的核心特征词,只能算是一般词汇,但它们都具有浓郁的地方特点,蕴含着闽南地区独特的文化信息,通过对这部分词语的调查应该可以了解闽南地区传统的农业文明正在

---

① 这两个都是兼类词:"其"作量词时,有"个"意,而作助词时,相当于普通话"的";"共"作介词时,有"跟""同""向"等意,而作连词时,相当于普通话中的连词"和"。

② 闽南方言中的这些词语还存在变异现象,如"风鼓"之外,还有"风柜〔hɔŋ⁴⁴ kui⁴⁴〕"这一说法;"番(仔)肥"与"番肥"主要通行于厦门及漳州地区,"番肥"则主要通行于泉州地区。厦门、泉州的方言中,"锲仔"指的是镰刀(谭邦君,1996:136;林连通,1993:213),但在漳州方言中,"锲仔"指的是柴刀,指镰刀时则说"镰勒仔〔li¹³ lik¹³ a⁵³〕"(林宝卿,1992)。因此,就整个闽南地区而言,"风鼓/风柜""番肥/番(仔)肥""锲仔/镰勒仔"实际上存在词汇的变异现象。鉴于此,我们将这 3 对词语视为 3 个词来统计。

经历怎样的变迁。不止如此，相对于普通话，闽南方言的构词也很有特点。例如，在语序上，闽南方言可以定语后置，像"鸡母"（母鸡）、"人客"（客人）、"风台"（台风）等（周长楫，2006：20）；在对待外来事物时，喜欢用"番"字来表示，像"番灰"（水泥）、"番黍"（高粱）、"番仔火"（火柴）等（陈荣岚、李熙泰，1999：136）等；还有很多名词后面带有词尾"仔"，像"戏仔"（演员）、"北仔"（北方人）、"孙仔"（孙子）等（林连通，1993：250）。因此，调查"牛母""锲仔""番（仔）肥"等词，也可以从一个侧面了解闽南方言的构词特点正在发生怎样的变化，进而有助于了解其一般词汇的发展趋势。

曹志耘（2006）在论及汉语方言的生存与未来时曾言："各地方言的自创性演变（自我演变）逐渐停止下来，而改为以普通话或强势方言为方向的演变。"闽南农村地区是否也是如此呢？为此，我们又围绕"手机、电视、空调"进行了调查，这三样事物都是改革开放后开始在闽南农村普及的，几乎家家都有。调查的目的主要是看看闽南农村当地居民是用自己的方式创造新词来指称这些新事物，还是直接引用普通话词汇。这样的调查和针对"牛母""番（仔）肥"等的调查一样，旨在探索闽南农村构词方式的发展演变。

在汉语方言词汇中，还有一类非常特别的词语，那就是亲属称谓词。普通话中，许多亲属称谓词，如"爸""妈"等都属于基本词汇，因为这类词往往具有稳固性、能产性和全民常用的特点。但就某个方言区来说，这类词又不宜归为基本词汇，因为其内部存在很大的变异性，大至整个方言区，小至某个乡镇甚至一个村子，都会存在显著的变异现象。胡士云（2007：99—203）曾对称谓系统在现代汉语方言中的分布进行了详细的比对。从比对结果来看，无论是方言之间，还是次方言之间，彼此都相差很大，光一个祖父称谓，就有"祖父、爷爷、爹、阿爹、阿爷、阿公、公公、佳佳、里公、公、依公、爸、阿爸、公□［ta］"等多个词语。笔者对此也深有体会，如笔者的家乡——安徽无为县傅村不过300来人，但称呼父亲的词语就有"大大""阿爷""爸爸"等（付义荣，2008）。由于亲属称谓存在如此复杂的变异现象，所以很难将亲属称谓整体性地视为基本词汇或一般词汇。

不过，亲属称谓的这种高度变异性在改革开放之后似乎发生了很大变化，许多地方的亲属称谓正变得越来越统一，很多具有地方特征的亲属称谓词正在被普通话亲属称谓词所替代。例如，在鄂东北（汪化云，1996）、青海（都兴宙，1998）、四川平昌（谭伦华，2001）、浙江金华（曹志耘，2003）、广东潮州（吴洁，2007）、安徽休宁（陈新文，2009）、福建平潭（林艳，2012）等地都出现了此类情况。那么，闽南农村是否也是如此？变化的原因为何？未来趋势如何？此类问题也非常值得关注。为此，我们又选择了父母、祖父母和外祖父母等亲属的称谓来加以研究，这些亲属几乎人人都有，相应的称谓几乎人人都在用，数据既容易收集，结论也更具普遍性。考虑到亲属称谓可能的变异性与特殊性，我们在调查亲属称谓时设计了一些开放性的问题，例如："在面对面时，您一般如何称呼您的父亲"，并且独辟一章对亲属称谓词进行专门的分析与探讨。

　　至此，我们完成了所要调查词汇的选择，主要包括55个核心特征词、8个农业词语及生活词语，还有指称"手机、电视、空调"以及部分亲属称谓的词语。围绕这些词汇，我们设计了《"闽南农村汉语方言词汇变化研究"调查问卷》（具体见附录Ⅰ）。虽然所涉词语远非闽南方言词汇的全部，但从词语的代表性以及研究的可行性来看，也只能如此了。

第三章

闽南农村方言词汇的变化状况

语言结构的各个方面（音系、语法、话语风格、语义和词汇）总是在变化，而且在不同的时空，语言变化的方式亦会有所不同（Bright，2001：81）。这是语言的两个基本事实，语言学家们对此并无异议，但在对待语言变化的重视程度和处理方式上，彼此分歧很大，有的甚至对立。相对于其他语言学派，社会语言学非常重视语言变化研究，不仅关注语言变化的结果，更关注语言变化的过程；不仅认为语言变化是可以观察的，还创造性地运用一系列方法对语言变化进行定量分析；不仅从语言自身，也从语言所在的社会来解释语言变化。这种研究模式是基于拉波夫的先驱性工作而建立起来的，如今语言变化研究已经成为社会语言学的核心内容，甚至被视为真正的社会语言学（Trudgill，1978：11）。我们在本章将严格遵照社会语言学的研究模式来描述闽南农村汉语方言词汇的变化状况，主要从词汇的年龄分布入手来分析词汇的变与不变，以及变化的大致进程，并分析不同词汇的变化类型与特征，其中亲属称谓词汇由于具有较强的开放性与变异性，每个称谓往往要对应很多词，所以我们将在其他章单列描述。

第一节　闽南农村方言词汇的年龄分布

语言变化往往会在不同年龄的说话人那里有所体现，一个标准的语言变化模型就是：在最年长的一代人那里，没有或极少有新的语言形式；在中间一代人的话语中，这种形式的出现频率会有所增加；在最年轻的一代人中，这种形式的出现频率达到最高（Chambers et al.，2002：355）。那么，闽南农村不同年龄的说话人，其所用的词汇是否也呈现类似的差异呢？

一　年龄：语言变化的显像时间

与历史语言学以及早期的历史比较语言学①有所不同，社会语言学更加关注"进行中的语言变化"，即正在发生的语言变化，而其关注的方式主要有两种，即真实时间研究（real-time research）与显像时间研究（apparent-time research）。真实时间的语言变化研究是指研究者将同一个言语社区在不同时期的语言材料进行对比，以了解该言语社区正在发生怎样的语言变化。真实时间的研究大致又分复制性与匹配性这两种类型，所谓复制性真实时间研究就是研究者在间隔一段时日后将原来的调查照原样复制一遍，不仅调查的内容、方式要一样，而且调查对象还是原来的被试。然而，这种复制性调查充满了太多不确定的因素而难以成行，因为原来的被试或已不知所踪，或已去世，或因健康等原因不能再接受调查，或不愿意再接受调查等。因此，研究者不得不降低标准，实施匹配性的调查，即在原来的言语社区选择一些与当年的被试相匹配的其他人进行调查，例如在被试的人口总数、男女比例、民族结构、社会背景甚至职业上与当年保持大体一致即可，不必非得调查原来的那些被试（Chambers & Trudgill，2002：149—150）。

然而，无论是复制性的还是匹配性的，真实时间的研究都要面临一个难以克服的困难，即研究周期过长的问题。因为语言变化是渐变的，往往需要经历很多年才能显现出来，这就意味着研究者需要等上 5 年、10 年、20 年乃至更长时间才能实施一次研究，这无疑是令人沮丧的。为此，社会语言学家们更多地依赖显像时间来研究进行中的语言变化，也就是将同一言语社区内不同年龄的人的话语进行对比，从中发现差异来观察语言变化。美国著名语言学家拉波夫既是"显像时间"这一术语的初创者，也是这一研究方式的奠基者（Trudgill，2003：10）。相对于真实时间的研究，显像时间研究在短时间内就可以实现，而且研究者可以随时回去进行一些补充性的调查以使数据更加完整，这些无可比拟的优势使其备受社会语言学家们的青睐。社会语言学研究的一些经典案例，像拉波夫在玛萨葡萄园岛（Island of Martha's Vineyard）关于复元音变化的研究（Labov，

---

① 历史比较语言学是历史语言学的早期阶段，它着眼于具有亲属关系的语言或方言，对于非亲属关系的语言往往无能为力。历史语言学是在历史比较语言学的基础上形成的，它不仅研究亲属语言，也研究非亲属语言，在研究的范围、方法上都要更广泛一些。

1963)、在纽约市关于英语和社会分层的研究（Labov, 1966），L. 米尔罗伊（L. Milroy, 1987）在英国贝尔法斯特市关于语言与社会网络的研究，特鲁杰尔（Trudgill, 1972）在英国诺里奇市关于语言与潜在声望的研究，如此等等都采用了显像时间的方式来观察当地正在发生的语言变化。

不过，在实施显像时间的研究时，一定要注意区别进行中的语言变化与年龄级差（age grading）的变化，前者才是社会语言学乃至整个语言学所要关注的内容。年龄级差的变化是指在某个言语社区内，说话人因其年龄的增长而对其话语习惯的改变，这种变化会在每一代说话人那里重复出现，它往往是个体说话人特定发展阶段的语言标记（Trudgill, 2003：6；徐大明，2006a：150—151）。相较于进行中的语言变化，年龄级差的变化也会表现为年龄层面的语言变异，但不同的是，年龄级差的变化具有重复性，而进行中的语言变化往往是不可逆的。例如，在汉语社会，有些小孩喜欢使用"狗狗""猫猫""帽帽""袜袜"这样的重叠式词语，而当他们长大后就改说"狗""猫""帽子""袜子"了，但这只是年龄级差的变化，因为"狗狗"一类的词语会在一代又一代的说话人那里再次出现，它们早已成为汉语社会儿童的语言标记，属于典型的"娃娃腔"。

若要区分年龄级差与进行中的变化，最理想的方式就是将真实时间与显像时间这两种研究方式结合起来。例如，钱伯斯（Chambers, 1995：188—189）1979 年在加拿大安大略南部（Southern Ontario）调查时发现，大约 2/3 的少年被试和 1/10 的成年被试在背诵字母表时会将 Z 说成 zee，余下的被试则说成 zed；但在 1991 年的复查中，钱伯斯又发现，当地成人群体仍旧有 1/10 的人说 zee，而曾经的那些少年，其使用 zee 的人数比例则随着年龄的增长而呈现明显的下降趋势。如果只看 1979 年的这次调查，当地英语中的 Z 字母似乎正在由 zed 向 zee 转变，但时隔 20 多年后，曾说 zee 的那些少年在长大成人后又纷纷改说 zed 了，使用 zed/zee 的人数比例跟 20 多年之前相比并未出现此消彼长的变化，因此这只是年龄级差的变化。然而，如果非得通过真实时间的研究来甄别年龄级差与进行中的语言变化，那显像时间研究也就失去了应有的优势而变得没有意义，所以学者们往往会降低标准，在进行显像时间研究的同时再利用早期的方言记录来区别这两种变化。例如拉波夫（Labov, 2001：4）于 20 世纪 60 年代在玛萨葡萄园岛（Island of Matha's Vineyard）所做的调查研究，就利用了《新英格兰语言地图》（*Linguistic Atalas of New England*）中的相关数据，该地图就是 30 多年前由盖·诺曼（Guy Lowman）对该岛 4 位居民所做的方言调查，这给拉波夫关于该岛正在发生的语言变化以有力的支持。

　　但是，并非每个研究者都如拉波夫这般幸运，事实上绝大多数言语社区都不会有自己的方言记录，因此最普遍、最可行的做法还是需要研究者对言语社区进行充分而细致的调查和了解，你越熟悉言语社区，就越有可能避免将年龄级差与进行中的语言变化混在一起。例如，笔者 2004 年在安徽傅村进行调查时发现，"爸爸"已成为傅村年轻一代最流行的称谓，而"大大""阿爷"这两个称谓只是在年龄较大的群体中较为流行；为了弄清楚这是进行中的语言变化还是年龄级差，笔者在调查中还曾设计了"在用这个称谓之前，你还用过别的吗?"一类的问题，同时还专门访谈了村里的老人，问他们在村里是否见过别人小的时候用"爸爸"，长大了用"大大"或"阿爷"来称呼自己的父亲；此外，笔者还结合自己的亲身经历，证实傅村父亲称谓确实存在"使用一贯"的特点，即不存在年龄级差所应具有的重复性特征（付义荣，2011a：102—105）。通过多方查实，笔者最后得出结论，傅村父亲称谓在不同年龄层的这种规律性分布实际上就是一种进行中的变化而非年龄级差。当然，傅村一则比较小，二则就是笔者的家乡①，因此笔者可以进行如此深入的调查来甄别年龄级差与进行中的语言变化。但面对人口更多、地域更广的闽南农村时，再完全采用像傅村的办法就不可行了。

　　不过，年龄级差基本上都体现在未成年人，尤其是儿童和成人之间的语言差异上。例如，前面提到的汉语社会的"狗狗/狗"、加拿大安大略南部的"zee/zed"等案例就是体现在儿童与成人之间。相对于未成年人，成人的语言已相对稳定和成熟，在同一个言语社区内，成人世界的年少者与年长者之间的语言差异一般都是进行中的变化（Chambers & Trudgill，2002：152）。基于年龄级差与进行中的语言变化这一区别，我们在闽南农村所选择的调查对象绝大多数都是成年人，即便是最年轻的 15—24 岁年龄组，其平均年龄也都在 20 岁以上（见表 3.6）。同时，对于年长且健谈者也会进行一些特别的深入访谈，了解相关词语在当地的使用情况，并注意查阅相关的闽南方言文献。总之，通过多种途径，我们尽可能地对进

---

　　① 2004 年，傅村总人口约为 307 人。笔者曾生长于傅村，调查时其父母及兄嫂一家仍旧生活在该村。

行中的语言变化进行甄别、描写和解释。

二　数据的收集与整理

本部分数据是通过问卷调查的方式收集的。为了保证调查样本的代表性，我们采用判断抽样加滚雪球抽样的方式来选择被试，基本原则就是要保证厦门境内的同安、翔安二区，漳州、泉州境内各县都要被调查到，不能遗漏，而在调查的过程中，我们也会让被试提供其熟悉的当地人接受我们的调查。2016—2017 年，我们一共对 1031 人进行了有效调查，其基本情况见表 3.1。从来源地看，被试人数以泉州最多，其次为漳州和厦门，这跟厦漳泉地区农村总人口的排序相一致。虽然厦门农村的总人口远低于泉州与漳州，还不到闽南农村总人口的 8%，但考虑厦门是闽南话的代表地，我们在调查中还是调查了 300 余人，与其他两地没有相差太大。年龄方面，44 岁及以下的中青年占了 6 成左右；性别方面，男性比女性多了近 5%；文化程度方面，初中、小学及以下文化占了一半以上①。总体而言，本次调查没有倾向于某一类型的人，所选的被试大致能够反映闽南农村人口的基本面貌。

表 3.1　闽南农村汉语方言词汇变化调查的被试构成情况（N=1031）

样本类型		人数	%	样本类型		人数	%
来源地	厦门	307	29.8	文化程度	没读过书	123	11.9
	漳州	342	33.2		小学	171	16.6
	泉州	382	37.0		初中	268	26.0
年龄②	65 岁以上	113	11.0		高中	223	21.7
	55—64	107	10.3		职高、中专或技校	91	8.8
	45—54	185	17.9		大专及以上	155	15.0
	35—44	181	17.6	性别	男	539	52.3
	25—34	238	23.1		女	492	47.7
	15—24	207	20.1				

---

　①　调查中，我们是按以下标准来归类文化程度的："没读过书"指的就是没有接受过学校或私塾教育的情况；"小学"指的是止步于小学教育，包括小学毕业、读过但未毕业等之后就没再上学的情况；"初中"指的是止步于初中教育，包括在读、已毕业或读过但未毕业之后就没再上学等情况；"高中""职高、中专或技校"与"初中"一样，包括在相应的学校就读、已毕业或读过但未毕业等之后就没再上学的情况；"大专及以上"包括在国内外高等院校就读、已毕业或读过但未毕业等情况。

　②　年龄以 2017 年 12 月 31 日为限。

这 1031 个被试其实就是 1031 份有效问卷，还有 30 余份问卷由于调查员或被试的漏报、误报等原因而失去统计的价值，而且即便这些有效的问卷，也因为调查员或被试的不同，其记录的数据也是多有差别，需要做进一步的处理以便统计分析。问卷最主要的部分是关于闽南方言词汇的知晓情况，之所以如此设计，是考虑到任何词语的使用都以说话人的知晓为前提，当任何人都不知道某个词语，就意味着不再有人使用该词，该词也就消失了。不过，所设计的问题看似简单，但实际调查起来却有不少难处，被试的回答也是五花八门。以下面这一问题为例：

　　·请您根据以下意思说出相应的闽南话词汇。

　　……

　　（14）衣袖。

　　　　A. 不知道　　　　B. 知道，它是_____。

问到这个问题时，调查员一般会问"'衣袖'这个意思，您用方言怎么说?"如果对方不理解，调查员可以指着自己的衣袖接着问"这个您用方言怎么说?"当确认被试听明白问题后，调查员就根据对方的回答填写问卷。如果被试实在不知道，那就勾 A；如果被试说"知道"，那就要让他说出相应的词语并记录在空格处。不过，我们不能就此简单地认为被试"知道"了这一词语，还要根据他提供的词语进行判断。例如，在关于"衣袖"这一问题，被试虽然说"知道"，但提供的词语大致有三种情形：（1）裩；（2）衣袖；（3）裩和衣袖。如果是第一种情形，我们就视其为"知道"，而第二种情形不过是用普通话词汇"衣袖"替代了原有的方言词"裩"，实际上还是"不知道"；第三种则兼具前两种情形，针对这一特殊情况，我们在统计时仍将其视为"知道"，但同时也将其归入词语替代的情况进行统计分析（见本章第二节）。另外，对于原本就存在变异现象的方言词，如"风鼓/风柜"，被试只要说出其中一个就可视为"知道"。通过这一番甄别，我们统计出此次调查的相关数据。

　　需要说明的是，此次调查主要是通过调查员手持问卷对被试进行询问加访谈的方式进行的，因此发放的问卷基本都能收回，且有效率也比较高。但即便如此，调查员有时也会出现漏记以及被试本人有意无意地漏报等情况，所以并不是所有问卷中的每个问题都进行了准确无误的填写或记

录，这就导致有些词语"知道"和"不知道"的总人数会少于调查的总
人数。以"秫"为例，"知道"和"不知道"该词的人数合计为1028，
而我们此次总共调查了1031人，这意味着有3份问卷没有关于该词的数
据。这种情况不仅在名词，也在动词、形容词以及其他词语的调查中出
现，在此一并提出，届时不再赘述。

三　闽南农村方言词汇的年龄分布

此次我们共调查了55个方言核心特征词及8个农业词语与生活词语，
表3.2就是这些词语的年龄分布情况，我们按其总体知晓率①由高到底进
行了排序。其中括号内数据为百分比，括号外是人数，有底纹表格显示的
是"不知道"的数据，无底纹显示的是"知道"的数据。通过该表，我
们可以了解闽南农村方言词汇在不同年龄层的分布特点，具体如下：

表3.2　　　　　闽南农村方言名词知晓情况的年龄分布（N=1031）

序号	词语	15—24岁	25—34岁	35—44岁	45—54岁	55—64岁	65岁以上	总计
1	骸	205(99.0)	236(99.2)	179(98.9)	185(100)	104(97.2)	110(97.3)	1019(98.8)
		2(1.0)	2(0.8)	2(1.1)	0(0.0)	3(2.8)	3(2.7)	12(1.2)
2	趁	203(98.1)	233(97.9)	179(98.9)	180(98.4)	105(99.1)	112(99.2)	1012(98.4)
		4(1.9)	5(2.1)	2(1.1)	3(1.6)	1(0.9)	1(0.8)	16(1.6)
3	囝	200(96.6)	236(99.2)	177(98.9)	181(97.8)	104(97.2)	112(99.1)	1010(98.2)
		7(3.4)	2(0.8)	2(1.1)	4(2.2)	3(2.8)	1(0.9)	19(1.8)
4	喙	197(95.2)	231(97.1)	177(97.8)	180(97.3)	101(94.4)	112(99.1)	998(96.8)
		10(4.8)	7(2.9)	4(2.2)	5(2.7)	6(5.6)	1(0.9)	33(3.2)
5	厝	192(93.2)	227(96.2)	175(97.2)	181(97.8)	104(98.1)	112(99.1)	991(96.6)
		14(6.8)	9(3.8)	5(2.8)	4(2.2)	2(1.9)	1(0.9)	35(3.4)
6	焦	192(93.2)	226(95.4)	176(97.8)	176(98.3)	100(94.3)	109(96.5)	979(95.9)
		14(6.8)	11(4.6)	4(2.2)	3(1.7)	6(5.7)	4(3.5)	42(4.1)
7	曝	195(94.2)	225(94.9)	175(97.2)	176(95.1)	103(96.3)	109(96.5)	983(95.5)
		12(5.8)	12(5.1)	5(2.8)	9(4.9)	4(3.7)	4(3.5)	46(4.5)
8	蕃	191(92.3)	228(96.6)	171(95.0)	179(96.8)	101(94.4)	110(98.2)	980(95.4)
		16(7.7)	8(3.4)	9(5.0)	6(3.2)	6(5.6)	2(1.8)	47(4.6)

---

① 知晓率与不知率是相对的，二者分别是指知道或不知道某词的人数占该词被试总人数的
比例，二者之和为100%。

续表

序号	词语	15—24岁	25—34岁	35—44岁	45—54岁	55—64岁	65岁以上	总计
9	箸	192(92.8)	220(93.6)	175(96.7)	176(96.2)	103(96.3)	110(97.3)	976(95.1)
		15(7.2)	15(6.4)	6(3.3)	7(3.8)	4(3.7)	3(2.7)	50(4.9)
10	拭	191(92.3)	218(92.8)	175(97.2)	179(96.8)	101(94.4)	108(95.6)	972(94.6)
		16(7.7)	17(7.2)	5(2.8)	6(3.2)	6(5.6)	5(4.4)	55(5.4)
11	饲	186(90.3)	217(91.2)	169(94.4)	176(95.1)	96(91.4)	110(98.2)	954(93.1)
		20(9.7)	21(8.8)	10(5.6)	9(4.9)	9(8.6)	2(1.8)	71(6.9)
12	秫	167(81.5)	213(89.9)	174(96.1)	181(97.8)	103(96.3)	112(99.1)	950(92.4)
		38(18.5)	24(10.1)	7(3.9)	4(2.2)	4(3.7)	1(0.9)	78(7.6)
13	晏	176(85.0)	215(91.1)	166(92.2)	181(97.8)	99(94.3)	106(93.8)	943(91.9)
		31(15.0)	21(8.9)	14(7.8)	4(2.2)	6(5.7)	7(6.2)	83(8.1)
14	悬	171(82.6)	221(94.0)	161(89.4)	182(98.9)	98(91.6)	109(96.5)	942(91.8)
		36(17.4)	14(6.0)	19(10.6)	2(1.1)	9(8.4)	4(3.5)	84(8.2)
15	瓿	191(92.3)	210(88.6)	159(87.8)	166(89.7)	101(94.4)	107(94.7)	934(90.7)
		16(7.7)	27(11.4)	22(12.2)	19(10.3)	6(5.6)	6(5.3)	96(9.3)
16	翼	171(82.6)	211(89.4)	169(93.4)	175(94.6)	98(91.6)	108(95.6)	932(90.6)
		36(7.4)	25(10.6)	12(6.6)	10(5.4)	9(8.4)	5(4.4)	97(9.4)
17	刨	177(85.5)	213(89.5)	161(89.0)	171(92.4)	101(94.4)	108(95.6)	931(90.3)
		30(14.5)	25(10.5)	20(11.0)	14(7.6)	6(5.6)	5(4.4)	100(9.7)
18	裺	145(71.1)	228(96.2)	173(95.6)	170(93.4)	98(91.6)	109(96.5)	923(90.1)
		59(28.9)	9(3.8)	8(4.4)	12(6.6)	9(8.4)	4(3.5)	101(9.9)
19	倒	182(87.9)	212(89.8)	159(88.3)	163(88.1)	97(90.7)	110(97.3)	923(89.8)
		25(12.1)	24(10.2)	21(11.7)	22(11.9)	10(9.3)	3(2.7)	105(10.2)
20	嗑	172(83.9)	197(84.8)	153(85.0)	174(94.1)	102(95.3)	108(95.6)	906(88.5)
		33(16.1)	37(15.2)	27(15.0)	11(5.9)	5(4.7)	5(4.4)	118(11.5)
21	塍	154(75.1)	197(83.1)	166(91.7)	169(91.4)	99(93.3)	105(93.8)	890(86.7)
		51(24.9)	40(16.9)	15(8.3)	16(8.6)	7(6.7)	7(6.2)	136(13.3)
22	拍	179(84.1)	201(84.8)	151(83.4)	161(87.0)	97(91.5)	102(90.3)	891(86.6)
		28(15.9)	36(15.2)	30(16.6)	24(13.0)	9(8.5)	11(9.7)	138(13.4)
23	沃	146(70.5)	212(89.5)	158(88.3)	167(90.8)	99(92.5)	107(94.7)	889(86.6)
		61(29.5)	25(10.5)	21(11.7)	17(9.2)	8(7.5)	6(5.3)	138(13.4)
24	鼎	165(80.1)	190(80.9)	150(82.9)	169(91.8)	101(94.4)	110(98.2)	885(86.3)
		41(19.9)	45(19.1)	31(17.1)	15(8.2)	6(5.6)	2(1.8)	140(13.7)

续表

序号	词语	15—24岁	25—34岁	35—44岁	45—54岁	55—64岁	65岁以上	总计
25	蠓	172(83.1)	199(84.0)	154(85.1)	160(87.0)	94(88.7)	103(92.0)	882(85.9)
		35(16.9)	38(16.0)	27(14.9)	24(13.0)	12(11.3)	9(8.0)	145(14.1)
26	炊	135(65.2)	198(83.2)	163(90.6)	170(91.9)	100(94.3)	108(95.6)	874(84.9)
		72(34.8)	40(16.8)	17(9.4)	15(8.1)	6(5.7)	5(4.4)	155(15.1)
27	粟	120(58.5)	192(80.1)	163(89.6)	171(92.4)	101(94.4)	110(98.2)	857(83.4)
		85(41.5)	46(19.9)	18(10.4)	14(7.6)	6(5.6)	2(1.8)	171(16.6)
28	摒	130(65.0)	191(83.4)	143(84.1)	154(87.5)	97(91.5)	110(97.3)	825(83.0)
		70(35.0)	38(16.6)	27(15.9)	22(12.5)	9(8.5)	3(2.7)	169(17.0)
29	敁	127(61.7)	167(70.8)	152(84.0)	164(88.6)	96(89.7)	108(95.6)	814(79.2)
		79(38.3)	69(29.2)	29(16)	21(11.4)	11(10.3)	5(4.4)	214(20.8)
30	必	114(55.3)	185(78.4)	148(82.7)	156(84.3)	89(84.0)	106(93.8)	798(77.9)
		92(44.7)	51(21.6)	31(17.3)	29(15.7)	17(16.0)	7(6.2)	227(22.1)
31	粕	119(57.8)	178(75.1)	138(76.7)	160(87.9)	93(86.9)	109(96.5)	797(77.8)
		87(42.2)	59(24.9)	42(23.3)	22(12.1)	14(13.1)	4(3.5)	228(22.2)
32	跋	147(71.0)	179(75.8)	146(80.7)	152(82.2)	88(83.0)	87(84.5)	799(77.7)
		60(29.0)	57(24.2)	35(19.3)	33(17.8)	18(17.0)	26(15.5)	229(22.3)
33	刺	124(59.9)	182(76.5)	148(81.8)	153(83.2)	89(84.0)	101(89.4)	797(77.5)
		83(40.1)	56(23.5)	33(18.2)	31(16.8)	17(16.0)	12(10.6)	232(22.5)
34	清	145(70.0)	175(73.5)	138(77.1)	148(80.4)	87(81.3)	94(83.2)	787(76.6)
		62(30.0)	63(26.5)	41(22.9)	36(19.6)	20(18.7)	19(16.8)	241(23.4)
35	牛母	96(46.4)	181(76.4)	148(82.2)	156(84.3)	94(88.7)	105(94.6)	780(76.4)
		111(53.6)	56(23.6)	32(17.8)	29(15.7)	12(11.3)	6(5.4)	241(23.6)
36	垡	124(60.0)	169(71.3)	136(75.6)	151(82.5)	88(82.2)	101(89.4)	769(74.9)
		83(40.0)	68(28.7)	44(24.4)	32(17.5)	19(17.8)	12(10.6)	258(25.1)
37	筼	113(54.9)	167(70.5)	138(76.2)	150(82.4)	91(85.0)	105(94.6)	764(74.6)
		93(45.1)	70(29.5)	43(23.8)	32(17.6)	16(15.0)	6(5.4)	260(25.4)
38	移	103(49.8)	181(76.7)	136(76.0)	151(81.6)	91(85.0)	101(89.4)	763(74.3)
		104(50.2)	55(23.3)	43(24.0)	34(18.4)	16(15.0)	12(10.6)	264(25.7)
39	枋	102(49.3)	172(72.2)	146(80.7)	153(82.7)	92(86.8)	98(87.5)	763(74.1)
		105(50.7)	66(27.8)	35(19.3)	32(17.3)	14(13.2)	14(12.5)	266(25.9)
40	疕	124(60.2)	166(69.7)	134(74.4)	142(76.8)	89(84.8)	98(87.5)	753(73.4)
		82(39.8)	72(30.3)	46(25.6)	43(23.2)	16(15.2)	14(12.5)	273(26.6)

续表

序号	词语	15—24 岁	25—34 岁	35—44 岁	45—54 岁	55—64 岁	65 岁以上	总计
41	竹担	97(46.9)	166(69.7)	141(78.3)	149(80.5)	93(86.9)	102(90.3)	748(72.6)
		110(53.1)	72(30.3)	39(21.7)	36(19.5)	14(13.1)	11(9.7)	282(27.4)
42	畚	130(63.1)	173(73.3)	131(73.2)	141(77.0)	82(76.6)	83(73.5)	740(72.3)
		76(36.9)	63(26.7)	48(26.8)	42(23.0)	25(23.4)	30(26.5)	284(27.7)
43	粟埕	73(35.3)	157(66.8)	153(85.0)	159(85.9)	92(86.0)	108(95.6)	742(72.2)
		134(64.7)	78(33.2)	27(15.0)	26(14.1)	15(14.0)	5(4.4)	285(27.8)
44	挢	89(43.0)	159(67.4)	123(68.7)	145(78.4)	87(81.3)	98(86.7)	701(68.3)
		118(57.0)	77(32.6)	56(31.3)	40(21.6)	20(18.7)	15(13.3)	326(31.7)
45	箬	86(42.0)	145(61.2)	131(73.6)	144(77.8)	86(80.4)	97(85.8)	689(67.2)
		119(58.0)	92(38.8)	47(26.4)	41(22.2)	21(19.6)	16(14.2)	336(22.8)
46	桸	76(36.7)	143(60.3)	122(67.4)	146(78.9)	89(84.0)	104(92.0)	680(66.1)
		131(63.3)	94(39.7)	59(32.6)	39(21.1)	17(26.0)	9(8.0)	349(33.9)
47	倚	76(36.9)	153(64.6)	122(67.8)	135(73.0)	81(76.4)	90(79.6)	657(64.0)
		130(63.1)	84(35.4)	58(32.2)	50(27.0)	25(23.6)	23(20.4)	370(36.0)
48	风鼓风柜	47(22.7)	132(55.9)	136(75.1)	149(80.5)	91(85.0)	102(90.3)	657(63.8)
		160(77.3)	104(44.1)	45(24.9)	36(19.5)	16(15.0)	11(19.7)	372(36.2)
49	锲仔镰勒仔	60(29.0)	145(60.9)	129(71.7)	135(73.0)	83(77.6)	96(85.7)	648(63.0)
		147(71.0)	93(39.1)	51(28.3)	50(27.0)	24(22.4)	16(14.3)	381(37.0)
50	配	92(44.4)	145(61.2)	120(66.3)	129(69.7)	77(72.0)	83(74.1)	646(62.8)
		115(55.6)	92(38.8)	61(33.7)	56(30.3)	30(28.0)	29(25.9)	383(37.2)
51	泛	68(33.8)	126(53.6)	114(63.3)	140(75.7)	89(84.8)	96(85.0)	633(62.1)
		133(66.2)	109(46.4)	66(36.7)	45(24.3)	16(15.2)	17(15.0)	386(37.9)
52	墪	96(46.8)	139(59.1)	115(63.9)	125(67.6)	76(71.0)	82(72.6)	633(61.8)
		109(53.2)	96(40.9)	65(36.1)	60(32.4)	31(29.0)	31(27.4)	392(38.2)
53	匏	66(31.9)	123(52.1)	114(63.3)	143(77.3)	83(79.0)	104(92.0)	633(61.7)
		141(68.1)	113(47.9)	66(36.7)	42(22.7)	22(21.0)	9(8.0)	393(38.3)
54	拄	78(37.9)	93(39.6)	130(73.0)	146(79.3)	88(82.2)	94(83.2)	629(61.5)
		128(62.1)	142(60.4)	48(27.0)	38(20.7)	19(17.8)	19(16.8)	394(38.5)
55	番(仔)肥	81(39.3)	141(59.2)	108(60.0)	117(63.6)	73(68.2)	81(71.7)	601(58.5)
		125(60.7)	97(40.8)	72(40.0)	67(36.4)	34(31.8)	32(28.3)	427(41.5)
56	泅	72(34.8)	125(52.7)	112(62.6)	118(63.8)	68(64.2)	73(64.6)	568(55.3)
		135(65.2)	112(47.3)	67(37.4)	67(36.2)	38(35.8)	40(35.4)	459(44.7)

续表

序号	词语	15—24岁	25—34岁	35—44岁	45—54岁	55—64岁	65岁以上	总计
57	粗桶	74(35.7)	118(49.6)	100(55.2)	119(64.3)	72(67.3)	78(69.0)	561(54.4)
		133(64.3)	120(50.4)	81(44.8)	66(35.7)	35(32.7)	35(31.0)	470(45.6)
58	长	84(40.8)	123(53.2)	102(56.7)	109(58.9)	66(61.7)	72(63.7)	556(54.4)
		122(59.2)	108(46.8)	78(43.3)	76(41.1)	41(38.3)	41(36.3)	466(45.6)
59	面桶	92(44.4)	107(45.1)	88(48.6)	100(54.3)	61(57.0)	77(68.1)	525(51.0)
		115(55.6)	130(54.9)	93(51.4)	84(45.7)	46(43.0)	36(31.9)	504(49.0)
60	筶	26(12.6)	79(33.9)	84(46.7)	117(63.2)	76(71.0)	103(91.1)	485(47.4)
		180(87.4)	154(66.1)	96(53.3)	68(36.8)	31(29.0)	10(8.9)	539(52.6)
61	牺	30(14.5)	109(46.2)	89(49.2)	96(51.9)	58(54.7)	66(58.4)	448(43.6)
		177(85.5)	127(53.8)	92(50.8)	89(48.1)	48(45.3)	47(41.6)	580(56.4)
62	园	25(12.1)	63(26.6)	87(48.1)	107(58.2)	67(62.6)	84(75.7)	433(42.2)
		182(87.9)	174(73.4)	94(51.9)	77(41.8)	40(37.4)	27(24.3)	594(57.8)
63	洋	20(9.8)	58(24.5)	77(42.5)	97(52.7)	59(56.2)	76(67.9)	387(37.8)
		185(90.2)	179(75.5)	104(57.5)	87(47.3)	46(43.8)	36(32.1)	637(62.2)

第一，所有词语都存在"知道"与"不知道"的情况，但总体以"知道"居多，且彼此存在较大差异。此次调查我们没有发现哪个词是被所有人都知道或不知道的，但从知晓率来看，知道的情况更为普遍一些。表3.2显示，63个词语中只有4个词的知晓率低于不知率，其中"筶"的知晓率仅约47%，而"洋"的知晓率仅约38%，"牺"与"园"则居二者之间。知晓率在50%以上的共有59个词，但彼此差距很大。知晓率最高的为"骹"，有近99%的人都知道这个词，比"面桶"高出48%，比最低的"洋"高出61%。所调查的这些词语，绝大多数都是闽南方言基本词汇的核心，如今却存在如此大的差距，而且像"洋""园""牺"等词的知晓率甚至还不如"牛母""竹担"等一般词汇，这说明闽南农村的方言词汇确实发生了某种变化，只不过我们暂时还不能确认究竟是哪些词在发生变化。单从目测来看，像"骹""趁""团""焦"等词应该没有什么变化，而像"洋""园""牺""筶"这些词似乎变化较大。当然，要确认这一点，还要做进一步的统计学分析，尤其是要弄清这些词语的知晓

率与年龄之间的相关度。

第二，闽南农村方言词汇的生存状况一般，的确有一部分词语，尤其是一些名词正濒临消失。知晓率是一个词生存状况的重要指标，一般情况下，在一个言语社区内，一个词如果知道的人越多，那就说明它的生存状况越好，反之就越差。为此，我们根据词语的知晓率将闽南方言词汇的生存状况分为这样 5 个档次：（1）优（知晓率≥90%）；（2）良（知晓率 80%—90%）；（3）一般（知晓率 60%—80%）；（4）差（知晓率 50%—60%）；（5）很差（知晓率<50%）。表 3.3 就是基于表 3.2 所做的分档，它可以帮助我们更清楚地了解闽南农村方言词汇的生存状况。该表显示，生存状况达到“一般”及以上的共有 54 个词，约占所调查词语总数的 86%，闽南农村 60%以上的居民都知道这些词，而像“骹”“囝”“趁”“曝”“焦”“饗”等词，约有 90%以上的居民都知道它们，几乎老少皆知。不过，也有一些词语如“番（仔）肥”“粗桶”“长”“泅”“洋”“园”等，其知晓率都在 60%以下，这类词共有 9 个，约占所调查词语总数的 14%。若只是一般词汇，这样的生存状况不算糟糕，但此次调查的可都是闽南方言中的核心特征词或（曾经的）常用词，如此状况无疑是令人担忧的，尤其是当我们审视年轻人的数据时。以最年轻的 15—24 岁年龄组为例，63 个词语中竟然有 26 个词语的知晓率都在 50%以下，像“箬”“粞”“园”“洋”这几个词的知晓率甚至都没有达到 15%（见表 3.2）。而且相对来说，名词的生存状况最差。表 3.3 显示，生存状态为“很差”的这 4 个词语，无一例外都是名词；虽然生存状态为“优”的词语中名词数量最多，但从所占各类词语总数的比例来讲，名词则最低，其中名词为 26.5%，动词为 27.3%，形容词为 57.1%。这些数据说明，闽南农村的方言词汇，尤其是名词的生存状况不容乐观。

表 3.3　　闽南农村方言词汇生存状况一览

序号	生存状况	词汇	词数	%
1	优	名词：骹、囝、喙、厝、箬、秫、翼、䘼 动词：趁、曝、拭、饲、觞、刣 形容词：焦、饗、晏、悬	18	28.6
2	良	名词：塍、鼎、蠓、粟 动词：倒、嗌、拍、沃、炊、摒	10	15.9

续表

序号	生存状况	词汇	词数	%
3	一般	名词：粕、牛母、堡、簹、枋、疤、竹担、粟埕、箬、桸、风鼓/风柜、锶仔/镰勒仔、配、塸、匏 动词：敋、必、跋、刺、移、挤、倚、拄； 形容词：清、翕、泛	26	41.3
4	差	名词：番（仔）肥、粗桶、面桶 动词：长、泅	5	7.9
5	很差	名词：箬、栖、园、洋	4	6.3

　　第三，大多数词语呈现不同程度的老龄化。表3.2显示，不少词语都存在年龄越小就越不知道或年龄越大就越知道的现象，如"蠓"一词，随着年龄的递增，其知晓率就从83.1%逐渐递增到92%，这种有规律的年龄分布也发生在"鼎""堡""拄""拍""泛"等词上。不过，也有些词并未表现出这种规律性的现象。如"骹"一词，其各个年龄组的知晓率高低起伏并不规律，且都维持在97%以上的较高水平，彼此差别也不大；还有"必"一词，随着年龄的递增，其知晓率从55.3%增长到93.8%，但其中的"45—54岁"到"55—64岁"，该词的知晓率却从84.3%微降到84%，类似的还有"饲""焦"等词。很显然，依靠单纯的目测是难以确定每个词语的年龄分布规律的。为此有必要进行一次相关分析，以弄清楚每个词语与"年龄"这一变量之间究竟存在怎样的关系。表3.4就是此次相关分析的结果，并按相关系数高低进行了排序。当相关系数为正值时，则为正相关，否则为负相关，为0时则无关；如果相关系数的绝对值小于0.3时则为低度相关，为0.3—0.7时则为中度相关，介于0.7—0.8时则为高度相关，高于0.8则为非常高度相关（杨世莹，2006：362）。不过，每个相关系数往往会受到样本数的影响，是否为真的相关还需要接受检验，如果检验值大于所设定的临界值，那么才有相应的把握确认这是一种显著相关。

　　从表3.4来看，序号53—63这11个词，如"拭""倒""饎""焦""囝""骹"等的相关系数最低，它们各自的检验值也没有大于临界值1.96，这意味着闽南农村居民对它们的知晓与其年龄并不存在显著相关，而结合表3.3来看，它们也是最为人熟知的一些词语，几乎老少皆知。可以说，这11个词语实际上还处于比较稳定的状态，并未出现什么明显的变化。再看其他 52 个词语，其分布与年龄都存在不同程度的正相关关系，且检验值都大于临界值，说明这些词确实存在老龄化的态势，即年龄越小就越不知道或年龄越大就越知道。其中排序第 1—12 的词语的分布与年龄之间为中度相关，这 12 个词语中又有 10 个为名词，如"筶""园""风鼓/风柜"等，动词和形容词各一，分别为"拄"与"泛"，这也进一步说明名词的老龄化态势相对动词、形容词来说要大一些。

表 3.4　闽南农村方言词汇的知晓率与说话人年龄之间的相关系数及检验值

序号	词语	相关系数	检验值	序号	词语	相关系数	检验值
1	筶	0.492	15.729*	33	裺	0.185	5.924*
2	园	0.447	14.320*	34	沃	0.184	5.910*
3	风鼓/风柜	0.437	14.008*	35	番（仔）肥	0.184	5.898*
4	洋	0.406	12.965*	36	配	0.169	5.409*
5	粟埕	0.395	12.644*	37	鼎	0.168	5.381*
6	匏	0.394	12.618*	38	墭	0.162	5.181*
7	拄	0.381	12.189*	39	嗌	0.156	4.994*
8	桸	0.362	11.614*	40	面桶	0.153	4.900*
9	泛	0.353	11.272*	41	长	0.147	4.685*
10	锲仔/镰勒仔	0.341	10.927*	42	悬	0.133	4.270*
11	粟	0.320	10.256*	43	翼	0.124	3.975*
12	牛母	0.315	10.080*	44	刣	0.112	3.587*
13	竹担	0.287	9.214*	45	晏	0.111	3.539*
14	箬	0.285	9.133*	46	清	0.108	3.450*
15	敧	0.279	8.932*	47	厝	0.102	3.269*
16	粕	0.279	8.922*	48	饲	0.089	2.848*
17	箪	0.278	8.909*	49	跋	0.083	2.659*
18	拆	0.277	8.866*	50	翕	0.080	2.548*
19	枋	0.264	8.456*	51	箸	0.074	2.373*
20	倚	0.256	8.197*	52	蠓	0.074	2.360*
21	炊	0.251	8.056*	53	拭	0.060	1.919
22	必	0.248	7.935*	54	倒	0.059	1.900
23	牺	0.247	7.900*	55	饔	0.058	1.861
24	移	0.247	7.898*	56	拍	0.056	1.781
25	摒	0.240	7.548*	57	焦	0.050	1.601
26	粗桶	0.226	7.242*	58	怣	0.045	1.432
27	秌	0.212	6.784*	59	曝	0.039	1.244

续表

序号	词语	相关系数	检验值	序号	词语	相关系数	检验值
28	垡	0.208	6.670*	60	趁	0.033	1.053
29	泅	0.206	6.611*	61	囝	0.031	0.989
30	刺	0.205	6.573*	62	喙	0.030	0.962
31	疕	0.197	6.303*	63	骹	-0.036	1.156
32	塍	0.195	6.262*				

注：显著水平 α≤0.05。

四　闽南农村方言词汇的变与不变

闽南农村方言词汇的年龄分布说明，大部分词语正越来越不被年轻人所知，随着时间的流逝它们很有可能会淡出人们的语言生活，这也印证了我们之前的担心，即很多方言词语有可能在消失。那么，这又是怎样的一个发展历程呢？"年龄不仅标记着个人的成长，也印证着时代的变迁，从不同年龄群体的分析、比较中，人们往往可能追溯过去并展望未来，这是社会语言学乃至其他人文学科探索历史发展的重要途径。"（付义荣，2011a）为此，我们将不同年龄组对各词的知晓率进行双样本平均差的 z 检验（见表3.5），根据统计学原理，若显著水平 α 设定为0.05，那么临界值就是1.96；当 z 值的绝对值越大，被检验样本之间的差异就越大，而当大于临界值时，我们就要接受被检验的样本彼此之间存在着显著差异。如果某两组之间存在显著差异，那就说明词语从此组到彼组发生了变化，而且 z 值越大，变化就越大。以此来看，闽南农村方言词汇的变化具有这样几个特点：

表3.5　闽南农村不同年龄组对闽南方言词汇的知晓情况之比较检验

	15—24 岁	25—34 岁	35—44 岁	45—54 岁	55—64 岁
25—34 岁	-3.200*				
35—44 岁	-4.845*	-1.733			
45—54 岁	-6.132*	-3.206*	-1.578		
55—64 岁	-6.744*	-3.915*	-2.343*	-0.756	
65 岁以上	-8.037*	-5.529*	-4.206*	-2.772*	-2.137*

注：显著水平 α≤0.05。

其一，闽南农村不少方言词语正在往消亡的方向演变。表 3.5 显示，年龄差距越大，对方言词汇的掌握情况差别也越大。以 15—24 岁年龄组为例，其与 25—34 岁组之间比较得到的检验值——z 值的绝对值为 3.2，之后随着各组年龄的增长，这种 z 值的绝对值也在增大，直至 65 岁以上年龄组时，z 值绝对值已增长至 8.037，其他各组也基本如此①。这就说明，在闽南农村，人们的年龄相差越大，彼此对闽南方言词汇了解的差距就越大，这也进一步证明了闽南农村原有的方言词汇存在着老龄化的发展态势。德国语言学家马赛厄斯·布伦津格（Matthias Brenzinger，1992）等人认为，一种语言在其灭绝的过程中往往有两个重要的标志可供识别，其一为使用者年龄偏高和人数减少，其二为该语言停止从一代传给下一代。词汇作为语言的一部分，若要消失也大致如此。无论从之前的数据还是此次的检验看，对方言词汇的知晓更多地集中于年龄偏大者，甚至在年轻一代，更多的人已经不知道为父辈们耳熟能详的一些词语了，这些情况都在说明闽南方言词汇在向年轻人传承的过程中出现了障碍，预示着闽南农村方言词汇实际上正朝着"消失"的方向演变。

其二，闽南农村方言词汇在约 20 年前出现了加速变化。表 3.5 显示，15—24 岁年龄组与其他 5 组的检验值——z 值的绝对值都明显高于临界值 1.96，说明该年龄组对方言词汇的知晓情况与其他 5 组都存在显著差异。而在 25—54 岁之间的 3 个年龄组，相邻的两组往往不存在显著差异，如 25—34 岁年龄组与 35—44 岁年龄组、35—44 岁年龄组与 45—54 岁年龄组、45—54 岁年龄组与 55—64 岁年龄组，其 z 值都低于临界值，而当只有隔了一个年龄组后，两个年龄组才会存在显著差异，如 25—34 岁年龄组与 45—54 岁、55—64 岁及 65 岁及以上年龄组，35—44 岁年龄组与 55—64 岁、65 岁及以上年龄组，45—54 岁年龄组与 65 岁及以上年龄组等存在显著差异（见表 3.5 中带 * 的数据）。

需要说明的是，除了 15—24 岁与 25—34 岁这两个相邻的年龄组外，还有 55—64 岁与 65 岁及以上这两个相邻的年龄组存在显著差异，但后者与前者的"相邻"并不是一回事，因为后者中的"65 岁及以上"是一个开放的年龄组，其中不乏 75 岁以上的老人，最大的一位被试都已 91 岁

①　这里不包括"55—64 岁"与"65 岁及以上"这两组之间的比较，因为这是年龄最大的两个组，已经不存在年龄相差更大的情况了。为行文简洁，后文类似的情况不再特别说明。

了，后者平均年龄的差距必然会大于前者。表 3.6 显示，15—64 岁之间的 4 个年龄组，彼此相邻的组年龄大约相差 10 岁，而 55—64 岁与 65 岁及以上这两个相邻的年龄组，年龄则相差了近 14 岁，而且据表 3.5 中的数据，15—24 岁与 25—34 岁这两个组的 z 值绝对值为 3.2，而 55—64 岁与 65 岁及以上这两个组的 z 值绝对值为 2.137，仅仅略高于临界值 1.96。这说明，25 岁以上各年龄组，一般彼此相差 14—20 岁方能看出代际差异，但到了 15—24 岁组，它跟 25—34 岁组只是相差了 9 岁便已显出代际差异。

表 3.6　　　　　　　　　闽南农村不同年龄组的平均年龄

年龄组	15—24 岁	25—34 岁	35—44 岁	45—54 岁	55—64 岁	65 岁及以上
平均年龄	20.3	29.4	39.3	49.0	59.6	73.3

通过以上这些数据可以看出，70 余年来，闽南农村的方言词汇正在发生变化，一般要经历 14—20 年的时间，方可看出这种变化所导致的代际差异，但这种变化大约在 20 年前出现了加速，只需约 9 年的时间便可看出代际差异。钱伯斯和特鲁杰尔（Chambers & Trudgill，2002：153）认为，语言变化犹如穿越历史长河的波浪，从远处方能看出显著的差异，就像历史语言学家们所做的那样，但对社会语言学家们而言，他们往往选择从近处看，且所看到的只是在上下代之间较小而累加的差异。闽南农村方言词汇所显示的代际差异，大体印证了这一规律。

此外，我们还看到，闽南农村方言词汇亦有相对稳定的一面，有些词语仍旧为绝大多数人所知晓，它们的分布与年龄并不相关，这类词共有 11 个，分别为"拭""倒""饔""拍""焦""馦""曝""趁""囤""喙""骹"（见表 3.2 与表 3.4）。当然，变化是永恒的，所谓的"不变"也只是暂时的，这 11 个词的"不变"，只是暂时还看不出上下代之间的差异而已。至此，我们大致了解了闽南农村有哪些方言词语已经发生了变化，接下来我们还要进一步了解这些词语发生变化的具体情形，即变化的类型及特征。

第二节　闽南农村方言词汇变化的类型及特征

词汇变化无外乎旧词的消亡、新词的产生及词义的演变。前两种类型都有词语形式上的变化，其结果会导致词汇量的减少或增加，而后一种类型只是词语内容上的变化，其结果是原有词语在语义上的扩大、缩小或转移，并不会导致词汇量的增减。本课题主要关注前两种类型，即词语在形式上的变化。

汤姆森（Thomson，2014：224）在谈及语言的死亡时说道："当某种语言在其言语社区内不再被用于任何目的的日常口语交际时，那这种语言就死亡了。"这句话也适用于词汇，对于一个词语来说，当其不再被所在言语社区的人用于任何目的的日常口语交际时，那这个词语也就死亡了。然而，任何词语的使用都要以对该词的知晓为前提，知晓不一定使用，但使用一定需要知晓，因此在判断词语是否消失时，是否知晓要比是否使用显然要严格得多，如果一个词语不再被所在言语社区的任何成员知晓时，那么这个词实际上也就消失了。从表 3.2 来看，所调查的这些词语并不存在零知晓的情况，只是人多人少而已。可见，我们此次调查的这些词语并不存在已经消失的问题，而从前面分析的结果看，大多数词语都存在老龄化的趋势，而且这一趋势近 20 年看来还在加速。如果任由这一趋势发展下去，那么随着老者的去世，这些词语也必然会走向消失。因此，在当前的闽南农村，方言词汇面临的主要问题并不在于已经消失而在于正在消失，在于言语社区内越来越多的成员不知道它们了。

从表 3.4 来看，排序第 53—63 的这 11 个词，如"拭""焦""骸"等，其分布与年龄无关，并不存在老龄化问题，至少目前还看不出它们有正在消失的迹象，所以我们要更多地关注其他 52 个词语，这些词语都存在年龄越小就越不知道的发展趋势，而这种"不知道"又分两种情况：（1）被试不知道这些词语，也不知道用别的词或短语来替代它们；（2）被试不知道这些词语，但在用别的词或短语来替代它们。前一种情况比较简单，后一种情况较为复杂，因为被试们提供的替代语词极少一致，往往会用好几个词或短语来替代原有的词语。然而，无论是（1）还是（2），对于被试来说，都意味着这些词语已不再是其"话语库"①的一部分，也就是说从他

---

① 话语库，译自英文 speech repertoire，即说话人所能使用的语言变体的总和，或者说话人作为一个言语社区成员时所应使用的语言变体的总和（Platt & Platt，1975：35）。社会语言学家们常用这一概念来描述个体说话人的交际能力，在他们看来，每个人都有自己的话语库（Wardhaugh，2000：128）。

们的语言生活中消失了。表 3.7 就是关于这两种情况的数据，其中"不知亦无替代"指的就是情况（1），而"不知但有替代"指的就是情况（2），从中可以看出当前闽南农村方言词汇的消失正呈现以下几个特点：

表 3.7　　　　　　　　　闽南农村方言词汇不知晓情况一览

序号	词语	不知亦无替代		不知但有替代		
		人数	%	人数	%	替代语词①
1	箍	534	99.1	5	0.9	篾圈3、圈1、箍桶边1
2	园	488	82.2	106	17.8	焦地45、旱地17、地12、地仔6、干地6、灰地6、枯地3、山上1、山地1、陆地1、空地1、焦土1、焦田1、焦塍1、荒地1、旱1、谷地1、地干1
3	风鼓/风柜	307	82.5	65	17.5	风车47、风机9、打灰机4、打鼓机2、米风机1、鼓车1、打渣机1
4	洋	581	91.2	56	8.8	平地10、塍8、塍大6、大阔水塍5、园5、塍园4、塍地3、平埔3、地大2、地2、田地1、平塍1、大田1、大片的平地1、大片的地1、大枯塍1、大地1、整地1
5	粟埕	255	89.5	30	10.5	涂骹7、稻埕5、焦埕5、禾埕4、空地3、晒谷场2、屯地1、晒台1、晒场1、坪地1
6	匏	387	98.5	6	1.5	瓢瓜3、葫瓜1、瓜仔1、香瓜1
7	拄	319	81.0	75	19.0	抵53、顶17、倚6
8	桸	325	93.1	24	6.9	瓢仔9、瓢6、大桶仔4、水斗3、水勺2
9	泛	273	70.7	113	29.3	空48、糠29、空的14、空粟8、空壳6、粗糠6、无2
10	鐹仔/镰勒仔	297	78.0	84	22.0	镰刀21、镰钩20、草鐹17、镰钩刀11、草刀4、刀仔4、鐹刀2、镰鐹1、塍刀1、草鐹刀1、草镰1
11	粟	138	80.7	33	19.3	粙27、米3、粙仔1、稻仔1、稻1
12	牛母	219	90.9	22	9.1	母牛13、奶牛9
13	竹担	160	56.7	122	43.3	扁担70、柴担36、木担5、粪担5、竹扁担4、竹挑1、弯担1
14	箬	300	89.3	36	10.7	米箩仔19、米箩8、米筛7、簸箕3、筛仔1、土筛1
15	敲	167	78.0	47	22.0	打开15、解开12、拍开11、解8、开1

---

① 为便于论述，我们用"替代语词"来指称替代所调查的词或短语，表中每个替代语词之后的数字为该语词出现的人次；由于有些被试会用多个替代语词来应对一个所要调查的词，因此在"不知但有替代"一栏，就会存在"替代语词"的总人次会大于"替代语词"的调查人数。

（续表）

序号	词语	不知亦无替代		不知但有替代		
		人数	%	人数	%	替代语词
16	粞	208	91.2	20	8.8	渣8、茶尿4、茶沫3、茶1、茶仔1、茶叶1、茶心叶1、茶卤1
17	篅	209	80.4	51	19.6	竹15、柴担10、竹棍5、竹担5、竹板5、扁担4、竹仔枝4、竹仔1、小木棍1、棒1
18	挔	257	78.8	69	21.2	挖67、撬2
19	枋	107	40.2	159	59.8	柴板82、木板49、板22、柴6、木柴1
20	倚	219	59.2	151	40.8	靠75、依靠64、倒靠5、依2、贴2、抵2、依赖1
21	炊	130	83.9	25	16.1	蒸25
22	必	137	60.4	90	39.6	裂56、裂开33、裂纹1
23	粞	369	63.6	211	36.4	米浆104、米糊44、粿浆34、米糕8、秫米粉6、甜粿6、糯米浆5、糕3、米碎2、浆2、粥米糊1、圆1、糯米粉1、糯米碎1、面粉1、糕粿1
24	移	238	90.2	26	9.8	播种15、播9、撒种1、放1
25	摒	102	60.4	67	39.6	扫24、打扫16、整理厝10、扫厝4、洗厝3、扫地板3、洗土1、洗厅1、洗1、扫地1、扫除1、清扫1、大扫除1
26	粗桶	187	39.8	283	60.2	尿桶216、青尿桶20、粪桶14、尿壶9、屎桶8、桶7、尿钵4、夜壶2、马桶2、木桶2、水桶1、尿缸仔1、便桶1
27	秫	65	83.3	13	16.7	软米9、糯米3、粘仔米1
28	垡	189	73.3	69	26.7	水泡23、泡沫17、泡14、泡泡10、沫5、沫仔2
29	泅	109	23.7	350	76.3	游泳244、洗浴80、洗澡20、游水6、游3、洗身子1
30	刺	173	74.6	59	25.4	勾37、打11、补5、拍4、织1、针织1
31	疕	211	77.3	62	22.7	疤29、痂18、结疤6、伤疤5、血角3、血结蛋1、血凝固1、血冻1
32	塍	126	92.6	10	7.4	田8、田园1、水田1、水地1
33	裯	91	90.1	10	9.9	衫7、袖筒1、手领1、衫口1
34	沃	102	73.9	36	26.1	壅33、浇水1、灌1、淋1
35	番（仔）肥	133	31.1	294	68.9	化肥128、肥116、大肥20、臭肥20、洋肥4、田肥2、复合肥2、肥粉1、机器肥1
36	配	356	93.0	27	7.0	菜21、下饭菜3、饭菜3

续表

序号	词语	不知亦无替代		不知但有替代		
		人数	%	人数	%	替代语词
37	鼎	65	46.4	75	53.6	锅74、铁锅1
38	墘	187	47.7	205	52.3	桌角81、桌边78、角30、边9、边仔7、边角2
39	歕	81	68.6	37	31.4	吹37
40	面桶	41	8.1	463	91.9	面盆384、洗锣23、盆19、水盆11、脸盆9、脸桶5、洗手盆5、洗脸盆4、盆仔2、菜盆2
41	长	374	80.3	92	19.7	伸68、剩18、多8、加4
42	悬	69	82.1	15	17.9	高15
43	翼	94	96.9	3	3.1	翅膀2、翼仔1
44	刣	77	77.0	23	23.0	屠杀23
45	晏	43	51.8	40	48.2	迟到19、迟16、晚4、慢1
46	清	38	15.8	203	84.2	冷181、凉22
47	厝	21	60.0	14	40.0	家乡7、房间5、家2
48	饲	71	100.0	0	0.0	—
49	跋	82	35.8	147	64.2	摔倒139、跌倒8、倒地1
50	翕	222	78.2	62	21.8	闷52、闷热5、勘3、盖1、蒸1
51	箬	47	94.0	3	6.0	叶2、叶仔1
52	蠓	117	80.7	28	19.3	黑虱23、乌虱3、蚊1、黑小蚊1

　　第一，绝大多数词语都兼有"不知亦无替代"和"不知但有替代"这两类情况。表3.7显示，只有"饲"没有相应的替代语词，其他51个词语都有，其中替代语词最多的是"园"和"洋"，它们每个都有18个相应的替代语词，前者有"焦地、旱地、地、地仔"等，后者有"平地、塍、塍大、大阔水塍"等，而替代语词最少的是"炊""歕""悬""刣"这4个词，它们各有1个替代语词，分别为"蒸""吹""高"与"屠杀"。

　　第二，"不知亦无替代"的情况更为普遍。表3.7显示，52个词语中有43个词语，其"不知亦无替代"的人数比例都要高于"不知但有替代"。其中有些词，如"箬""洋""匏""桸""粕""移""塍""配""翼""箬""裢""牛母"等，"不知亦无替代"的人数比例都在90%以上，个别词如"饲"更是达到100%。其余9个词语，其"不知但有替代"的人数比例是高于"不知亦无替代"的，它们分别是"面桶""清"
"泅""番（仔）肥""跋""粗桶""坊""鼎""墘"。如果将表 3.7 中
有无替代语词的总人数进行对比，"不知亦无替代"的情况就更明显了。
经统计，52 个词中，属于"不知亦无替代"的总人次达到了 10097 次，
而"不知但有替代"的总人次仅有 4316 次，前者是后者的 2 倍多。可
见，在闽南农村，当不知道某个方言词时，更多的人亦不知道用别的词或
短语来替代它。这意味着，原本耳熟能详的方言词汇已经彻底退出他们的
语言生活了。

　　第三，替代语词的类型复杂多样，但多与普通话有关。与"知道"
"不知亦无替代"这两类情况相比，"不知但有替代"的情况最为少见，
但这却是最为复杂的一类情况，这不仅因为替代语词的数量多，亦因为其
类型比较多。表 3.7 中的替代语词一共有 293 个①，平均每个方言词就有
5.6 个替代语词。从来源看，这些替代语词有的来自普通话，有的来自闽
南方言，有的是普（通话）闽（南方言）共有词汇，有的则是被试们自
造的词或短语。表 3.8 列出了相关数据，从中可以看出闽南农村居民所用
的替代语词主要有以下几个特点：

　　（1）来自普通话的词汇最多，使用亦最为普遍。在总共 293 个替代
语词中，普通话词汇共有 132 个，占了 45% 还多；余下依次为自造词汇、
闽南方言词汇、普闽共有词汇。普通话词汇不仅量多，且使用亦最为普
遍。调查显示，当闽南农村居民不知道某个方言词语但又想用其他词语来
替代时，约有 51% 的人会选择普通话词汇。需要说明的是，这些普通话
词汇，以及普闽共有词汇，在词的书写形式上与普通话基本一致，但其语
音不是按普通话而是按闽南方言的语音来说的，它们大体相当于一些闽南
方言学者所说的"对音词"（周长楫，2006：3；张嘉星，2016），而且在
词义上，普闽共有词汇有的一致，有的相关但亦有区别（参见附录Ⅲ）。
周长楫（2014：65）认为，普通话词语的大部分是可以吸收到闽南方言
里的，它们已成为闽南方言词汇的重要组成部分；张嘉星（2016）则认

---

　　① 此次调查发现，绝大多数替代语词对应于某一个方言词，但亦有同一个替代语词对应于
不同方言词的情况。如"地"一词，既有人用以代替"园"，也有人用以代替"洋"。类似的还
有"空地"与"蒸"，前者用以代替"园"与"粟埕"，后者用以代替"炊"与"龠"（见表
3.7）。虽然用以替代不同的方言词，但因其语音、书写形式一致，语义也有相连，所以在统计
时，仍算作一个词。

为，对音词约占闽南方言词汇的 2/3，且在当前呈现日渐上升的趋势。从闽南农村居民用以替代不知道的方言词来看，也大致印证了这一观点。恰如曹志耘（2006）在谈及汉语方言的变化时所说的，方言的整体势力进一步萎缩，并逐渐让位于普通话。

表 3.8　　　　　　　　　　闽南农村方言词汇的替代类型①

类型	替代语词	词数	人次
普通话词汇	圈、旱地、山上、山地、陆地、空地、荒地、旱、谷地、平地、田地、大地、晒谷场、晒场、香瓜、抵、瓢、空、糠、空的、空壳、无、镰刀、米、母牛、奶牛、稻、扁担、竹扁担、簸箕、打开、解开、解、开、茶、茶叶、竹、竹棍、竹板、扁担、小木棍、棒、撬、木板、板、木柴、靠、依靠、依、贴、抵、依赖、蒸、裂、裂开、裂纹、浆、播种、播、撒种、放、打扫、扫地板、洗、扫地、扫除、清扫、大扫除、粪桶、夜壶、马桶、木桶、水桶、便桶、糯米、水泡、泡沫、泡、沫、泡泡、游泳、游水、洗澡、游、勾、打、织、针织、疤、痂、结疤、伤疤、田、田园、水田、袖筒、浇水、灌、淋、化肥、复合肥、菜、下饭菜、饭菜、锅、铁锅、桌角、桌边、边、吹、盆、水盆、脸盆、洗脸盆、剩、高、翅膀、屠杀、迟到、迟、晚、冷、凉、家乡、房间、家、摔倒、跌倒、倒地、闷热、叶、蚊	132（45.1）	2217（51.0）
闽南方言词汇	地仔、塍、园、平埔、涂骹、瓜仔、倚、大桶仔、塍刀、刀仔、釉、釉仔、米箩仔、米箩、茶仔、茶尿、茶心叶、竹担、竹仔、米糊、米糕、甜粿、秫米粉、糕粿、尿桶、尿壶、拍、瓮、肥粉、面盆、洗锣、伸、翼仔、洗浴、勘	35（11.9）	997（22.9）
普闽共有词汇	地、风车、顶、茶卤、桶、补、衫、肥、多、加、慢、闷、盖、挖、糕、面粉、圆、扫、角、柴、渣	21（7.2）	417（9.6）
自造词汇	簸圈、箍桶边、焦地、干地、灰地、枯岸、焦土、焦田、焦塍、地干、风机、打灰机、打鼓机、米风机、鼓车、打渣机、塍大、大阔水塍、大片的平地、大片的地、塍园、塍地、地大、平塍、大田、整地、大枯塍、稻埕、焦埕、禾埕、屯地、晒台、坪地、瓢瓜、葫瓜、瓢仔、水斟、水勺、空粟、粗糠、镰钩、草锲、镰钩刀、草刀、锲刀、镰锲、草锲刀、草镰、稻仔、柴担、木担、粪担、竹挑、弯担、米筛、筛仔、土筛、拍开、茶沫、柴担、竹仔枝、柴板、倒靠、米浆、粿浆、米碎、粥米糊、糯米浆、糯米粉、糯米碎、整理厝、扫厝、洗厝、洗土、洗厅、青尿桶、屎桶、尿钵、尿缸仔、软米、黏仔米、沫仔、血角、血凝蛋、血凝固、血冻、水地、手领、衫口、焦肥、臭肥、洋肥、田肥、机器肥、边仔、边角、脸桶、洗手盆、盆仔、菜盆、叶仔、洗身子、黑虱、乌虱、黑小蚊	105（35.8）	715（16.5）
合计		293（100.0）	4346（100.0）

注：括号内数据单位是"%"。

───────────

①　为了便于阅读与理解，本书对本表中的闽南方言词汇与普闽共有词汇进行了解释，具体见附录Ⅲ。

（2）替代语词与原有方言词的意义大多不对等，误用的情况比较普遍。词义是词的内容，包括词汇意义和语法意义（黄伯荣、廖序东，2007：228），但前者是词义的核心，它是"外在事物或现象在人类意识中的反映"（张斌、徐青，2006：128）。通常意义上，"词义"指的就是词汇意义而不包括语法意义（黄伯荣、廖序东，2007：228；叶蜚声、徐通锵，2012：122—123），我们在此所讲的词义指的也是词汇意义。每个词的意义往往都有一个大致的范围，而不同词语的意义彼此间无外乎重合、相离、交集、包含和被包含等五种关系，闽南农村居民提供的替代语词与其相应的方言词之间也大致具有这样的意义关系（见图3.1）①。

　a.重合　　　　　b.相离　　　　　c.交集　　　　d.包含　　　e.被包含

图3.1　闽南农村闽南方言词与其替代语词之间的词义关系

不过，从人数来看，在闽南农村，人们更多的时候会以词义上有交集的词语来替代其不知道的词语，而重合、相离、包含与被包含的情况则相对少见。具体情况如下：

a. 重合

所谓重合，是指不同词语所概括反映的现实现象是相同的（叶蜚声、徐通锵，2012：130），例如"自行车"与"脚踏车"，"电脑"与"计算机"等。此次调查中，我们也发现了一些这样的案例，具体有②：

　　　必——裂、裂开　　　　　　　园——旱地、地2③、地仔

---

　　①　由于自造词并非普通话或方言的固有词汇，多为个人临时所造，有些词的意义不是很明确，不便与方言词进行词义比较，因此这里的意义关系就没有将自造词包括在内。

　　②　以下词语按方言的音节多少排序，同音节的则按笔画多少排序，后文若非特别说明皆按此法排序。

　　③　有些词属于普闽共有词汇，但其在普通话、闽南方言中的意义并不相同（见附录Ⅲ），因此与方言词的意义关系也就可能不同。因此，当会影响到与方言词的意义关系时，我们就会用"1"标注其为普通话的词，用"2"标注其为闽南方言的词，如"地1"是指普通话中的"地"，而"地2"是指闽南方言中的"地"，以此类推；若一个普闽共有词并不影响其与方言词的意义关系，我们则不标注。

疕——痂　　　　　　　　　　泛——空、空的

枋——木板　　　　　　　　　拄——抵

泅（水）——游泳、游水　　　炊——蒸

垺——水泡、泡沫、沫配——下饭菜

秫（米）——糯米　　　　　　清——冷、凉

棴——瓢、瓢仔　　　　　　　悬——高

移（种）——撒种、播种、播　跋——跌倒、摔倒

嗋——吹　　　　　　　　　　翁——闷

塍——田、水田　　　　　　　裍——袖筒

箬——叶、叶仔　　　　　　　翼——翅膀、翼仔

蠓（仔）——蚊（子）　　　　牛母——母牛

竹担——竹扁担　　　　　　　面桶——脸盆、面盆、洗脸盆

粗桶——尿桶、粪桶、屎桶　　粟埕——晒谷场、晒场

番（仔）肥——化肥、肥粉　　锲仔/镰勒仔——镰刀

在这些案例中，破折号右侧的都是替代语词，它们基本上都来自普通话，其中仅有"面盆""翼仔""肥粉"来自闽南方言，它们和相对应的"面桶""翅膀""化肥"都属于闽南方言中的词汇变异，只不过在进行调查乃至数据分析前，我们还没有意识到而已，因此就没将此视同"知道"来处理。

b. 相离

所谓相离，是指两个词所概括的现实现象彼此并无交集，如普通话中的"玫瑰"与"桌子"，"邪恶"与"球场"。此次调查，属于相离关系的词语主要有：

长——伸、剩、加　　　　　　园——山上

泛——糠、粗糠　　　　　　　疕——疤、结疤、伤疤

刺——补、拍　　　　　　　　拄——倚

倚——抵　　　　　　　　　　匏（仔）——香瓜

晏——慢　　　　　　　　　　棴——大桶仔

（茶）粕——茶尿、茶卤　　　粟——米

粞——米糊、面粉　　　　　　摒——洗

翁——勘、盖、蒸　　　　　　　　箬——米箩仔、米箩、簸箕

（桌）墘——桌角、桌边、角、边　　箄——柴担、竹担、扁担、棒

风鼓/风柜——风车　　　　　　　　竹担——柴担

粗桶——尿壶、夜壶、马桶、水桶、便桶

粟埕——涂骹、空地、晒台　　　　锲仔/镰勒仔——刀仔 、塍刀

　　处于相离关系的词语各有所指，如"园"指的是"旱地"，而"山上"指的则是方位；"锲仔/镰勒仔"指的是"镰刀"，而"刀仔"在闽南语中指的是"小刀"，"塍刀"指的是"蛘"。不过，处于相离关系的词语并非在语义上毫无关联，若放在一个更大的语义范畴内，多多少少都有某些关联。如"粗桶"指的是装人或动物粪便的桶，多为木制或塑料制品，是主要用于施肥的农具；"尿壶、夜壶、马桶、水桶、便桶"等或在形状或在材质或在功能上都有别于"粗桶"，但无一例外都属于"粪便容器"这一更大的范畴内；再如"粕"为"渣子"，"茶粕"即"茶叶渣子"，而"茶尿"指的是"溅落或溢出在茶盘里的剩余茶水"，它们都和"茶"有关；"粟"和"米"，前者是未去壳的"稻谷"，后者则是去了壳的"稻米"。总之，处于相离关系的词，虽然词义各有所指，但又彼此相关，也正因如此，说话人才会难以区分而将它们混在一起。

　　c. 交集

　　所谓交集，是指两个词所概括的现实现象既有相同之处亦有不同之处，如普通话中的"界限"与"界线"，它们都可指"不同事物的分界"，但前者还有"尽头处，限度"的意思，后者则有"两个地区分界的线""某些事物的边缘"等意思（中国社会科学院语言研究所词典编辑室，2005：703），二者显然不尽相同。此次调查，属于这种情况的主要有：

长——多　　　　　　　　　　　　必——裂纹

园——山地、旱、谷地、荒地、空地　沃——壅

泛——无、空壳　　　　　　　　　刺——勾、打、织、针织

泅（水）——洗浴、洗澡、游、洗身子

粕——渣1

刣——屠杀　　　　　　　　　　　挩——挖

垖——泡、泡泡　　　　　　　　　洋——园、平埔

鼎——铁锅　　　　　　　　　　　跋——倒地

敨——开　　　　　　　　　　　　翕——闷热

粞——米糕、秫米粉、糕、圆、甜粿、糕粿

篗——竹、竹仔、竹仔枝　　　　　粗桶——木桶

上述词语往往具有某个共同的义项。如"沃"有"浇,灌""淋"等意思,而"壅"则有"浇,灌"与"施(肥)"的意思,二者交集于"浇"这一义项;再如,"粕"与"渣"都有"渣子"的意思,但前者还有"食物太老或不新鲜,纤维比较多,吃起来像嚼渣子一般"的意思,后者没有这个意思,但后者却有"品质恶劣,损害社会之人"这项意思,如"人渣"。

d. 包含

所谓包含,即一个词指称的现实现象将另一个词指称的现实现象包括在内,如普通话中的"动物"与"老虎","家具"与"沙发"等。在这里,具体是指我们所调查的闽南方言词,其指称的现实现象将替代语词指称的现实现象包括在内,具体有:

沃——浇水、淋、灌　　　　　　　拆——撬

面盆——洗锣　　　　　　　　　　晏——迟到、迟、晚

厝——房子、家乡、房间　　　　　倚——靠、依靠、依、贴、依赖

摒(厝)——扫、打扫、扫地板、扫地、扫除、清扫、大扫除

番(仔)肥——复合肥　　　　　　粕——渣2

敨——打开、解开、解、开　　　　篗——竹棍、竹板、小木棍

牛母——奶牛

上述词语中,破折号前的闽南方言词,其词义范围能够包含破折号之后的词语。如"拆"除了具有"撬"的意思外,还有"骂人或用中指不礼貌地指戳别人"的意思;"牛母"除了"奶牛"的意思外,还有"母牛"的意思。

e. 被包含

所谓被包含,是指一个词指称的现实现象只是另一个词指称的现实现象的一部分,二者的关系和前面的"包含"正好相反。在这里,具体是

指我们所调查的闽南方言词，其指称的现实现象只是替代语词指称的现实现象的一部分，具体有：

园——陆地、地1　　　　　　　枋——板、柴2、木柴

洋——塍、田地、地1、大片的地、大地　配——菜、饭菜

移——放　　　　　　　　　　（茶）粕——茶心叶、茶仔、茶叶

粟——籼、籼仔　　　　　　　　鼎——锅

栖——浆　　　　　　　　　　　辖——箍圈、圈

塍——田园　　　　　　　　　　裓——衫

面桶——盆、水盆　　　　　　　匏——瓜仔

竹担——扁担　　　　　　　　　番（仔）肥——肥

粗桶——桶

上述词语中，破折号前的闽南方言词意义范围较小，只是其后替代语词的一部分。如，"粟"只是"籼、籼仔"（水稻）成熟后打下来的稻谷，"裓"只是"衫"（衣服）的袖口，而"竹担"（竹制扁担）是"扁担"的一种，"粗桶"（装粪尿的桶）则是"桶"的一种。

（3）自造词汇多为个人临时新造。从表3.8来看，自造词汇共有105个，数量仅次于普通话词汇，但其使用人次仅为715，平均每个词仅有6.8人次，远低于闽南方言词汇的28.5人次、普闽共有词汇的19.9人次、普通话词汇的16.8人次。与其他词汇相比，自造词汇显然存在"词多人少"的特点。之所以如此，一个重要的原因或许在于，自造词多为个人在调查时新造的，它们只是属于创造者个人，还未得到言语社区其他成员的认可。不过，从构造方式来看，自造词亦有其自身的规律并分为以下几种类型：

a. 用普通话的元素来创造

如用"大片的平地""大片的地"替代"洋"，用"洗厅"代替"摒（厝）"，用"干地"代替"园"，用"洗手盆"代替"面桶"，用"米筛""土筛"代替"箍"，用"血冻""血凝固"代替"疕"，用"机器肥""洋肥"代替"番（仔）肥"等。

b. 用闽南话的元素来创造

如用"大阔水塍""塍大"代替"洋"，用"焦塍""塍园"代替

"园",用"秫米粉"代替"粞"等。

c. 兼用普通话与闽南话的元素来创造

这也是最为普遍的一种自造方式。其中又包括这样几种方式：①普通话语素+仔。"仔"是闽南方言的重要词缀，应用非常广泛并因此成为闽南方言词汇的一大特征（谭邦君，1996：166；杨秀明，2015）。此次调查就发现不少这样的自造词，如"瓢仔""沫仔""筛仔""叶仔""边仔""稻仔""竹仔枝""黏仔米"等。②按闽南方言的词序来排列普通话语素。闽南方言中有不少词汇是按"正+偏"的形式来排列语素，这和普通话的"偏+正"结构正好相反，如普通话的"客人、拖鞋、额头、秋千"，在闽南方言中则是"人客、鞋拖、头额、千秋"（陈荣岚、李熙泰，1999：155）。此次调查也发现一些被试仍旧沿袭了这样的构词方式，如"地干、塍大、地大"等。③兼有普通话与闽南方言的词根语素。有的是普通话语素在前，如"稻埕、空粟、镰锲、平塍、扫屑、洗屑、整理屑、糯米粉"等；有的是闽南方言语素在前，如"焦①地、焦土、焦田、焦塍、塍大、塍地、塍刀、拍开、柴担、柴板"等。

至此，对于闽南农村方言词汇的变化，我们大致可以形成以下两点印象：

第一，闽南农村方言词汇的变化以"消失"为主要特征，且近20年来出现了加速。在此次调查的63个词语中，有52个词语都存在老龄化的趋势，而且近20年来出现了加速。虽然我们还未发现哪个词语已经不被任何人所知了，且"知道"的情况比"不知道"的情况更普遍，但这52个词语都曾是闽南方言中的核心特征词或常用词，其明显加速的老龄化趋势已经让它们失去了应有的稳定性。这也意味着，不远的将来，闽南农村必将有更多的人不知道更多的方言词汇。这也证实了我们之前的担忧，使得本项目及类似的研究显得尤为重要和迫切。如果不趁方言词汇消失之前加以调查研究，届时就来不及了。

第二，自创性的演变还未完全停止，但过于微弱。调查中我们发现，在闽南农村，仍旧有人坚持用闽南方言的元素来替代自己不知道的方言词语，他们或者用闽南方言中的其他词语来替代，或者用普闽共有的其他词

---

① "焦［ta⁴⁴］"，闽南方言词汇，意为"干""干枯"，既可单用，也可作为语素，如"焦涂［thɔ²⁴］"（干的泥土）、"焦洗［sue⁵³］"（干洗）等。

语来替代，或者用闽南方言的语素、构词方式来新造词语。可见，在闽南农村，方言的自创性演变并未完全停止。但是，这种自创性的演变，无论是在人数上，还是在词量上，都难以跟方言词语的消失、向普通话靠拢这两类变化相抗衡。曹志耘（2006）所说的一幕——"各地方言的自创性演变（自我演变）逐渐停止下来，而改为以普通话或强势方言为方向的演变"，正在闽南农村上演。

第四章

闽南农村方言词汇变化的原因

"科学研究要进行观察并对你所观察到的事物进行解释。"（艾尔·巴比，2009：89）这是任何科学研究都应遵循的模式和目标，语言学也概莫能外，诚如徐大明所言："语言学的目的不仅是描写和记录，更重要的是分析和解释；然而，如果没有对语言事实的掌握，也就不可能做出有意义的分析和解释。因此，记录和描写是必要的，但是，没有分析和解释的研究是不完整的。"（付义荣，2011：序 1）如果说上一章只是对闽南农村方言词汇的变化状况进行描写和记录的话，那么这一章将对此做进一步的分析和解释，主要是为了弄清楚究竟什么原因在推动闽南农村方言词汇的变化。而且美国语言学家克劳弗特（Croft，2011：4）还认为，任何科学的语言变化理论不仅要对语言变化本身进行解释，也要对语言中那些经历了好几代人仍没有变化的东西有所解释。这将意味着，我们的分析和解释不仅包括那些变化中的词汇，也包括那些暂未变化的闽南方言词汇。

第一节　闽南农村方言词汇的社会分布

不同于其他语言学研究，社会语言学不仅从语言自身，也从社会环境去探究语言是何以变化的（Labov，2001：161）。显而易见，对语言所在社会的关注是社会语言学的核心所在，这也正是"社会语言学"名称之由来。因此，接下来我们要首先了解闽南农村方言词汇的社会分布，即要弄清楚究竟是哪些人知道或不知道这些词语。为此，我们主要从区域、性别、职业、文化程度等社会变项入手，了解它们是否影响闽南农村方言词汇的变化。

一　社会变项的选择

社会语言学就是一门研究语言与社会之间关系的学科，具体来说，就是研究语言变项与社会变项之间的关系（徐大明等，1997：105）。从社会语言学的视角来看，任何一个社会变项都有可能会和语言的变异或变化有关（N. Smith，1989：190）。社会变项可以说不计其数，除了年龄、区域、性别、职业、文化程度外，还有民族、种族、国家、政治派别、宗教信仰、社会网络、社会阶层等。然而，任何一次社会语言学研究都只会选择其中的一项或几项加以研究，不可能穷尽所有的社会变项来进行调查研究，这不仅是由于人力所限或者研究者的个人兴趣，更是因为在不同的社会环境中，各种社会变项对语言变异或变化的影响并不是均衡的、一样的。例如，在一个多民族杂居的社区，"民族"对语言的影响或许就比一个单民族聚居的社区大；在一个职业多元的城镇，"职业"对语言的影响或许就比单纯从事渔业的村庄大。本项目之所以选择区域、性别、职业、文化程度这四个社会变项来考察闽南农村方言词汇的变化，也是出于以上诸多考虑，尤其是考虑到闽南农村这一独特的社会背景。

（一）区域

即便是同一个言语社区，但只要是所处的区域不同，就有可能会形成语言上的差异或变化。当然，这里的"区域"并非只是一个地理空间，更是一个社会空间。在不同的地理空间内，往往生活着不同的人。因此，区域的不同，本质上是人的不同。通过对区域的研究，或许能够发现人们在语言及社会层面上的差异，进而为探究语言变化的原因提供线索。

例如，美国马萨诸塞州（Massachusetts）的玛萨葡萄园岛，大致可分为上岛（up-island）与下岛（down-island）这两个区域，上岛主要是农业区，分布着一些村庄、农场、偏远的夏季度假村，还有一些池塘、沼泽以及无人居住的松树林，而下岛则有三个小镇子，分布着全岛 3/4 的常住居民。拉波夫（Labov，1963）在该岛的调查发现，该岛的两个复元音变项（ay）与（aw）存在央化的发展趋势，但这种趋势与岛上居民的职业、收入、教育、社会抱负等没有什么关系。这一度让拉波夫颇为困惑，但他之后惊讶地发现，这种央化趋势跟区域相关，其中上岛的央化趋势比下岛更为明显。由此他进一步比较了上岛与下岛的居民，最后发现：上岛作为农业区，居住者多为该岛早期的原居民，而下岛作为城镇区，居住者多为后期的新移民；前者有着更为强烈的岛民意识，随着大陆外来移民、游客的大量涌入，这种意识也愈发强烈，因此他们会通过原有的语音特色——复元音央化来主张自己的岛民认同，从而将自己与大陆区别开来。笔者在厦门地区开展的一次快速匿名调查时也曾有过类似的发现，调查结果显示，在厦门市，闽南方言的分布呈现明显的区域性特征，像翔安、同安两区，其"会听会说闽南方言"的人口比例显著高于其他四个区。以此为线索，笔者最后得出结论，导致厦门市当前方言状况的原因并不是当地人放弃闽南方言，而是大量外来人口的涌入拉低了该市闽南方言使用者的人口比例（付义荣、严振辉，2017）。

　　可见，由区域入手是探求语言变化原因一个很好的切入口，何况厦门作为闽南方言的代表地，其方言分布本身就具有区域性特征，这或许是一个很好的线索来探究闽南农村方言词汇的变化原因。

（二）性别

　　性别是人人都有的天赋属性，但在后天的社会化过程中，性别被赋予了不同的社会意义，也因此成为重要的社会变项而被加以研究。对于不同性别说话人所表现出来的语言差异，语言学家们早在社会语言学诞生之前就给予了关注。例如，20 世纪 40 年代，哈斯（Haas，1944）在路易斯安那州（Louisiana）调查时发现，在该州西部的夸萨蒂语（Koasati，一种印第安语）中，表示陈述、祈使语气时所用的词语形式就呈现出系统性的性别差异。社会语言学诞生之后，学者们更是对性别之于语言的影响给予了更为广泛的关注，"语言与性别"业已成为社会语言学的一个十分重要的议题，并有了许多重要的发现（参见 Fasold，2000：89—118；徐大明，2006a：160—168；Coulmas，2010：36—51）。例如，L. 米 尔 罗 伊（L. Milroy，1987：57—78）在贝尔法斯特市调查时发现，一些老城区的男性比女性更易采用带有地方色彩的语音形式（往往是非标准的）；之所以如此，主要是因为老城区的男性往往在本区钢铁厂一类的企业上班，其社会网络较为紧密，而女性则多在外区从事家政等服务性工作，其社会网络相对松散。米尔罗伊最后将语言的性别差异归因于男性的社会网络比女性更具约束力。这一案例正是从语言的性别差异着手，进而发现了"社会网络"这一制约语言变异与变化的重要因素。需要补充的是，国际学术界通常用 sex 表示自然意义上的"性别"，用 gender 表示社会意义上的"性别"（Coulmas，2010：38），但中文并未做这样的区分，"性别"这一概念兼具自然与社会的双重意义。本课题也是将"性别"作为一个重要的社会变项来看待，所看重的更多的是其社会意义，具体就是要了解，闽南农村男女居民对闽南方言的掌握是否存在差异，进而探索其背后的社会动因。

（三）职业

本项目所研究的对象是闽南农村，所谓"农村"即以农业为主要职业的居民的聚居地（参见本书第二章第一节）。这样的定义总体上并没什么错，尤其和城镇相比，农村确实如此。然而，现实总比定义本身要复杂得多，例如中国东西部地区的农村、改革开放前后的农村，虽然都是"农村"，但彼此差别很大。1949 年成立的新中国，大致以"改革开放"为节点分为两个阶段，中国农村也是如此。改革开放前，中国农民被紧紧限制在土地上，没有什么择业的自由，一切以粮为纲，所从事的主要是甚至只能是农业；改革开放后，农村实行家庭联产承包责任制，生产力得到了极大的释放，农民可以自由地择业与流动。伴随中国农村的巨大变化，原本都以农为业的农民也出现了分化。按照中国社会学的观点，他们大致分化为这样 8 个阶层：农业劳动者、农民工、雇工、农民知识分子、个体劳动者和个体工商户、私营企业主、乡镇企业管理者、农村管理者（陆学艺，2002：172—173）。这种阶层上的分化就是以农民职业的变化为基础而形成的，从某种意义上说，"职业"是最能体现当代中国农村社会变迁的重要指标。而且，已有的社会语言学研究也证实了职业之于语言的影响。前面提到的贝尔法斯特市男性与女性在语言上的差异，实际上也跟男、女在职业上的差异有关。笔者 2003—2004 年在安徽无为傅村进行的一系列调查就发现，越是从事非农职业，尤其是一些开放程度高的职业，就越有可能或越容易接受普通话（付义荣，2008；2010）[1]。总之，要想探索当代中国农村正在发生的社会变迁及其对语言的影响，就不能忽略农

---

[1] 在关于"普通话与人口流动"的研究中，笔者发现，傅村农民工进城后出现了职业上的分化，多数仍旧从事辛苦而封闭的工作，如泥瓦匠、牛奶工等，他们的普通话水平较低，平时使用最多的仍旧是老家话；但亦有一部分傅村农民工开始转向较为轻松而开放的工作，如开理发店、摆地摊、煤炭销售等，他们的普通话水平较高，平时使用最多的已经是普通话了（付义荣，2010）。在关于傅村父亲称谓的变化研究中，笔者发现，傅村父亲称谓的变化动因主要是改革开放后，该村的社会流动变得可能，一些相对年轻、文化程度较高的父母开始从事非农职业，并让他们的孩子说起了曾经只有城市下放户或具有非农业户口的家庭才说的父亲称谓"爸爸"，而专门从事农业的傅村家庭仍旧沿袭"大大"或"阿爷"这样的老派称谓（付义荣，2008）。

民职业上的巨大变化这一重要的社会事实。

（四）文化程度

改革开放之后，中国农民除了职业外，还有一个非常显著的变化，那就是文化程度的大幅提高。这可以从我国教育事业的迅速发展中窥见一二，1949—1984 年，除却其中大退步的"文化大革命"十年，我国普及教育年限基本锁定在初等教育阶段（小学五年），但到了 2000 年，我国就基本实现了九年义务教育的战略目标，85% 以上的地区普及了九年义务教育；又仅仅过了 5 年，我国就实现了全面普及义务教育的目标，现正朝着更加均衡的方向发展（王慧、梁雯娟，2015）。教育的迅速普及必然带来国民文化程度的大幅提高，1978—2017 年 40 年的时间里，从学前教育到义务教育到高中教育再到高等教育，毛入学率①都得到了极大的提升，以最后的高等教育为例，1978 年的毛入学率仅为 2.7%，但之后一路上扬，至 2017 年时已经高达 45.7%（教育部，2018）。国民文化程度上的巨大变化在中国社会语言学研究中也得到体现，很多研究都将其作为一个重要的社会变项来加以研究。这些研究既有针对城镇居民的，如杨晋毅（1997）关于洛阳市普通话跟方言分布及使用的研究、郭熙等（2005）关于广州市语言文字使用情况的研究、王玲（2012：76—92）在合肥市所做的语体使用和语音变异研究、孙德平（2013）关于江汉油田语言变异与变化的研究；也有针对农村居民的，如付义荣（2008）关于安徽无为县傅村父亲称谓的研究、易希（2013）关于湖南株洲云田村语言状况的研究、许婉虹（2016）关于广东饶平县疍家人语言生活状况的研究；还有针对"城中村"居民的，如王远新（2010；2013）在乌鲁木齐、贵阳等市所做的"城中村"居民语言使用和语言态度的研究；还有针对农民工的，如林伟（2011）对宿城村外出务工人员语言状况的研究、夏历（2012）关于城市农民工语言态度的研究、秦广强（2014）关于进京农民工语言能力与城市融入的研究。这些研究涵盖了不同的社区或群体，既有涉及语言宏观上的差异（语言使用、语言能力、语言态度等），也有涉及语言微观上的变异与变化（语音、词汇或语法层面的），但无一例外都发

---

①　毛入学率，是指某一级教育不分年龄的在校学生总数占该级教育国家规定年龄组人口数的百分比。由于某些级别的教育，如初中教育，还含有非正规年龄组（低龄或超龄）的学生，其毛入学率可能会超过 100%。

现了"文化程度"这一变量的重要影响。

　　总之，从社会语言学较为普遍的研究模式以及中国农村的社会实际情况来看，我们从无数可能的社会变项中选择了区域、性别、职业和文化程度，来探究闽南农村方言词汇是何以发生变化的。

二　闽南农村方言词汇的区域分布

　　此次调查涉及的范围较广，如果按乡镇或者区、县来进行统计的话，那么数据就比较分散，不足以比较不同区域的特点，因此我们只是按厦门、漳州、泉州这三个地区来统计闽南方言词汇的分布情况，并且对变化中的和暂未变化的闽南方言词汇进行了区别统计，具体见表4.1。由该表来看，闽南农村方言词汇的区域分布主要呈现以下几个特点：

表 4.1　　　　　闽南农村方言词汇的区域分布情况（N=1031）

序号	词语	厦门		漳州		泉州	
		知道	不知道	知道	不知道	知道	不知道
变化中的方言词汇							
1	厝	288(94.4)	17(5.6)	336(99.1)	3(0.9)	367(96.1)	15(3.9)
2	箸	279(91.8)	25(8.2)	334(98.2)	6(1.8)	363(95.0)	19(5.0)
3	饲	264(86.3)	42(13.7)	323(95.8)	14(4.2)	367(96.1)	15(3.9)
4	秫	277(90.5)	29(9.5)	322(94.2)	20(5.8)	351(92.4)	29(7.6)
5	晏	265(86.9)	40(13.1)	327(95.9)	14(4.1)	351(92.4)	29(7.6)
6	悬	262(86.5)	41(13.5)	329(96.5)	12(3.5)	351(91.9)	31(8.1)
7	翼	265(86.9)	40(13.1)	305(89.2)	37(10.8)	362(94.8)	20(5.2)
8	刣	257(83.7)	50(16.3)	314(91.8)	28(8.2)	360(94.2)	22(5.8)
9	裬	269(87.9)	37(12.1)	330(97.9)	7(2.1)	324(85.0)	57(15.0)
10	嗌	224(73.9)	79(26.1)	333(97.9)	7(2.1)	349(91.6)	32(8.4)
11	塍	271(88.6)	35(11.4)	283(83.7)	55(16.3)	336(88.0)	46(12.0)
12	沃	231(76.0)	73(24.0)	303(88.6)	39(11.4)	356(93.2)	26(6.8)
13	鼎	237(77.5)	69(22.5)	296(87.8)	41(12.2)	352(92.1)	30(7.9)
14	蠓	221(72.2)	85(27.8)	296(87.3)	43(12.7)	365(95.5)	17(4.5)
15	炊	270(87.9)	37(12.1)	270(79.2)	71(20.8)	334(87.7)	47(12.3)
16	粟	243(79.2)	64(20.8)	301(88.3)	40(11.7)	313(82.4)	67(17.6)
17	搦	251(82.0)	55(18.0)	303(95.9)	13(4.1)	271(72.8)	101(27.2)

续表

序号	词语	厦门		漳州		泉州	
		知道	不知道	知道	不知道	知道	不知道
18	散	224(73.2)	82(26.8)	298(87.1)	44(12.9)	292(76.8)	88(23.2)
19	必	245(80.9)	58(19.1)	289(85.0)	51(15.0)	264(69.1)	118(30.9)
20	粕	219(72.0)	85(28.0)	274(80.8)	65(19.2)	304(79.6)	78(20.4)
21	跋	285(93.4)	20(6.6)	141(41.3)	200(58.7)	373(97.6)	9(2.4)
22	刺	238(77.5)	69(22.5)	245(71.6)	97(28.4)	314(82.6)	66(17.4)
23	清	263(86.2)	42(13.8)	161(47.2)	180(52.8)	363(95.0)	19(5.0)
24	牛母	234(76.7)	71(23.3)	288(85.5)	49(14.5)	258(68.1)	121(31.9)
25	垡	201(65.9)	104(34.1)	315(92.6)	25(7.4)	253(66.2)	129(33.8)
26	箪	210(68.9)	95(31.1)	239(70.0)	102(30.0)	315(83.3)	63(16.7)
27	移	212(69.7)	92(30.3)	284(83.0)	58(17.0)	267(70.1)	114(29.9)
28	枋	239(78.1)	67(21.9)	295(86.5)	46(13.5)	229(60.0)	153(40.0)
29	疕	218(71.7)	86(28.3)	228(66.7)	114(33.3)	307(80.8)	73(19.2)
30	竹担	217(70.9)	89(29.1)	237(69.3)	105(30.7)	294(77.0)	88(23.0)
31	翕	198(65.3)	105(34.7)	216(63.7)	123(36.3)	326(85.3)	56(14.7)
32	粟埕	221(72.7)	83(27.3)	279(81.8)	62(18.2)	242(63.4)	140(36.6)
33	挢	196(64.5)	108(35.5)	257(75.3)	84(24.7)	248(64.9)	134(35.1)
34	筹	192(63.2)	112(36.8)	252(74.3)	87(25.7)	245(64.1)	137(35.9)
35	稀	175(57.2)	131(42.8)	245(71.6)	97(28.4)	260(68.2)	121(31.8)
36	倚	216(70.6)	90(29.4)	225(66.4)	114(33.6)	216(56.5)	166(43.5)
37	风鼓/风柜	191(62.6)	114(37.4)	237(69.3)	105(30.7)	229(59.9)	153(40.1)
38	铩仔/镰勒仔	207(67.6)	99(32.4)	203(59.5)	138(40.5)	238(62.3)	144(37.7)
39	配	207(67.9)	98(32.1)	193(56.4)	149(43.6)	246(64.4)	136(35.6)
40	泛	183(60.0)	122(40.0)	239(71.7)	94(28.3)	211(55.4)	170(44.6)
41	塯	196(64.7)	107(35.3)	191(56.2)	149(43.8)	246(64.4)	136(35.6)
42	匏	165(54.5)	138(45.5)	249(73.0)	92(27.0)	219(57.3)	163(42.7)
43	拄	222(73.5)	80(26.5)	200(58.5)	142(41.5)	207(54.6)	172(45.4)
44	番(仔)肥	194(63.4)	112(36.4)	265(77.5)	77(22.5)	142(37.4)	238(62.6)
45	泗	221(72.5)	84(27.5)	125(36.5)	217(63.5)	222(58.4)	158(41.6)
46	粗桶	216(70.4)	91(39.6)	104(30.4)	238(69.6)	241(63.1)	141(36.9)

序号	词语	厦门		漳州		泉州	
		知道	不知道	知道	不知道	知道	不知道
47	长	174(57.6)	128(42.4)	188(55.6)	150(44.4)	194(50.8)	188(49.2)
48	面桶	167(54.6)	139(45.4)	96(28.2)	245(71.8)	262(68.6)	120(31.4)
49	箬	109(36.0)	194(64.0)	201(59.3)	138(40.7)	175(45.8)	207(54.2)
50	粞	189(62.0)	116(38.0)	90(26.3)	252(73.7)	169(44.4)	212(55.6)
51	园	135(44.1)	171(55.9)	173(50.6)	169(49.4)	125(33.0)	254(67.0)
52	洋	126(41.3)	179(58.7)	146(43.1)	193(56.9)	115(30.3)	265(69.7)
	平均数	220(72.1)	85(27.9)	249(73.5)	90(26.5)	279(73.2)	102(26.8)
暂未变化的方言词汇							
53	拭	273(89.5)	32(10.5)	331(97.1)	10(2.9)	368(96.6)	13(3.4)
54	倒	247(81.0)	58(19.0)	315(92.1)	27(7.9)	361(94.8)	20(5.2)
55	齧	277(90.8)	28(9.2)	340(99.7)	1(0.3)	363(95.3)	18(4.7)
56	拍	219(71.8)	86(28.2)	328(95.9)	14(4.1)	344(90.1)	38(9.9)
57	焦	284(93.1)	21(6.9)	330(97.6)	8(2.4)	365(96.6)	13(3.4)
58	酼	237(77.5)	69(22.5)	332(97.1)	10(2.9)	365(95.5)	17(4.5)
59	曝	287(94.1)	18(5.9)	336(98.2)	6(1.8)	360(94.2)	22(5.8)
60	趁	296(96.4)	11(3.6)	338(99.7)	1(0.3)	378(99.0)	4(1.0)
61	囝	294(96.4)	11(3.6)	340(99.4)	2(0.6)	376(98.4)	6(1.6)
62	喙	283(92.2)	24(7.8)	336(98.2)	6(1.8)	379(99.2)	3(0.8)
63	骹	298(97.1)	9(2.9)	342(100.0)	0(0.0)	379(99.2)	3(0.8)
	平均数	272(89.2)	33(10.8)	333(97.7)	8(2.3)	367(96.3)	14(3.7)

注：括号外数据为人数，括号内数据为该人数占所在群体人数的百分比。

第一，暂未变化的方言词汇比变化中的方言词汇具有更为广泛的区域分布。表4.1显示，厦漳泉三地农村居民对暂未变化的方言词汇的知晓率都很高，即便是最低的厦门也在89%以上，而漳泉二地更是在96%以上，但对于变化中的方言词汇的知晓率则低得多，厦漳泉三地农村都在73%左右。对此我们不难理解，变化中的方言词汇正处在消失的过程中，知道它们的人正变得越来越少，而暂未变化的方言词汇则处于较为稳定的状态，仍是当地居民常用的词汇，前者的区域分布自然也比不上后者。

第二，在闽南三地，厦门与漳泉二地的差别总体上明显大于漳泉二地间的区别。从表4.1来看，变化中的方言词汇在厦门的平均知晓率为

72.1%，与漳州与泉州分别相差 1.4%、1.1%，而漳泉二地在这项指标上仅相差 0.3%；暂未变化的方言词汇在厦门的平均知晓率为 89.2%，与漳州与泉州分别相差 8.5%、7.1%，而漳泉二地在这项指标上仅相差 1.4%。可见，厦门农村居民总体上对于闽南方言词汇的了解不如漳泉二地，换句话说，闽南方言词汇在厦门农村的变化速度或幅度要比漳泉二地更快或更大，这一点在接下来的分析中也得到了印证。

第三，不同的区域会影响到绝大多数方言词汇的分布。如果审视具体某个词语在厦漳泉的知晓情况，或许会感到有些迷乱，因为有些词语在闽南三地农村的分布比较均衡，有些则相差很大。如"塍"，在厦漳泉的知晓率分别为 88.6%、83.7%、88.0%，彼此差别不算大，但"跋"，在厦门、泉州的知晓率都在 93% 以上，但在漳州仅有 41% 多，足足相差了 50% 多；再看"番（仔）肥"，在厦门、漳州的知晓率分别为 63.4%、77.5%，但在泉州仅有 37.4%，也至少相差了 36%。这些案例并非全部：它们有的相差不大，有的相差很大；有的在厦门少有人知，但有的亦会在漳州或泉州不大为人知晓。面对如此复杂的情形，我们不免产生一个疑问："区域"究竟会不会影响到闽南方言词汇的分布呢？

为了弄清这一问题，我们针对每个词语做了一次单因素方差分析，具体结果见表 4.2。该表显示，在 63 个词语中，有 58 个词语（带 * 者），其 F 值大于相应的临界值①，只有"秋""塍""竹担""锁仔/镰勒仔""长"这 5 个词语的 F 值是小于相应的临界值的。可见，绝大部分词语的分布都受到"区域"的影响，这种影响导致了不同区域对闽南方言词汇的知晓是有所区别的。结合表 4.1 中显示的平均知晓率来看，厦门与漳泉二地之间的差别显然要大于漳泉之间的差别。当然，这只是总体的情况，具体到每个词却未必如此，表 4.3 是基于表 4.1 的数据而做的区域排序，其中"秋""塍""竹担""锁仔/镰勒仔""长"由于不受区域影响，因此不在统计之列，相应的序号也就空缺了。从表 4.3 所列的排序情况来看，知晓率最低为厦门的词一共有 33 个，如"厝、箸、饲"等，比漳州（12 个）与泉州（13 个）的总和还要多，漳泉二地则难分伯仲；这进一步说明，厦门农村居民对闽南方言词汇的了解总体上确实不如漳泉二地。

---

① 每个词由于知晓和不知晓的人数并不一致，因此每个词的临界值并不完全一致，但都在 3.004—3.005 的区间内。

导致这一现象的原因是什么？为什么还有一小部分词语在漳泉二地农村的知晓率甚至还不如厦门？对于这些问题，我们在后文将择机进行解释。

表 4.2　　　　闽南农村方言词汇区域分布的单因素方差分析

序号	词语	F 值	序号	词语	F 值	序号	词语	F 值
1	厝	5.647*	22	刺	6.283*	43	拄	13.980*
2	箸	7.316*	23	清	166.510*	44	番（仔）肥	70.081*
3	饲	16.110*	24	牛母	15.370*	45	泗	47.072*
4	秫	1.520	25	垡	46.389*	46	粗桶	69.306*
5	晏	9.244*	26	箄	12.686*	47	长	1.738
6	悬	11.199*	27	移	10.455*	48	面桶	67.770*
7	翼	6.917*	28	枋	37.373*	49	筶	18.325*
8	刣	11.662*	29	疕	9.656*	50	栖	45.302*
9	裿	18.507*	30	竹担	2.994	51	园	12.005*
10	嗌	53.071*	31	禽	27.411*	52	洋	7.478*
11	塍	2.024	32	粟埕	15.771*	53	拭	11.554*
12	沃	23.421*	33	挤	6.015*	54	倒	19.680*
13	鼎	16.500*	34	箬	5.909*	55	饔	14.956*
14	蟓	41.562*	35	稀	8.256*	56	拍	47.399*
15	炊	6.680*	36	倚	8.001*	57	焦	4.522*
16	粟	5.093*	37	风鼓/风柜	3.573*	58	垴	49.545*
17	摒	32.933*	38	锲仔/镰勒仔	2.340	59	曝	4.454*
18	敨	10.698*	39	配	4.884*	60	趁	6.256*
19	必	14.665*	40	泛	10.752*	61	团	4.211*
20	粕	4.185*	41	堁	3.368*	62	喙	15.734*
21	跋	315.446*	42	匏	14.513*	63	骹	6.483*

注：显著水平 α≤0.05。

表 4.3　　　　闽南农村方言词汇在不同区域的知晓率排序

序号	词语	排序	序号	词语	排序	序号	词语	排序
1	厝	厦<泉<漳	22	刺	漳<厦<泉	43	拄	泉<漳<厦
2	箸	厦<泉<漳	24	牛母	泉<厦<漳	46	粗桶	漳<泉<厦
3	饲	厦<漳<泉	25	垡	厦<泉<漳	48	面桶	漳<厦<泉
5	晏	厦<泉<漳	26	箄	厦<漳<泉	49	筶	厦<泉<漳

续表

序号	词语	排序	序号	词语	排序	序号	词语	排序
6	悬	厦<泉<漳	27	移	厦<泉<漳	50	栖	漳<泉<厦
7	翼	厦<漳<泉	28	枋	泉<厦<漳	51	园	泉<厦<漳
8	刣	厦<漳<泉	29	疕	漳<厦<泉	52	洋	泉<厦<漳
9	捥	泉<厦<漳	31	翕	漳<厦<泉	53	拭	厦<泉<漳
10	嗌	泉<泉<漳	32	粟埕	泉<厦<漳	54	倒	厦<漳<泉
12	沃	厦<漳<泉	33	拆	厦<泉<漳	55	饕	厦<泉<漳
13	鼎	厦<漳<泉	34	箸	厦<泉<漳	56	拍	厦<泉<漳
14	蟳	厦<漳<泉	35	稀	厦<泉<漳	57	焦	厦<泉<漳
15	炊	漳<泉<厦	36	倚	泉<漳<厦	58	烩	厦<泉<漳
16	粟	厦<泉<漳	37	风鼓/风柜	泉<厦<漳	59	曝	厦<泉<漳
17	抨	泉<厦<漳	39	配	漳<泉<厦	60	趁	厦<泉<漳
18	散	厦<漳<泉	40	泛	泉<厦<漳	61	团	厦<泉<漳
19	必	泉<厦<漳	41	墘	漳<泉<厦	62	喙	厦<漳<泉
20	粕	厦<泉<漳	42	匏	厦<泉<漳	63	敨	厦<泉<漳
21	趿	漳<厦<泉	44	番（仔）肥	泉<厦<漳			
23	清	漳<厦<泉	45	泅	漳<泉<厦			

三　闽南农村方言词汇的性别分布

表 4.4 所列是闽南农村男女居民对闽南方言词汇的了解情况，初步来看，大多数词语在男性居民中似乎有着更为广泛的分布，这主要体现在以下两个方面：

表 4.4　　　　闽南农村方言词汇的性别分布（N=1031）

序号	词语	男性		女性	
		知道	不知道	知道	不知道
变化中的方言词汇					
1	厝	515（96.3）	20（3.7）	476（96.9）	15（3.1）
2	箸	508（94.8）	28（5.2）	468（95.5）	22（4.5）
3	饲	503（94.0）	32（6.0）	451（92.0）	39（8.0）
4	秫	505（94.0）	32（6.0）	445（90.6）	46（9.4）

续表

序号	词语	男性		女性	
		知道	不知道	知道	不知道
5	晏	492（92.1）	42（7.9）	451（91.7）	41（8.3）
6	悬	496（92.9）	38（7.1）	446（90.7）	46（9.3）
7	翼	497（92.6）	40（7.4）	435（88.4）	57（11.6）
8	刣	503（93.3）	36（6.7）	428（87.0）	64（13.0）
9	椀	486（90.3）	52（9.7）	437（89.9）	49（11.1）
10	嗌	478（89.7）	55（10.3）	428（87.2）	63（12.8）
11	睇	478（89.0）	59（11.0）	412（84.3）	77（15.7）
12	沃	453（84.7）	82（15.3）	436（88.6）	56（11.4）
13	鼎	478（89.0）	59（11.0）	407（83.4）	81（16.6）
14	蠓	465（86.6）	72（13.4）	417（85.1）	73（14.9）
15	炊	478（88.8）	60（11.2）	396（80.7）	95（19.3）
16	粟	465（86.6）	72（13.4）	392（79.8）	99（20.2）
17	摒	444（84.3）	83（15.7）	381（81.6）	86（18.4）
18	敧	441（82.3）	95（17.7）	373（75.8）	119（24.2）
19	必	427（79.8）	108（20.2）	371（75.7）	119（24.3）
20	粕	433（80.8）	103（19.2）	364（74.4）	125（25.6）
21	跋	428（79.9）	108（20.1）	371（75.4）	121（24.6）
22	刺	418（77.7）	120（22.3）	379（77.2）	112（22.8）
23	清	422（78.7）	114（21.3）	365（74.2）	127（25.8）
24	牛母	426（79.9）	107（20.1）	354（72.5）	134（27.5）
25	垡	402（75.0）	134（25.0）	367（74.7）	124（25.3）
26	箠	412（77.2）	122（22.8）	352（71.8）	138（28.2）
27	移	410（76.5）	126（23.5）	353（71.9）	138（28.1）
28	枋	417（77.7）	120（22.3）	346（70.3）	146（29.7）
29	疕	410（76.5）	126（23.5）	343（70.0）	147（30.0）
30	竹担	408（75.8）	130（24.2）	340（69.1）	152（30.9）
31	翕	395（74.2）	137（25.8）	345（70.1）	147（29.9）
32	粟埕	415（77.6）	120（22.4）	327（66.5）	165（33.5）
33	挢	385（72.0）	150（28.0）	316（64.2）	176（35.8）
34	篓	383（71.6）	152（28.4）	306（62.4）	184（37.6）
35	桸	379（70.6）	158（29.4）	301（61.2）	191（38.8）

续表

序号	词语	男性		女性	
		知道	不知道	知道	不知道
36	倚	356 (66.3)	181 (33.7)	301 (61.4)	189 (38.6)
37	风鼓/风柜	373 (69.5)	164 (30.5)	284 (57.7)	208 (42.3)
38	镲仔/镰勒仔	371 (69.0)	167 (31.0)	277 (56.4)	214 (43.6)
39	配	352 (66.7)	176 (33.3)	284 (57.8)	207 (42.2)
40	泛	337 (63.3)	195 (36.7)	296 (60.8)	191 (39.2)
41	墥	368 (68.7)	168 (31.3)	265 (54.2)	224 (45.8)
42	匏	355 (66.4)	180 (33.6)	278 (56.6)	213 (43.4)
43	拄	363 (68.1)	170 (31.9)	266 (54.3)	224 (45.7)
44	番（仔）肥	327 (60.9)	210 (39.1)	274 (55.8)	217 (44.2)
45	泅	311 (58.0)	225 (42.0)	257 (52.3)	234 (47.7)
46	粗桶	321 (59.6)	218 (40.4)	240 (48.8)	252 (51.2)
47	长	302 (56.6)	232 (43.4)	254 (52.0)	234 (48.0)
48	面桶	273 (50.8)	264 (49.2)	252 (51.2)	240 (48.8)
49	箬	284 (53.2)	250 (46.8)	201 (41.0)	289 (59.0)
50	粞	219 (40.8)	318 (59.2)	229 (46.6)	262 (53.4)
51	园	256 (47.7)	281 (52.3)	177 (36.1)	313 (63.9)
52	洋	225 (42.1)	310 (57.9)	162 (33.1)	327 (66.9)
暂未变化的方言词汇					
53	拭	504 (94.2)	31 (5.8)	468 (95.1)	24 (4.9)
54	倒	488 (90.9)	49 (9.1)	435 (88.6)	56 (11.4)
55	餈	512 (95.7)	23 (4.3)	468 (95.1)	24 (4.9)
56	拍	474 (88.3)	63 (11.7)	417 (84.8)	75 (5.2)
57	焦	509 (98.9)	22 (1.1)	470 (95.9)	20 (4.1)
58	姶	482 (89.6)	56 (10.4)	452 (91.9)	40 (8.1)
59	曝①	513 (95.5)	24 (4.5)	470 (95.5)	22 (4.5)
60	趁	531 (98.7)	7 (1.3)	481 (98.2)	9 (1.8)
61	团	529 (98.5)	8 (1.5)	481 (97.8)	11 (2.2)

---

　　① 本表百分比数据是按保留小数点后一位和四舍五入的原则进行统计的，因此有些数据看似相等但实际还是有些差距的。如"曝"一词，其男性的知晓率应该是 95.531%，而女性的知晓率应该是 95.528%，男性要比女性略高一些。

序号	词语	男性		女性	
		知道	不知道	知道	不知道
62	喙	521（96.7）	18（3.3）	477（97.0）	15（3.0）
63	骹	530（98.3）	9（1.7）	489（99.4）	3（0.6）

注：括号外数据为人数，括号内数据为该人数占所在群体人数的百分比。

第一，知晓率男性高于女性的情况更为普遍。在 52 个变化中的方言词汇中，仅有"厝""箬""沃""面桶""粞"这 5 个词语，男性没有女性高，其他 47 个词语都是男性高于女性；在 11 个暂未变化的方言词汇中，仅有"拭""盋""喙""骹"这 4 个词语，男性的知晓率低于女性，其他 7 个词语都是男性高于女性。合计起来看，知晓率男性高于女性的词语共有 54 个，占了调查总词数的 85.7%，而女性高于男性的词语仅有 9 个，仅占调查总词数的 14.3%。两相对比，男性正好是女性的 6 倍。

第二，男性平均知晓率要高于女性。虽然存在女性知晓率高于男性的情况，但往往高出不多。例如，在刚才提及的那 9 个词中，只有"粞"高出多一些，但也只高出 5.8%。男性知晓率若要高出女性，有时会相差很大。例如，"粟埕""风鼓/风柜""锲仔/镰勒仔""墘""拄""粗桶""箬""园"这 8 个词，男性的知晓率比女性都要高出 10% 以上，不可谓不大。如果将所有词语的知晓率按性别进行累计再平均，那么男性达到了78.9%，女性则达到了 74.4%，二者相差了 4.5%，差距并不小。

以上这些数据说明，在闽南农村，男性要比女性更了解闽南方言词汇。不过，这只是总体上的目测，具体到每个词，情形则要复杂得多，因为每个词表面上的性别差异有可能只是样本误差所致。为此，我们针对每个词的性别分布进行了一次 z 检验，检验结果见表 4.5。该表显示，仅有 27 个词语（见带 * 者）存在显著的性别差异，约占所调查词汇总数的42.9%。这一结果又说明，大多数词语并不存在显著的性别差异。进一步的分析又发现，这 27 个词语都是变化中的词汇，而暂未变化的闽南方言词汇中没有一个词语存在显著的性别差异。此外，女性知晓率高于男性的那 9 个词语，即"厝""箬""沃""面桶""粞""拭""盋""喙""骹"等，它们的 z 值绝对值都小于临界值 1.96，也就是说这种"女性知晓率高于男性"的差异实际上并不具有显著意义。

表 4.5 关于闽南农村方言词汇性别分布的 z 检验

序号	词语	z 值	序号	词语	z 值	序号	词语	z 值
1	厝	-0.604	22	刺	0.194	43	拄	4.567*
2	箸	-0.548	23	清	1.714	44	番（仔）肥	1.653
3	饲	1.238	24	牛母	2.770*	45	泅	1.829
4	秫	2.046*	25	垡	0.094	46	粗桶	3.484*
5	晏	0.294	26	箅	1.949	47	长	1.443
6	悬	0.124	27	移	1.681	48	面桶	-0.122
7	翼	2.253*	28	枋	2.678*	49	箬	3.922*
8	刓	3.401*	29	疕	2.347*	50	栖	-1.892
9	椀	0.223	30	竹担	2.343*	51	园	3.773*
10	嗌	1.253	31	禽	1.471	52	洋	2.959*
11	脁	2.233*	32	粟埕	3.977*	53	拭	-0.653
12	沃	-1.863	33	拆	2.660*	54	倒	1.200
13	鼎	2.597*	34	箸	3.116*	55	礱	0.422
14	蠓	0.683	35	稀	3.184*	56	拍	1.644
15	炊	3.654*	36	倚	1.621	57	焦	-0.049
16	粟	2.893*	37	风鼓/风柜	3.928*	58	湆	-1.263
17	摒	1.112	38	锲仔/镰勒仔	4.180*	59	曝	0.002
18	敁	2.543*	39	配	2.911*	60	趁	0.687
19	必	1.574	40	泛	0.842	61	囝	0.880
20	粕	2.433*	41	墘	4.793*	62	喙	-0.265
21	跋	1.706	42	匏	3.211*	63	骹	-1.619

注：显著水平 α≤0.05。

至此我们大致可以形成这样的印象：在闽南农村，大多数方言词语都没有显著的性别差异，其中暂未变化的方言词语都没有显著的性别差异，而变化中的方言词语在是否有显著性别差异方面约为一半对一半，而且一旦有显著的性别差异，都是男性比女性更了解当地的方言词汇。与前面的"区域"相比，"性别"对闽南方言词汇的变化影响要小得多，其中男性比女性显得更为保守一些。

四 闽南农村方言词汇的职业分布

针对被试的就业状况，我们在问卷中设计了三个问题（见附录 I）：

第一个问题（即问题 5A）主要针对"在就业"的被试，该问题可以多选，因为存在一人身兼多职情况；后两个问题（即问题 5B 与 5C）主要针对"未就业"的被试，其中一个针对在校的学生，而另一个主要针对既非学生又未就业的被试。表 4.6 所列就是被试的就业数据：

表 4.6　　　　　闽南农村居民就业状况（N=1031）

	类型	人数	%
在就业[1] （842 人）	农业	306	36.3
	工业	98	11.6
	商业	98	11.6
	服务业	195	23.2
	行政	46	5.5
	教育	69	8.2
	其他 1[2]	42	5.0
未就业 （189 人）	学生	134	70.9
	其他 2	55	29.1

　　从表 4.6 来看，在 1031 个被试中，在就业的有 842 人，未就业的有 189 人，二者分别占被试总数的 81.7%、18.3%。在就业的人群中，从事农业的最多，占了 36% 之多，余下依次为服务业、工业、商业、教育、行政及其他职业。这些数据说明，在闽南农村，农业仍旧是人们从事的第一职业，但显而易见的是，闽南农村的非农化程度还是相当高的，从事服务业、工业、商业、教育等非农职业的人数占了就业人口总数的近 64%，远超农业，这与整个闽南地区约 68% 的城镇化率倒是非常切合（参见本书第一章第二节）。在未就业的人群中，以学生居多，约有 134 人，约占未就业人口总数的 71%，余下的约有 55 人，约占 29%，其中多是赋休在

---

　　① 由于存在一人身兼多职的情况，因此各类职业的就业人数彼此并不是互斥的而是有重叠的，这就使得各类职业的就业总人数会超过就业的总人数，当然也会使某个词"知道"和"不知道"的总人数会超过应答该词的总人数。例如，"番（仔）肥"一词，共有 1028 人作了有效应答，其中表示"知道"的有 601 人，"不知道"的有 427 人（参见表 3.2），但从职业的角度看，表示"知道"的有 604 人，"不知道"的有 432 人（参见附录Ⅳ之表 4.7），之所以存在这样的区别，就是因为有 8 个人一人身兼两职，他们每个人被计算了 2 次。
　　② 为了区别明显以及便于统计分析，我们分别用"其他 1"表示"在就业"中的其他群体，用"其他 2"表示"未就业"中的其他群体。

家的老人、家庭妇女以及毕业后尚未找到合适工作的待业青年。

那么，这些不同类型的就业人群对于闽南方言词汇的知晓情况又是如何呢？表 4.7①（见附录Ⅳ）就是此次调查所得到的数据，从中我们可以看出这样两个较为明显的特征：

第一，较之暂未变化的闽南方言词汇，变化中的闽南方言词汇的职业分布很不均衡。这种不均衡既有横向的，也有纵向的。所谓横向的，即某个词语在不同职业中的分布，而纵向的则是指同一类型的就业人群对诸词的知晓情况。

（1）先看横向的：暂未变化的闽南方言词汇，其在不同类型就业人群中的知晓率一般都在 80%以上，仅有"倒"和"拍"这两个词语在"行政"人群中的知晓率有些偏低，但也分别达到了 68.9%、75.6%，距离 80%已算是大的了。反观变化中的词汇，除了序号靠前的一些词语外，其他词语在不同类型就业人群中的知晓率，彼此相差甚大，如"箬"在农业人群中的知晓率高达 79.8%，而在学生中的知晓率仅有 7.6%，二者相差72.2%，其他的如"桸""箬""枋""竹担""锲仔/镰勒仔""匏"等词，其知晓率最高的与最低的相差都在 50%—70%，还有"粟""粕""拤""炊""必"等诸多词语，其知晓率最高的与最低的相差也多在三四成。

（2）再看纵向的：对于暂未变化的闽南方言词汇，每一职业人群的知晓率一般都在 80%以上，彼此相差不大，多为 10%以下，只有前面提及的"行政"人群相差稍大一些，该人群对"倒"和"拍"的知晓率比较低，距离最了解的"骹"（知晓率 100%）相差了二三成，这已经是暂未变化中的词汇在纵向对比中最大的差距了。但这一差距对于变化中的词汇来说实在不算什么，无论是已就业的还是未就业的，任何人群对变化中的闽南方言词汇的知晓率都有着较大的起伏，相差甚远。以其中差距最小的农业人群为例，该群体对"厝""箬"的知晓率最高（98.3%），对"栖"的知晓率最低（48.5%），二者相差近 50%，而其他群体在这方面的数据都在 50%以上，有的甚至高达 80%以上，如学生群体对"厝"的知晓率高达 90.8%，而对"箬"只有 7.6%，二者竟相差了 80%多。从平均数也可更加清楚地看出变化中的词汇，其职业分布彼此间的差距要比暂未变化的闽南方言词汇大得多，如对于变化中的词汇，农业群体的知晓率

---

① 由于表格较大，为不影响正文的阅读，我们将该表放在书后的附录Ⅳ。

最高（83.3%），学生的知晓率最低（48.5%），二者相差近45%，但对于暂未变化的闽南方言词汇，知晓率最高的工业群体（96.9%）与最低的行政群体（89.1%）相差还不到8%。

其实，闽南农村方言词汇这种不均衡的职业分布在前面所论及的区域、性别分布中也是不曾有的，这说明，闽南农村方言词汇在各类就业人群中的分布彼此差异甚大，居民从事什么职业与其对方言词汇的了解可能有着非常密切的关系，也就是说，相较于区域、性别，职业对闽南农村方言词汇的变化可能有着更大的影响，发挥着更为重要的作用。

第二，对于变化中的词汇，学生群体的知晓率最低，而农业群体的知晓率最高。从平均数来看，学生对于变化中的词汇，其知晓率只有48.5%，而其他类型的就业人群都在70%以上，其中农业群体最高，达83.3%。反观暂未变化的闽南方言词汇则没有这种现象，其知晓率最低的是行政群体，但也有89.1%，其他类型的就业人群都在90%以上。这种反差仍旧属于刚才所说的不均衡，只是更为具体。单从目测来看，对于变化中的词汇，农业和学生这两个群体应该与其他群体有着显著差异，而余下的各个群体彼此间应该没有显著差异；对于暂未变化的闽南方言词汇，各类就业群体（有可能除了行政群体）彼此间应该没有显著差异。为了确认这一点，我们进行了相应的检验①，检验结果见表4.8。

表4.8　　　　不同职业群体对方言词汇知晓情况的显著差异检验

	农业	工业	商业	服务业	行政	教育	其他1	学生
工业	2.473*							
	−1.763							
商业	3.257*	0.715						
	0.232	1.400						
服务业	4.226*	1.505	0.768					
	3.153*	3.992*	3.878*					
行政	3.787*	1.091	0.351	−0.434				
	2.547*	3.499*	2.676*	1.668				

———————

① 按统计学，如果每组数据大于30个时，一般施以z检验；如果每组数据小于或等于30个时，一般施以t检验。另外，由于检验的是同一个词在两个群体中知晓率的差异，因此在进行t检验时，我们选择了成对双样本均值分析［读者可参见杨世莹（2006：310—339）《Excel数据统计与分析范例应用》中的相关内容］。

续表

	农业	工业	商业	服务业	行政	教育	其他1	学生
教育	3.492*	0.942	0.229	−0.530	−0.113			
	0.328	1.912	0.636	−2.370*	−2.732*			
其他1	3.601*	0.766	−0.009	−0.845	−0.391	−0.257		
	0.685	5.625*	4.960*	1.668	−1.351	4.197*		
学生	9.245*	6.727*	6.104*	5.563*	5.944*	5.888*	6.452*	
	3.460*	5.885*	3.279*	1.634	−0.704	3.447*	0.956	
其他2	2.482*	−0.131	−0.880	−1.716	−1.282	−1.116	−0.953	−7.059*
	3.734*	−0.160	−1.510	−3.194*	−2.942*	−1.817	−4.420*	−6.012*

注：显著水平 α≤0.05；有底纹表格显示的是暂未变化词汇部分的 t 值，与其相对的无底纹表格显示的是变化中的闽南方言词汇部分的 z 值。

　　表4.8所列都是每两个群体彼此之间关于变化中与暂未变化的闽南方言词汇知晓情况的检验值，其中大于相应临界值的数据会用"*"标出①。该表显示，对于变化中的词汇，唯有农业、学生群体跟其他每个群体的检验绝对值（z 值）都大于相应的临界值1.96，而其他群体两两之间都小于该临界值，这印证了刚才的目测，说明农业、学生群体对于变化词汇的知晓，与其他每个群体都有着显著差异，而其他群体两两之间无差异。再结合表4.7的数据来看，我们可以得出结论：对于变化中的这52个词语，农业群体最为了解，约有83%的人都知道它们，而学生群体最不了解这些词汇，仅约49%的人知道它们；其他各类群体介于农业、学生这两个群体之间，约有70%—77%的人知道它们。这意味着：在闽南农村方言词汇的变化过程中，学生群体是最具创新的一支力量，而农业群体则是最为保守的一支力量，其他群体介于二者之间。

　　暂未变化词汇的职业分布更为复杂一些，表4.8显示，每个群体与其他群体之间的 t 值绝对值既有大于也有小于临界值2.228的，可谓犬牙交错。例如，农业群体与服务业、行政、学生、其他2这四个群体之间的 t 值绝对值大于临界值，但与工业、商业、教育、其他1这四个群体之间又小于临界值，这说明农业群体与前四个群体之间存在显著差异，但与后四

————————

①　其中 z 检验的双尾临界值为1.96，而 t 检验的双尾临界值约为2.228。后文类似的表格皆为如此，不再加注。

个群体之间又没有显著差异。再如，行政群体与农业、工业、商业、教育、其他 2 这五个群体之间存在显著差异，但与服务业、其他 1、学生这三个群体之间不存在显著差异。可见，暂未变化的这些词语，其职业分布比较随机。这从另一个角度说明，在闽南农村方言词汇的变化过程中，职业确实是一个重要的推手，受其影响的就会发生显著变化，反之则未必。

　　不过，我们至此还只是从较为宏观的视角来看待职业之于词汇的影响，具体到某个词，职业有没有影响其变化，还需要做进一步的分析。为此，我们针对每个词进行了单因素方差分析，结果见表4.9。

表 4.9　　　　闽南农村方言词汇职业分布的单因素方差分析①

序号	词语	F 值	序号	词语	F 值	序号	词语	F 值
1	厝	3.287*	22	刺	11.315*	43	拄	11.009*
2	箸	4.765*	23	清	4.773*	44	番（仔）肥	8.011*
3	饲	2.000*	24	牛母	34.968*	45	泗	9.477*
4	秫	7.909*	25	堡	7.854*	46	粗桶	7.765*
5	晏	2.927*	26	箕	14.126*	47	长	6.813*
6	悬	6.709*	27	移	20.771*	48	面桶	3.697*
7	翼	6.382*	28	枋	21.696*	49	箬	40.636*
8	刣	4.799*	29	疕	6.399*	50	栖	8.790*
9	裺	22.374*	30	竹担	19.374*	51	园	32.659*
10	嗌	7.185*	31	翁	4.429*	52	洋	15.979*
11	塍	8.889*	32	粟埕	38.429*	53	拭	1.041
12	沃	4.969*	33	拆	12.562*	54	倒	4.655*
13	鼎	4.219*	34	箍	16.372*	55	饔	4.090*
14	蠓	3.282*	35	桸	24.257*	56	拍	2.286*
15	炊	15.794*	36	倚	12.866*	57	焦	2.205*
16	粟	22.188*	37	风鼓/风柜	41.432*	58	哙	1.985*
17	摒	9.435*	38	锲仔/镰勒仔	29.987*	59	曝	1.830
18	敆	11.570*	39	配	4.527*	60	趁	1.501
19	必	10.751*	40	泛	20.333*	61	团	4.068*

① 每个词语的原始数据有别，在做单因素方差分析时它们的临界值亦会有别。例如，"厝"的临界值是 2.223，而"饲"的临界值是 1.947。为简化表格，我们略去每个词语的临界值，而只用＊表示某检验值超出了临界值，后文类似的表格也做如此处理，就不再加注了。

序号	词语	F值	序号	词语	F值	序号	词语	F值
20	粕	17.295*	41	墭	5.768*	62	喙	1.593
21	跋	4.397*	42	匏	22.387*	63	骹	0.655

注：显著水平 $\alpha \leqslant 0.05$。

表4.9显示，所有变化中的词汇，其检验值都高于相应的临界值，但暂未变化的闽南方言词汇，其检验值既有高于亦有低于临界值的。这与表4.8的发现是一致的，即职业对所有变化中的词汇都产生了影响，而对暂未变化中的词汇的影响则有些复杂。在暂未变化的11个词语中，"倒""蕎""拍""焦""絵""囤"等6个词语的分布受到职业的影响，而"拭""曝""趁""喙""骹"等5个词语则不受职业的影响。此外，所有暂未变化的词语，F值都不怎么高，"倒"就算最高的了，但也只有4.655，而变化中的词汇，普遍都高于这个数，有的像"风柜/风鼓""筘""粟埕""牛母""园"等，其F值都在30以上。F值越大，职业作为一个因素的影响就越大。因此可以确认，"职业"作为一个因素确实影响着闽南农村方言词汇的变化。

五　闽南农村方言词汇的文化程度分布

在本书第三章的表3.1中，我们就已列出了闽南农村居民在文化程度上的一些数据。该表显示，闽南农村居民的文化程度涵盖了从"没读过书"到"大专及以上"的各个层级，其中初中、小学及以下文化的居多，共约占了54%。那么，闽南农村这样的社会状况是否会影响其方言词汇的变化呢？表4.10所列就是闽南农村方言词汇在不同文化程度居民中的分布数据，我们将以此为基础来进行分析，从而对这一问题有所回答。

表4.10　　　　闽南农村方言词汇的文化程度分布（N=1031）

序号	词语	没读过书	小学	初中	高中	职高/中专/技校	大专及以上
		变化中的方言词汇					
1	厝	120(97.6)	169(98.8)	259(97.7)	207(93.2)	87(95.6)	149(96.8)
		3(2.4)	2(1.2)	6(2.3)	15(6.8)	4(4.4)	5(3.2)
2	箸	116(95.1)	169(98.8)	257(96.3)	206(92.4)	83(93.3)	145(94.2)
		6(4.9)	2(1.2)	10(3.7)	17(7.6)	6(6.7)	9(5.8)

续表

序号	词语	没读过书	小学	初中	高中	职高/中专/技校	大专及以上
3	饲	117(95.9)	161(94.7)	248(92.9)	197(88.7)	87(97.8)	144(92.9)
		5(4.9)	9(5.3)	19(7.1)	25(11.3)	2(2.2)	11(7.1)
4	秫	120(97.6)	164(95.9)	254(95.5)	189(84.8)	83(92.2)	140(90.3)
		3(2.4)	7(4.1)	12(4.5)	34(15.2)	7(7.8)	15(9.7)
5	晏	110(90.9)	168(98.2)	247(92.5)	196(88.3)	83(91.2)	139(90.3)
		11(9.1)	3(1.8)	20(7.5)	26(11.7)	8(8.8)	15(9.7)
6	悬	115(94.3)	166(97.1)	249(93.3)	183(82.8)	84(92.3)	145(94.2)
		7(5.7)	5(2.9)	18(6.7)	38(17.2)	7(7.7)	9(5.8)
7	翼	117(95.1)	163(95.3)	249(93.6)	186(83.4)	81(89.0)	136(87.7)
		6(4.9)	8(4.7)	17(6.4)	37(16.6)	10(11.0)	19(12.3)
8	刣	114(92.7)	161(94.2)	234(87.3)	197(88.3)	85(93.4)	140(90.3)
		9(7.3)	10(5.8)	34(12.7)	26(11.7)	6(6.6)	15(9.7)
9	裌	116(95.9)	160(94.1)	249(93.3)	175(79.2)	84(93.3)	139(89.7)
		5(4.1)	10(5.9)	18(6.7)	46(20.8)	6(6.7)	16(10.3)
10	嗌	116(94.3)	161(94.2)	237(89.8)	183(82.8)	80(87.9)	129(83.8)
		7(5.7)	10(5.8)	27(10.2)	38(17.2)	11(12.1)	25(16.2)
11	塍	115(94.3)	160(93.6)	240(90.2)	171(77.0)	71(78.0)	133(86.4)
		7(5.7)	11(6.4)	26(9.8)	51(23.0)	20(22.0)	21(13.6)
12	沃	117(95.1)	154(90.1)	225(84.3)	170(77.3)	83(91.2)	140(90.3)
		6(4.9)	17(9.9)	42(15.7)	50(22.7)	8(8.8)	15(9.7)
13	鼎	116(94.3)	161(94.2)	235(88.0)	174(79.1)	78(86.7)	121(78.6)
		7(5.7)	10(5.8)	32(12.0)	46(20.9)	12(13.3)	33(21.4)
14	蠓	114(93.4)	153(89.5)	217(81.3)	189(84.8)	78(85.7)	131(85.6)
		8(6.6)	18(10.5)	50(18.7)	34(15.2)	13(14.3)	22(14.4)
15	炊	118(95.9)	158(92.4)	236(88.4)	155(69.8)	72(79.1)	135(87.1)
		5(4.1)	13(7.6)	31(11.6)	67(30.2)	19(20.9)	20(12.9)
16	粟	118(95.9)	162(94.7)	247(92.2)	141(63.5)	72(80.0)	117(76.0)
		5(4.1)	9(5.3)	21(7.8)	81(36.5)	18(20.0)	37(24.0)
17	摒	117(95.9)	152(92.1)	215(84.3)	144(66.4)	70(85.4)	127(83.0)
		5(4.1)	13(7.9)	40(15.7)	73(33.6)	12(14.6)	26(17.0)

序号	词语	没读过书	小学	初中	高中	职高/中专/技校	大专及以上
18	散	113(91.9)	161(94.2)	220(82.4)	136(61.5)	72(79.1)	112(72.2)
		10(8.1)	10(5.8)	47(17.6)	85(38.5)	19(20.9)	43(27.8)
19	必	110(89.4)	148(86.5)	217(81.9)	144(65.2)	64(71.1)	115(74.2)
		13(10.6)	23(13.5)	48(18.1)	77(34.8)	26(28.9)	40(25.8)
20	粕	113(92.6)	148(86.5)	218(82.0)	134(60.4)	73(81.1)	111(72.1)
		9(7.4)	23(13.5)	48(18.8)	88(39.6)	17(18.9)	43(27.9)
21	跋	71(57.7)	138(80.7)	213(79.8)	179(80.3)	65(71.4)	133(86.9)
		52(42.3)	33(19.3)	54(20.2)	44(19.7)	26(28.6)	20(13.1)
22	刺	110(90.2)	147(86.0)	211(78.7)	139(62.3)	70(76.9)	120(77.9)
		12(9.8)	24(14.0)	57(21.3)	84(37.7)	21(23.1)	34(22.1)
23	清	71(58.7)	144(84.2)	215(80.2)	167(74.9)	61(67.8)	129(83.2)
		50(41.3)	27(15.8)	53(19.8)	56(35.1)	29(32.2)	26(26.8)
24	牛母	115(95.8)	155(91.2)	219(83.0)	127(57.0)	63(70.0)	101(65.6)
		5(4.2)	15(8.8)	45(17.0)	96(43.0)	27(30.0)	53(34.4)
25	垡	107(87.7)	136(79.5)	203(76.6)	138(61.9)	71(78.0)	114(73.5)
		15(12.3)	35(20.5)	62(23.4)	85(38.1)	20(22.0)	41(26.5)
26	箬	110(90.9)	144(84.2)	202(76.5)	138(61.9)	58(64.4)	112(72.3)
		11(9.1)	27(15.8)	62(23.5)	85(38.1)	32(35.6)	43(27.7)
27	移	108(87.8)	148(86.5)	199(74.8)	132(59.5)	64(70.3)	112(72.7)
		15(12.2)	23(13.5)	67(25.2)	90(40.5)	27(29.7)	42(27.3)
28	枋	107(88.4)	139(81.3)	221(82.5)	120(53.8)	63(69.2)	113(72.9)
		14(11.6)	32(18.7)	47(17.5)	103(46.2)	28(30.8)	42(27.1)
29	疕	109(88.6)	133(79.2)	197(74.1)	142(63.7)	57(62.6)	115(74.2)
		14(11.4)	35(20.8)	69(25.9)	81(36.3)	34(37.4)	40(25.8)
30	竹担	107(87.0)	151(88.3)	197(73.5)	129(58.1)	54(59.3)	110(71.0)
		16(13.0)	20(11.7)	71(26.5)	93(41.9)	37(40.7)	45(29.0)
31	翕	88(71.5)	133(77.8)	195(73.6)	138(62.7)	68(75.6)	118(76.1)
		35(28.5)	38(22.2)	70(26.4)	82(37.3)	22(24.4)	37(23.9)
32	粟埕	113(91.9)	148(86.5)	221(82.8)	105(47.3)	56(62.9)	99(63.9)
		10(8.1)	23(13.5)	46(17.2)	117(52.7)	33(37.1)	56(36.1)

续表

序号	词语	没读过书	小学	初中	高中	职高/中专/技校	大专及以上
33	挦	100(81.3)	136(79.5)	179(67.5)	114(51.4)	57(62.6)	115(74.2)
		23(18.7)	35(20.5)	86(32.5)	108(48.6)	34(37.4)	40(25.8)
34	箸	101(82.1)	140(82.4)	185(70.1)	114(51.1)	54(60.0)	95(61.3)
		22(17.9)	30(17.6)	79(29.9)	109(48.9)	36(40.0)	60(38.7)
35	稀	112(91.1)	143(83.6)	183(68.8)	107(48.0)	51(56.0)	84(54.2)
		11(8.9)	28(16.4)	83(31.2)	116(52.0)	40(44.0)	71(45.8)
36	倚	92(75.4)	123(71.9)	181(67.8)	109(49.1)	59(65.6)	93(60.0)
		30(24.6)	48(28.1)	86(32.2)	113(50.9)	31(34.4)	62(40.0)
37	风鼓风柜	112(91.1)	147(86.0)	190(71.2)	89(40.1)	43(47.3)	76(49.0)
		11(8.9)	24(14.0)	77(28.8)	133(59.9)	48(52.7)	79(51.0)
38	锲仔镰勒仔	103(84.4)	137(80.1)	193(72.0)	95(42.6)	44(48.9)	76(49.0)
		19(15.6)	34(19.9)	75(28.0)	128(57.4)	46(51.1)	79(51.0)
39	配	67(54.9)	119(69.6)	193(72.0)	119(53.6)	51(56.0)	97(62.6)
		55(45.1)	52(30.4)	75(28.0)	103(46.4)	40(44.0)	58(37.4)
40	泛	107(87.7)	129(75.9)	173(64.6)	99(45.8)	37(41.1)	88(57.5)
		15(12.3)	41(24.1)	95(35.4)	117(54.2)	53(58.9)	65(42.5)
41	墪	61(50.0)	127(74.3)	170(64.6)	118(52.9)	57(62.6)	100(64.5)
		61(50.0)	44(25.7)	93(35.4)	105(47.1)	34(37.4)	55(35.5)
42	匏	105(86.8)	141(82.9)	163(61.3)	88(39.5)	47(51.6)	89(57.4)
		16(13.2)	29(17.1)	103(38.7)	135(60.5)	44(48.4)	66(42.6)
43	拄	88(73.9)	128(74.9)	166(62.9)	94(42.2)	48(52.7)	105(67.7)
		31(26.1)	43(25.1)	98(37.1)	129(57.8)	43(47.3)	50(32.3)
44	番(仔)肥	81(65.9)	111(64.9)	165(61.6)	92(41.8)	56(61.5)	96(61.9)
		42(34.1)	60(35.1)	103(38.4)	128(58.2)	35(38.5)	59(38.1)
45	泅	65(52.8)	119(69.6)	160(60.6)	94(42.2)	37(40.7)	93(60.0)
		58(47.2)	52(30.4)	104(39.4)	129(57.8)	54(59.3)	62(40.0)
46	粗桶	61(49.6)	117(68.4)	172(64.2)	96(43.0)	36(39.6)	79(51.0)
		62(50.4)	54(31.6)	96(35.8)	127(57.0)	55(60.4)	76(49.0)
47	长	60(49.6)	114(66.7)	136(52.1)	92(41.3)	50(54.9)	104(67.1)
		61(50.4)	57(33.3)	125(47.9)	131(58.7)	41(45.1)	51(32.9)
48	面桶	67(54.9)	101(59.4)	135(50.4)	101(45.3)	35(38.5)	86(55.5)
		55(45.1)	69(40.6)	133(49.6)	122(54.7)	56(61.5)	69(44.5)

续表

序号	词语	没读过书	小学	初中	高中	职高/中专/技校	大专及以上
49	箬	103(83.7)	115(67.6)	134(51.0)	57(25.7)	28(30.8)	48(31.0)
		20(16.3)	55(32.4)	129(49.0)	165(74.3)	63(69.2)	107(69.0)
50	栖	57(46.3)	94(55.0)	122(45.7)	73(32.9)	35(38.9)	67(43.2)
		66(53.7)	77(45.0)	145(54.3)	149(67.1)	55(61.1)	88(56.8)
51	园	92(74.8)	100(58.9)	119(44.9)	48(21.5)	24(26.4)	50(32.3)
		31(25.2)	70(41.1)	146(55.1)	175(78.5)	67(73.6)	105(67.7)
52	洋	77(64.2)	85(50.3)	109(40.8)	46(20.6)	20(22.2)	50(32.3)
		43(35.8)	84(49.7)	158(59.2)	177(79.4)	70(77.8)	105(67.7)
平均数		101(82.1)	141(82.9)	201(75.6)	134(60.4)	61(67.8)	110(71.0)
		22(17.9)	29(17.1)	65(24.4)	88(39.6)	29(32.2)	45(29.0)

暂未变化的方言词汇

序号	词语	没读过书	小学	初中	高中	职高/中专/技校	大专及以上
53	拭	116(95.1)	164(95.9)	249(94.0)	207(92.8)	88(96.7)	148(95.5)
		6(4.9)	7(4.1)	16(6.0)	16(7.2)	3(3.3)	7(4.5)
54	倒	116(94.3)	161(94.2)	242(90.6)	192(86.5)	86(94.5)	126(81.8)
		7(5.7)	10(5.8)	25(9.4)	30(13.5)	5(5.5)	28(18.2)
55	罨	119(96.7)	168(98.2)	260(97.0)	200(90.9)	88(96.7)	145(94.2)
		4(3.3)	3(1.8)	8(3.0)	20(9.1)	3(3.3)	9(5.8)
56	拍	114(92.7)	151(88.8)	235(87.7)	175(78.8)	80(87.9)	136(87.7)
		9(7.3)	19(11.2)	33(12.3)	47(21.2)	11(12.1)	19(12.3)
57	焦	116(95.1)	166(97.1)	257(97.0)	205(93.6)	87(96.7)	148(96.1)
		6(4.9)	5(2.9)	8(3.0)	14(6.4)	3(3.3)	6(3.9)
58	烩	110(90.2)	158(92.4)	225(84.0)	210(94.2)	84(92.3)	147(94.8)
		12(9.8)	13(7.6)	43(16.0)	13(5.8)	7(7.7)	8(5.2)
59	曝	115(94.3)	167(97.7)	256(95.9)	205(91.9)	86(94.5)	154(99.4)
		7(5.7)	4(2.3)	11(4.1)	18(8.1)	5(5.5)	1(0.6)
60	趁	121(98.4)	170(99.4)	265(99.3)	217(97.3)	87(97.8)	152(98.1)
		2(1.6)	1(0.6)	2(0.7)	6(2.7)	2(2.2)	3(1.9)
61	囝	120(97.6)	170(99.4)	266(99.3)	212(95.9)	91(100.0)	151(97.4)
		3(2.4)	1(0.6)	2(0.7)	9(4.1)	0(0.0)	4(2.6)
62	喙	120(97.6)	165(96.5)	261(97.4)	215(96.4)	89(97.8)	148(95.5)
		3(2.4)	6(3.5)	7(2.6)	8(3.6)	2(2.2)	7(4.5)

续表

序号	词语	没读过书	小学	初中	高中	职高/中专/技校	大专及以上
63	骹	119(96.7)	170(99.4)	264(98.5)	221(99.1)	91(100.0)	154(99.4)
		4(3.3)	1(0.6)	4(1.5)	2(0.9)	0(0.0)	1(0.6)
平均数		117(95.1)	165(96.5)	253(94.8)	205(92.3)	87(95.6)	146(94.8)
		6(4.9)	6(3.5)	14(5.2)	17(7.7)	4(4.4)	8(5.2)

注：有底纹表格显示的是"不知道"的数据，与其相对的无底纹表格显示的是"知道"的数据；括号外数据为人数，括号内数据为该人数占所在群体人数的百分比。

从表4.10来看，闽南农村方言词汇的文化程度大致呈现这样两个明显的特点：

第一，较之暂未变化的闽南方言词汇，变化中的闽南方言词汇的文化程度分布很不均衡。从横向的视角看，这一点与之前的职业分布很相似，如暂未变化的闽南方言词汇，除了"拍""倒""骹"这三个词语外，其他8个词语在任何一个文化程度内的知晓率都在90%以上，彼此相差很小，一般都不超过5%；即便是"拍""倒""骹"这三个词，它们在不同文化程度群体的知晓率最高与最低者相差也不过14%。再从纵向的视角看，"高中"人群对"拍"的知晓率最低，仅有78.8%，对"骹"的知晓率最高，达到99.1%，二者相差了20.3%。反观变化中的词汇，无论是横向还是纵向的比较，知晓率方面的差异都要大得多。横向来看，排序靠后的一些词，如"洋""园""粞""箬"等，其在不同文化程度内的知晓率最低的仅为二三成，但最高的亦能达到七八成，二者竟有五六成的差距；不止这些词语，如"粕""牛母""拄""桸""箸""风鼓/同柜""锲仔/镰勒仔"等词，其在不同文化程度内的知晓率，相差最大的都能达到30%以上，而其他词语，如此差距达到10%—20%的更是非常普遍。纵向来看，无论何种文化程度的人群，彼此间的差异亦都存在，如以其中差异较小的"没读过书"为例，该人群对"厝""秫"最为了解，知晓率达到97.6%，对"粞"最不了解，知晓率只有46.3%，二者相差了51.3%；而在差异较大的"高中"人群，差距更是大得惊人，该人群对"厝"最为了解，知晓率达到93.2%，对"洋"最不了解，知晓率仅有20.6%，二者相差了72.7%。从平均知晓率来看，各群体对于暂未变化的闽南方言词汇都非常了解，平均知晓率都在90%以上，彼此相差不超过5%，但对于变化中的词汇，平均知晓率则在

60%—83%之间不等,相差最大的可达到20%以上。通过这些简单的数据比较,我们大致可以看出,文化程度之于变化中的闽南方言词汇的影响要大于暂未变化的闽南方言词汇,也就是说,说话人具有怎样的文化程度或许也是影响闽南农村方言词汇变化的一个重要因素。

第二,对于方言词汇,"高中"群体最不了解,而"小学"群体最为了解。表4.10显示,无论是对于变化中的词汇,还是对于暂未变化的闽南方言词汇,平均知晓率最低的都是"高中"群体,而最高的都是"小学"群体,其他群体介于二者之间但又有着各自的特征。对于变化中的词汇,各群体的知晓率大致可以分为高、中、低三个档次,其中"没读过书"群体跟"小学"群体的平均知晓率都在82%以上,属于高档次;"初中"群体与"大专及以上"群体的平均知晓率都在70%以上,属于中档次;"高中"群体与"职高/中专/技校"群体的平均知晓率都在60%以上,属于低档次。档次越高,其内部各群体间的差异也越小,高档次的两个群体平均知晓率相差仅有0.8%,中档次的两个群体相差4.6%,低档次的两个群体则相差了7.4%。对于暂未变化的闽南方言词汇,各群体的平均知晓率则没有分出如此明显的档次,彼此相差不大,应该不存在显著差异。当然,这些都是目测的结果,若要明确不同文化程度群体之间是否存在显著差异,还是需要做进一步的检验。为此,我们做了一次检验,检验模式仍和表4.8一样,检验结果见表4.11。

表4.11　关于不同文化程度群体对方言词汇知晓情况的显著差异检验

	没读过书	小学	初中	高中	职高/中专/技校
小学	-0.111				
	-1.547				
初中	2.256*	2.674*			
	0.797	2.277*			
高中	6.426*	7.142*	4.610*		
	2.014	3.660*	1.653		
职高/中专/技校	4.150*	4.624*	2.304*	-1.963*	
	-0.884	0.938	-1.537	-3.652*	
大专及以上	3.552*	4.062*	1.501	-3.044*	-0.899
	0.538	1.477	0.086	-1.882	1.037

注:显著水平α≤0.05;有底纹表格显示的是暂未变化词汇部分的t值,与其相对的无底纹表格显示的是变化中的闽南方言词汇部分的z值。

首先让我们看看变化词汇这部分的检验值，表 4.11 显示，15 个 z 值中，仅有 3 个 z 值的绝对值低于双尾临界值 1.96，其他 12 个都高于临界值，说明对于变化中的词汇，不同文化程度的群体大多数彼此间都存在显著差异，没有显著差异的仅有这 3 组："没读过书"与"小学"群体、"初中"与"大专及以上"群体、"职高/中专/技校"与"大专及以上"群体。而在所有群体中，仅有"高中"群体与其他每个群体都存在显著差异。如果再结合表 4.10 来看，"没读过书"与"小学"这两个文化程度最低的群体对方言词汇最为了解，他们是闽南农村方言词汇变化进程中最为保守的两支力量；"高中"群体对方言词汇最不了解，他们应该是闽南农村方言词汇变化进程中最为激进的一支力量；"初中""职高/中专/技校""大专及以上"这三个群体则介于"保守"与"激进"之间。

再看暂未变化的闽南方言词汇这部分的检验值，表 4.11 显示：15 个 t 值中有 12 个绝对值低于临界值 2.228，剩余 3 个则高于该临界值，说明对于暂未变化的闽南方言词汇，不同文化程度的群体大多数彼此间并不存在显著差异，而具有显著差异的仅有这 3 组："小学"与"初中"群体、"小学"与"高中"群体、"高中"与"职高/中专/技校"群体。而在所有群体中，"没读过书"群体和"大专及以上"群体跟其他任何一个群体都不存在显著差异。两相对比，"文化程度"之于变化中的闽南方言词汇的影响显然要大于暂未变化的闽南方言词汇，这也印证了我们之前的发现，即说话人具有怎样的文化程度确实是闽南农村方言词汇产生变化的一个重要因素。对于暂未变化的闽南方言词汇还有两个值得关注的群体，即"小学"群体与"高中"群体，这两个群体除了彼此间存在显著差异外，还分别与"初中""职高/中专/技校"这两个群体存在显著差异。结合表 4.10 的数据来看，这意味着，对于暂未变化的闽南方言词汇，除了处于顶层的"大专及以上"和处于底层的"没读过书"的这两个群体外，其他四个群体彼此间都出现了不同程度的显著差异，其中"小学"群体对暂未变化词汇的了解要优于"初中"与"高中"这两个群体，而"高中"群体则要逊于"小学"与"职高/中专/技校"这两个群体。可见，在不同文化程度的群体中，顶层与底层的反而更为稳定，而处于其间的群体则开始有了不同程度的分化，只不过还没有达到变化的程度而已。

至此我们了解了文化程度之于闽南农村方言词汇的影响，接下来我们还要了解文化程度之于每个词语的影响，为此我们做了一次单因素方差分析，结果如表 4.12 所示。

表 4.12　　　　闽南农村方言词汇文化程度分布的单因素方差分析

序号	词语	F 值	序号	词语	F 值	序号	词语	F 值
1	眉	2.382*	22	刺	9.982*	43	拄	13.037*
2	箸	2.092	23	清	7.673*	44	番（仔）肥	6.775*
3	饲	2.359*	24	牛母	24.716*	45	泅	8.773*
4	秫	6.322*	25	堡	6.928*	46	粗桶	9.449*
5	晏	2.835*	26	箠	10.501*	47	长	7.777*
6	悬	6.785*	27	移	10.840*	48	面桶	3.126*
7	翼	5.197*	28	枋	16.427*	49	筶	39.038*
8	刣	1.685	29	疕	6.939*	50	栖	4.270*
9	裷	8.559*	30	竹担	13.985*	51	园	29.171*
10	嗌	4.116*	31	翕	2.921*	52	洋	18.912*
11	塍	8.275*	32	粟埕	30.649*	53	拭	0.650
12	沃	6.281*	33	拆	11.086*	54	倒	4.473*
13	鼎	6.950*	34	箬	13.089*	55	簦	3.302*
14	蠓	2.515*	35	桸	23.262*	56	拍	3.390*
15	炊	13.610*	36	倚	7.371*	57	焦	0.931
16	粟	25.699*	37	风鼓/风柜	38.162*	58	㐄	4.397*
17	摒	14.359*	38	锲仔/镰勒仔	25.819*	59	曝	2.957*
18	敨	17.995*	39	配	5.340*	60	趁	0.896
19	必	9.097*	40	泛	19.843*	61	囝	2.362*
20	粕	14.537*	41	墘	5.579*	62	喙	0.369
21	跋	8.350*	42	匏	26.114*	63	骹	1.398

注：显著水平 $\alpha \leqslant 0.05$。

　　由表 4.12 来看，变化中的词汇，除了"箸"之外，其他 51 个词语的 F 值都高于其相应的临界值，而暂未变化的闽南方言词汇，低于或高于相应临界值的词语各有 5 个和 6 个，差不多各占一半；从具体的数值来看，变化中的闽南方言词汇的 F 值都比较大，其中达到两位数的就有 22 个词语，像"筶""风鼓/风柜""粟埕"的 F 值都在 30 以上，而暂未变化词汇的 F 值一般都比较低，最高的"倒"还不到 4.5。这些数据都说明，文化程度确实会对闽南农村方言词汇的变化产生影响，其中对变化中的闽南方言词汇的影响显然要大于暂未变化的闽南方言词汇，这跟之前表4.10、表4.11揭示的情况是基本一致的。

六　本节小结

本节针对闽南农村方言词汇的社会分布进行了较为详细的分析，涉及区域、性别、职业、文化程度这四个社会变项，数据大、内容多且较分散，有必要进行一次小结，将前面的发现进行比较、整合并作进一步的厘清，这一方面有利于读者对闽南农村的社会分布形成一个较为整体的印象，另一方面亦有利于我们从中发现闽南农村方言词汇何以变化的线索。归纳起来看，闽南农村的社会分布主要呈现这样几个特点：

第一，闽南农村方言词汇的分布主要受区域、职业、文化程度等因素的影响，而受性别因素的影响不大。从受影响词语的数量来看，区域、职业都是58个，文化程度有57个，而受性别因素影响的词语仅有27个，不及前面三个因素的一半；从检验值反映的情况看，性别的影响也是最低，受性别影响的27个词语，其z值绝对值往往都是略高于临界值，如最高的"墘"也仅有4.793（见表4.5），比其临界值仅高出2.8左右，但受区域、职业与文化程度影响的词语，其F值一般都比较大，如区域分布中的"跋"（见表4.2），其F值达到315.446，是其临界值3.005的100多倍，而职业、文化程度分布中的"筊""园""粟埕"等词的F值都是其相应临界值的10余倍。虽然说z值与F值是不同检验的结果，或许不具备可比性，但它们绝对值越大，就越能反映差异性越大。这从它们具体的分布数据也能看出来，如性别分布中的"墘"，男性的知晓率为68.7%，而女性的知晓率为54.2%，二者相差14.5%（见表4.4）；但区域分布中"跋"，厦漳泉的知晓率分别为93.4%、41.3%与97.6%，高低最多相差56.3%（见表4.1），而职业、文化程度等分布中的"筊"一词，其知晓率最多相差分别为72.2%（见附录Ⅳ表4.7）与58%（见表4.10），它们的差异性远比性别显著。很明显，闽南农村方言词汇的分布主要受区域、职业、文化程度等因素的影响，受性别因素的影响则很有限。

第二，厦门农村方言词汇的分布明显有别于漳泉二地，且其知晓率亦低于漳泉二地。区域对于闽南农村方言词汇的分布有着非常显著的影响，但这种影响在不同的地方亦有着不同的表现。相比较而言，厦门农村居民对闽南方言词汇的了解程度要低于漳州、泉州二地，而漳州、泉州二地之间则差别不大。其中对于变化中的词汇，厦门农村约有72%的人表示知晓，而漳泉二地农村的这一数据都在73%以上；对于暂未变化的闽南方言词汇，厦门农村约有89%的人表示知晓，而漳泉二地农村的这一数据都在96%以上（见表4.1）。此外，所调查的63个词语中，有33个词语的知晓率都是厦门最低，而漳泉二地分别只有12和13个，余下的5个词语不存在区域差异。这也进一步说明，厦门农村居民对方言词汇的了解是不如漳泉二地的。

第三，多数词语的分布并没有性别差异，但若有差异，男性的知晓率会高于女性。虽然性别因素对闽南农村方言词汇的分布影响不大，但这只是相对于区域、职业、文化程度等来说的。实际上，此次调查显示，仍旧有27个词语的分布是存在男女之别的（见表4.5），而且它们无一例外都是男性的知晓率更高（见表4.4），即男性比女性更了解这些词语。此外，这27个词语亦都是变化中的词语。这说明，在闽南农村方言词汇的变化过程中，性别也具有一定的作用，其中男性更为保守，而女性更为创新。

第四，职业对闽南农村方言词汇的分布有着重要的影响，其中农业群体对方言词汇最为了解，而学生群体最不了解。表4.9显示，共有58个词语的分布受职业的影响，约占受调查词语总数的92.1%，只有5个词语的分布不受职业的影响，且这5个词语都属于暂未变化的闽南方言词汇。这说明，职业对于闽南农村方言词汇的分布，尤其是变化，有着极大的影响。此外，表4.7显示，对于变化中的词汇，农业群体约有83%的人都表示知晓，而学生群体表示知晓的约有48%，其他诸个群体则在70%—77%；对于暂未变化的闽南方言词汇，诸群体彼此差距不大，知晓率最高与最低之间的差距还不到8%。若将变化中的与暂未变化的闽南方言词汇放在一起统计，那么农业群体的知晓率仍是最高，约为86%，学生群体的知晓率仍是最低，仅约56%，而其他诸群体约在75%—80%。显而易见，在推动闽南农村方言词汇的变化方面，农业群体最为保守，而学生群体最为激进。

第五，文化程度对闽南农村方言词汇的分布有着重要的影响，其中"没读过书"与"小学"文化程度的群体对方言词汇最为了解，而"高中"文化程度的群体最不了解。表4.12显示，共有57个词语的分布受文化程度的影响，约占受调查词语总数的90.5%，只有6个词语的分布不受文化程度的影响，其中5个都属于暂未变化的闽南方言词汇。这说明，文化程度对于闽南农村方言词汇的分布，尤其是变化，亦有着极大的影响。此外，结合表 4.10 与表 4.11 来看，对于变化中的词汇，"没读过书" 与 "小学" 文化程度这两个群体的知晓率最高，约有 82%，而 "高中" 文化程度的群体知晓率最低，仅约 60%，其他几个文化程度的群体则在它们之间；即便将暂未变化的闽南方言词汇也统计在内，仍旧是 "没读过书" 与 "小学" 文化程度这两个群体的知晓率最高，二者约在 85%，而 "高中" 文化程度的群体最低，约为 66%，其他文化程度的群体介于它们之间，大约在 72%—79%。由此可见，在闽南方言词汇的变化方面，"没读过书" 与 "小学" 文化程度的群体最为保守，而 "高中" 文化程度的群体则最为创新。

最后，较之暂未变化的闽南方言词汇，变化中的词汇往往会受到更多社会变项的影响。表 4.13 是基于前面的表 4.2、表 4.5、表 4.8 和表 4.11 而做的一次概括，从中我们可以看出每个词语的分布会受到哪些社会变项的影响。表 4.13 显示，所有 52 个变化中的词语中，有 24 个词语的分布会受到全部 4 个社会变项的影响，26 个词语受到 3 个社会变项的影响，仅有 2 个词语（"箸" 与 "长"）受到 2 个社会变项的影响，没有词语只受到 1 个社会变项的影响；而在所有 11 个暂未变化中的词语中，没有哪个词语会受到全部 4 个社会变项的影响，有 5 个词语会受到 3 个社会变项的影响，2 个词语受到 2 个社会变项的影响，4 个词语受到 1 个社会变项的影响。很明显，变化中的词汇往往受到更多社会变项的影响，而暂未变化的闽南方言词汇则显然受到较少种社会变项的影响。因此，我们可以说，在闽南农村，一个词语是否发生变化，往往是诸多社会因素合力推进的结果。

表 4.13　　　　闽南农村方言词汇受社会因素影响之概况

序号	词语	区域	性别	职业	文化程度	序号	词语	区域	性别	职业	文化程度
变化中的闽南方言词汇											
1	厝	+	−	+	+	27	移	+	−	+	+
2	箸	+	−	+	−	28	枋	+	+	+	+
3	饲	+	−	+	+	29	疕	+	+	+	+
4	秣	−	+	+	+	30	竹担	−	+	+	+
5	晏	+	−	+	+	31	翁	+	−	+	+
6	悬	+	−	+	+	32	粟埕	+	+	+	+

续表

序号	词语	区域	性别	职业	文化程度	序号	词语	区域	性别	职业	文化程度
7	翼	+	+	+	+	33	拆	+	+	+	+
8	刣	+	+	+	+	34	箆	+	+	+	+
9	裻	+	−	+	+	35	桸	+	+	+	+
10	嗌	+	−	+	+	36	倚	+	−	+	+
11	膌	−	+	+	+	37	风鼓/风柜	+	+	+	+
12	沃	+	−	+	+	38	锲仔/镰勒仔	−	+	+	+
13	鼎	+	+	+	+	39	配	+	+	+	+
14	蠓	+	+	+	+	40	泛	+	−	+	+
15	炊	+	+	+	+	41	墘	+	+	+	+
16	粟	+	+	+	+	42	匏	+	+	+	+
17	摒	+	−	+	+	43	拄	+	+	+	+
18	敆	+	+	+	+	44	番(仔)肥	+	−	+	+
19	必	+	−	+	+	45	泅	+	−	+	+
20	粕	+	+	+	+	46	粗桶	+	+	+	+
21	跋	+	+	+	+	47	长	−	−	+	+
22	刺	+	−	+	+	48	面桶	+	−	+	+
23	清	+	+	+	+	49	箬	+	+	+	+
24	牛母	+	+	+	+	50	栖	+	−	+	+
25	堡	+	−	+	+	51	园	+	+	+	+
26	篝	+	−	+	+	52	洋	+	+	+	+
暂未变化的闽南方言词汇											
53	拭	+	−	−	−	59	曝	+	−	−	+
54	倒	+	−	+	+	60	趁	+	−	−	+
55	礧	+	−	+	+	61	囝	+	−	+	+
56	拍	+	−	+	+	62	喙	+	−	+	+
57	焦	+	−	+	−	63	骹	+	−	−	−
58	炰	+	−	+	+						

注："+"表示受到相应社会变项的影响，而"−"表示没有受到相应社会变项的影响。

　　通过以上一番概括，我们可以从中得出这样几个问题：在闽南农村方言词汇的变化过程中，区域、职业、文化程度等因素为什么会具有显著影响？为什么农业人群最保守，而学生最具创新力？为什么没怎么读过书的人群最保守，而具有高中文化程度的人群最具创新力？为什么男性要比女性更为保守一点？为什么有些词汇受到某个（些）因素的影响时但却没有发生变化？这些问题都是线索，关于它们的回答会引领我们进一步探究闽南农村方言词汇更深层次的变化原因。

第二节 闽南农村方言词汇变化的内外因素

语言变化的因素无外乎内外两种因素，前者指的是语言自身的因素，而后者则是指社会因素。二者互为关联，一般而言，外部因素提供变化的动力，而内部因素则决定着语言变化的方向（叶蜚声、徐通锵，2012：193）。词汇变化也大致如此，接下来我们将从外部、内部这两个视角来对闽南农村方言词汇的变化进行解析。

一 外部因素

德国学者库尔玛斯（Coulmas，2010：11）将社会语言学视为一门关于说话人如何进行语言选择的学问，其基本任务就是要揭示、记录并说明社会动因对语言选择的种种限制。作为一项社会语言学研究，我们接下来要做的也大致如此。一个词语，本身无所谓变化不变化，而是人们对其进行选择的结果。一个词语可以被越来越多的人放弃，也可以被越来越多的人选用，前者或许意味着消失，而后者或许意味着兴起。恰如社会语言学家勒帕奇（Le Page，2001）在论及语言变化时所说的："语言并没有做什么，是人在做什么，语言不过是对人类所做的抽象。"另一位社会语言学家豪尔姆斯（Holmes，2011：205）则非常明确地说道："实际上并不是语言本身发生了什么变化，而是说话人和写作者改变了他们使用语言的方式。与其说是语言变化，倒不如说是'说者创新'（speaker innovation）更为准确。"总之，语言变化归根结底是人的行为所致。

从前面一系列分析来看，在当前的闽南农村，方言词汇的坚守者主要是那些年龄较大、文化程度较低的农业劳动者，而年龄较小、文化程度较高的非农业劳动者则多为方言词汇的放弃者，这一现象尤其从 20 世纪 90 年代中后期，亦即近 20 年以来最为明显，并且在厦门地区尤为突出。至于为何如此，我们或许可以从以下两个方面得到解释：

（一）非农化

中华人民共和国成立以来，我国农村大致经历了这样两个发展阶段：第一阶段，从 1949 年到 1978 年，以强制性制度变迁为主要特征；第二阶段，从 1978 年至今，以诱致性制度变迁为主要特征（刘豪兴、徐珂，2004：93）。在强制性阶段，中国农民于 20 世纪 50 年代末期成为人民公社的社员，公社以粮为纲，社员们被牢牢地限制在公社内，没有择业的自由，甚至不能随意离开公社。但在诱致性阶段，整个中国的政治、经济和其他各方面都有了重大变革。在农村，人民公社制度被"家庭联产承包责任制"（俗称"大包干"）所取代，农民有了独立自主的经营权，从此可以根据自己的能力从事符合自己意愿的职业，甚至可以进城做事了。在此形势下，原本都是社员的中国农民开始在 20 世纪 80 年代出现了分化，这一时期的中国农民大致分为这样 8 个阶层：农业劳动者阶层、农民工阶层、雇工阶层、农民知识分子阶层、个体劳动者和个体工商户阶层、私营企业主阶层、乡镇企业管理者阶层、农村管理者阶层（陆学艺，2002：172—173）。在我国，社会分层往往以"职业"作为最主要的划分标准（李培林、李强等，2004：8），中国农村的这种社会分层实际上就是中国农民职业分化的结果，而这种职业分化很显然是以非农化为主要特征的，如其中的"农民工阶层""雇工阶层""个体劳动者与个体工商户阶层""私营企业主阶层"等新出现的阶层无一不以非农职业为主。

全国农村如此，福建包括闽南农村也不例外。表 4.14 显示，福建省 1952 年从事第一产业的人口占就业人口的 81.9%，1978 年为 75.1%，26 年的时间里从事第一产业的人口比例仅下降了 6.8%；但 1985 年第一产业从业人员的比例为 61.5%，仅仅 7 年的时间就比 1978 年下降了 13.6%；1996 年，第一产业从业人员的比例首次跌破 50%，这一时间节点与闽南农村方言词汇加速变化的时间倒是非常吻合；2007 年，第一产业又让位于第二产业，其从业人员比例仅比第三产业略高一点；2008 年，第一产业已成为三个产业中从业人口比例最低的产业；而据 2017 年最新的数据，第一产业的从业人员的比例不仅跌至最低点——21.7%，甚至其绝对人数也比 40 年前低，仅有 609 万。这些数据说明，福建农村在改革开放之后有着持续而迅速的非农化发展。福建省如此，那么作为福建省经济最为发达的"闽南金三角"更是如此。

表 4.14　　　福建省主要年份按三次产业全社会从业人员及构成①

年份	从业人员数（万人）			构成（%）		
	第一产业	第二产业	第三产业	第一产业	第二产业	第三产业
1952	388.16	24.79	60.71	81.9	5.2	12.8
1978	694.37	124.23	105.81	75.1	13.4	11.4
1985	709.10	223.80	219.19	61.5	19.4	19.0
1996	786.86	383.50	424.00	49.4	24.1	26.6
2007	658.08	707.46	649.79	32.7	35.1	32.2
2008	647.84	739.70	692.24	31.1	35.6	33.3
2017	609.21	996.97	119.56	21.7	35.5	42.8

先看厦门，厦门市第二次全国农业普查显示，2006 年年末厦门市共拥有农村劳动力 44.86 万人，其中从事第一产业的有 14.19 万人，比重为 31.6%，这个比例要低于当时福建省的比例（35.2%）（李子才，2009）。著名人类学家黄树民（2002）曾对厦门岛内②一个普通的村庄做过深入的跟踪调查，其写就的《林村的故事》就以生动的笔墨展现了这个村子 1949—1997 年的社会变革：改革开放之前，林村还是一个为温饱而劳作的农业村，离市区尚有 10 公里的距离，村民以种地为主业，但改革开放后，村里不久有了村办或民办的企业、工厂，村民们纷纷开始了多元化的择业，或经商，或办厂，或跑运输，或进厂做工，或出租房屋，时至 20 世纪 90 年代，林村已发展为一个"城中村"，几乎无人以"农"为业了。

再看漳州，据谢文英（2006）的研究，漳州市 1940 年第一产业从业人员的比例高达 88.4%，1978 年为 78.5%，但之后迅速下降，2004 年已降至 52.5%。而据漳州市统计局（http：//tjj.zhangzhou.gov.cn）的最新数据，2017 年，漳州市第一、第二、第三产业从业人员比例分别为

①　数据来源于福建省统计局公布的《福建统计年鉴—2018》（http：//tjj.fujian.gov.cn）。
②　厦门共有 6 个辖区，其中思明、湖里二区在厦门岛上，是厦门市的行政、商业中心，经济也最为发达，俗称"岛内"，而集美、海沧、同安、翔安等四区与岛内隔海相望，现有大桥、隧道与地铁相通，俗称"岛外"。

34.87%、30.55%和34.58%，差不多形成三足鼎立的局面，第一产业已经没有了绝对优势。

最后看泉州，据刘建希（2013）的研究，泉州市农村在1978年之前，大量农村劳动力都从事农业生产，但之后迅速向其他产业转移。据泉州市统计局（http：//tjj. zhangzhou. gov. cn）公布的数据：早在2004年，泉州市第一产业从业人员的比例（30.4%）就远低于第二产业（44.9%），仅略高于第三产业（24.7%）；到了2006年，第一产业从业人员的比例在三个产业中排名垫低，仅有19.5%，低于第二产业（56.4%）与第三产业（24.1%），且从事第一产业的绝对人数也出现了下降，由2005年的1137777人降至895738人。

总之，改革开放后，无论是福建省，还是闽南地区，都出现了持续而迅速的非农化趋势，越来越多的农村人，甚至大多数农村人不再以"农"为业。这对方言词汇的影响是不言而喻的，中国是一个农业大国，有着几千年的农耕历史，每一种汉语方言都积累了大量的与农业相关的词汇，随便翻开一本《××方言志》或《××方言词典》或任何一篇描写方言词汇系统的论文，都可看到大量的农业词汇，涉及农具、农时、田地、作物、农作方式等方方面面。然而，语言的生命在于使用，词汇亦然。当越来越多的人投身于非农产业，那他们对农业词汇的需求自然会随之减少，而等待这些词汇的命运也只能是走向消亡。

闽南农村的非农化对其农业词汇的影响是显著的，其最突出的表现就是农业词汇正在被越来越多的人遗忘。此次调查的词汇，与农业直接相关的就有"秫""塍""沃""粟""牛母""移""竹担""粟埕""箠""风鼓/风柜""镰铇/镰勒仔""泛""匏""番（仔）肥""粗桶""园""洋"等17个词语，但它们无一例外都已发生明显的变化，正呈现老龄化的趋势（见表3.4）。还能了解这些词语的人主要集中于那些农业劳动者，而这些人又往往兼具年龄较大、文化程度较低的特点。务农、年龄大、文化程度低之所以三位一体，那是因为年龄大、文化程度又低的农村人除了务农，一般很难从事别的职业，例如进城务工成为一个农民工。这在中国农村是非常普遍的事，农民工实际上就是改革开放后农村劳动力向工业、服务业等转移的产物。相对于留守在土地上的务农者，农民工往往具有年轻、文化程度高的优势，是农村的"精英"（李强，2002：126；刘豪兴、徐珂，2004：208；孙立平，2004：

305)，而留守在村的劳动力，当然就是那些年龄较大、文化程度较低的人了。笔者所曾研究的安徽傅村亦是如此，2004年的时候，该村约有1/3的傅村人在外打工，他们相对年轻、文化程度较高，平均年龄仅有33.4岁，文盲率仅有26.3%，但留守在村的人，除了婴幼儿和在读学生外，都是年龄较大又没怎么读过书的人，平均年龄45.6岁，文盲率高达55.4%，他们一边种地贴补家用，一边帮助在外打工的子女照顾小孩（付义荣，2010）。与闽南农村相似的是，傅村的非农化也直接导致该村越来越多的人，尤其是年轻人不知道当地的方言词汇，其中就包括大量农业词汇（付义荣，2011a：134—148）。类似的还有广西南宁的万秀村，由于交通便利，当地工业等的迅速发展，外来人口大量涌入，当地很多村民就靠出租房屋为生，收入丰厚，由此便导致了包括农业词汇在内的诸多方言词汇主要保留在老年人的语言生活中，中年人、青年人则知道得越来越少了（蒙凤金、唐红梅，2010）。

　　非农化对方言词汇的影响并不止于农业词汇，也会影响到其他方言词汇乃至整个方言。非农化意味着农村越来越多的人从事其他职业，而农业与其他职业之间的区别不仅表现在经济收入上，也表现在社会交往上。务农者往往"面朝黄土背朝天""日出而作，日落而息"，他们的社会交往相对封闭，所谓"鸡犬之声相闻，老死不相往来"就是这种情形，但其他从业者显然要比这开放得多，如进城农民工、个体工商户、乡村干部、企业老板等，都需要经常性地和陌生人、外地人打交道，这是务农者所不能比拟的。而职业上的是否开放显然会影响到人们的语言使用，这已被诸多研究证实。相对而言，开放性的职业更倾向于使用高声望的语言形式（包括标准语或优势语言，以及语言中的标准形式），封闭性的职业更倾向于使用低声望的语言形式（包括方言或非优势语言，以及语言中的非标准形式）。如盖尔（Gal，1978）在对奥地利一个德、匈双语村庄的研究中发现，德语在当地具有更高的声望，而村民们所在社会网络的"农民性"（peasantness）会影响他们的语言使用，一个人的农民性越是明显，即他从事农业且交际圈中也多是农民，那么他就倾向于使用匈牙利语，反之就会倾向于使用德语。张璟玮与徐大明（2008）在南京的调查研究则证实，人口流动会促进普通话的普及；付义荣（2010）则以安徽傅村进城农民工为例，进一步证实并补充：流动人口内部那些从事开放性职业的人会更倾向于使用普通话，且普通话水平也更高；武小军（2012）的研究亦证实，农林牧渔等生产人员使用普通话的比率相对较低，而其他从业员则比较高，若是担任一定职务则会更高。在我国，流动人口所从事的基本上都是非农职业，其具有的开放性促进了他们更有可能选择普通话。

不仅在语言的宏观选择上，即便是对语言系统内部某语言变项的微观选择上，职业上的影响也是显著的。例如，L. 米尔罗伊（L. Milroy，1987）在英国贝尔法斯特的调查证实，当地男性更倾向使用当地方言中的一些语音变项，女性则更倾向使用英语中的标准形式，之所以如此，是因为男性多在当地的钢铁厂就业，日常交往的多是当地人，而女性则多在另外一个区从事家政等服务业，日常交往的多是外地人。曹志耘（2003）笔下的浙江金华珊瑚村，是一个位于吴方言区的客家方言岛，其语音、词汇和语法近年来都在经历一些变化，如阴去［323］、阳去［214］二调正在合并，父亲称谓老年人叫“阿伯”，中年以下的人叫“爸”，介词“合”正在被“帮”所取代，而产生这些变化的一个重要原因，就是以前的珊瑚村民只在家务农，20 世纪 90 年代开始有人去外地打工。还有前面提到的广西万秀村，其变化的不仅有农业词汇，也有其他词汇，包括表示穿戴、饮食、身体、称谓等的名词，以及动词、代词等都不同程度地出现了方言特征消退的迹象（蒙凤金、唐红梅，2010）。武小军等（2014）通过对四川返乡流动人口的研究发现，这些人的语音已出现明显的普通话倾向，原有的方言特征正在消退。

国内外的诸多研究都在说明一个道理，一个开放的职业并不利于方言词汇乃至整个方言的保持。这也可以解释在闽南农村，为什么农业劳动者比其他从业者更了解方言词汇，而这些农业劳动者又因为兼具年龄大、文化程度低的特点，所以也就能解释闽南农村方言词汇在年龄、文化程度上的分布特点。这一道理或许也可以解释闽南农村方言词汇的性别分布。米尔罗伊夫妇（J. Milroy & L. Milroy，1993）、多彻蒂等（Docherty et al.，1997）的研究发现，男女有着不同的语言规范，其中男性的规范倾向于地方变体，而女性的规范则倾向于超地方变体。L. 米尔罗伊（L. Milroy，1999）进而认为，男性言语行为之所以具有相对保守的、地方化的特征是因为他们的社会网络比女性更具约束力，而这又和他们在职业上的不同有关。钱伯斯（Chambers，2002）则通过对英国诺里奇市语音变异现象

的分析也发现，男性确实比女性更容易受到低层级语言形式的潜在声望①
的影响。基于已有的这些研究，我们有理由相信，闽南农村方言词汇的性
别分布也和他们的非农化程度有关，为此我们针对闽南农村男女居民的职
业进行了专门的统计与比较（见表4.15）。

表 4.15　　　　　　　　闽南农村男女居民就业情况之比较

	农业	工业	商业	服务业	行政	教育	其他1	学生	其他2
男性	181	60	66	92	28	18	31	44	26
	(33.6)	(11.1)	(12.2)	(17.1)	(5.2)	(3.3)	(5.8)	(8.2)	(4.8)
女性	125	38	32	103	18	51	11	90	29
	(25.4)	(7.7)	(6.5)	(20.9)	(3.7)	(10.4)	(2.2)	(18.3)	(5.9)

注：括号外数据为人数，括号内数据为该人数占所在群体人数的百分比。

表4.15显示，在闽南农村，无论男女，从事最多的仍旧是农业，其
中男性每3个人中约有1个从事农业，而女性则是每4个人中约有1个从
事农业，男性从事农业的比例比女性约高出8%。还有在工业、商业、行
政以及其他职业领域（如泥瓦匠、木匠、修理工等），男性的就业比例都
高于女性，但在服务业、教育（主要是中小学幼儿园教师）、学生以及其
他未就业领域（如待业者或在家照顾老人、小孩者等），女性的就业比例
又高于男性。两相对比，闽南农村女性的非农化程度要高于男性，而且又
比男性更多地在服务业或普通话要求更高的领域（如教育）就业或学习，
因此也应该比男性有着更高的普通话需求，而这或许就是女性比男性对方
言词汇更不了解的一个原因。

（二）城市化

"中国很大。不过我们这个很大的国家，可以说只有两块地方：一个
叫城市，另外一块叫乡村。中国人口也很多，不过数十亿中国人，也仅分
为两部分人：一部分叫城里人，另外一部分叫乡下人。"（周其仁，2017：

---

① 潜在声望（covert prestige），这是威廉·拉波夫在其1966年的专著《纽约英语中的社会
分层》中首次使用的一个术语，是指那些非标准的、明显低位的或者"不正确的"语言形式所
具有的但被很多说话人称道的言外之意。标准的词汇、语音和语法形式因其被大众视为"正确
的"并为社会高位者所用而具有显在的声望（overt prestige）。然而，我们得认识到，非标准而明
显低位的语言形式虽不为大众所认可但确实具有隐蔽的声望，这种声望能让说话人持续使用这些
形式。这些语言形式所具有的潜在声望会让其说话人得到当地社区的认可，并被视为具有友好、
忠诚的可贵品质（Trudgill，2003：30）。

vii）不过，这种城乡二元的社会结构并不是静态的。在任何地方，城市与乡村都不存在根本的相互独立，相反存在相互依赖的共生关系（约翰·J. 马休尼斯、文森特·N. 帕里罗，2016：200）。一般而言，在这种共生关系中，城市往往处于支配地位，这是因为人类的所有一切——艺术、音乐、工商、传统等都在城市汇集；可以说，城市支配是现代世界以及历史世界中的一种核心模式（约翰·J. 马休尼斯、文森特·N. 帕里罗，2016：202—203）。世界如此，中国也是如此，费正清（2006：20）曾对中国社会有着这样一番非常形象的描述："自古以来就有两个中国：一是农村中为数极多从事农业的农民社会，那里每个树林掩映的村落和农庄，始终占据原有土地，没有什么变化；另一方面是城市和市镇的比较流动的上层，那里住着地主、文人、商人和官吏——有产者和有权势者的家庭。"虽然今天的农村很难说是一个"为数极多的农民社会"，城市亦早已没有了"地主"可言，但这段话却明确指出了中国城市也是社会精英或社会上层更为集中的地方，它在农村显然处于支配地位。正因为城市的这种支配地位，农村人口和社会职能才会向城市集中，城市的生产、生活方式才会向全社会扩展，而这样一个过程就是我们常说的"城市化"，城市化是现代国家社会经济发展的主要趋势，是衡量一个国家社会经济是否全面协调发展的重要指标（刘豪兴、徐珂，2004：133）。

改革开放后，我国的城市化进程显著加快（参见本书第一章第一节）。闽南三地的城市化进程也大致如此，表4.16是我们根据闽南三地、福建省乃至国家统计局公布的数据制作而成，其中的数据主要涉及两类：城镇人口比例首次达到50%的数据（亦即城镇人口首次超过农村人口时的数据）与最新公布的城镇化率[①]。结合该表，我们可以了解厦漳泉三地

---

① 在西方国家，"城市化"即urbanization。该词引入我国后，有的将此译为"城市化"，亦有的将此译为"城镇化"（姜爱林，2003）。虽然"城市化"与"城镇化"这两个概念是同源的，但自产生后，学术界就对其注入了不同的内涵。有的认为城镇化只是城市化的一个别称，但有其中国的特殊性，是具有中国特色的城市化（刘豪兴、徐珂，2004：134）；有的认为"城市化"是"都市化"，而城镇化只是让农民从乡村移到小城镇，而城镇仍属于农村（冯兰瑞，2004；张丽娟，2008）；有的认为城镇化是城市化进程中的一个初级阶段，城市化应包括城镇化（周加来，2001；孙雅静，2004）。本文拟采用第一种观点，这里的"城镇"是由"市"和"镇"构成的，其中的"市"既是中华人民共和国的一个行政区划单位，也是一个非农业人口大量聚居的地方，主要包括四种类型：特大城市（非农业人口大于100万）、大城市（非农业人口在50万—100万）、中城市（非农业人口在20万—50万）、小城市（非农业人口不足20万），而"镇"主要指非农业人口超过2000人的城镇，如县级机关或乡政府驻地等（佟新，2003：290）。我国各级统计机关所统计的"城镇人口"，实际上就包括这四类城市和一类城镇的非农业人口。

城市化的以下特点：

表 4.16　　　　　　　**厦漳泉与福建省、全国城镇化率之比较（%）**

	2000 年	2006 年	2008 年	2011 年	2012 年	2017 年
厦门	50.4					89.1
漳州					52.0	57.7
泉州			50.2			65.7
福建省		50.4				64.8
全国				51.3		58.5

（1）厦门：城市化进程最快，水平也最高。早在 2000 年其城镇人口就首超农村人口，这比福建省、全国分别快了 6 年、11 年，比泉州、漳州分别快了 8 年、12 年；2017 年，厦门的城镇化率更是达到惊人的 89.1%，远远高于全国、福建省及漳州、泉州两地，甚至已达到发达国家的水平。

（2）漳州：城市化进程最慢，水平也最低。直至 2012 年，其城镇化率才突破 50%，不仅比福建省及厦泉二地晚，甚至比全国还晚了一年。2017 年，其城镇化率约为 57.7%，比福建全省低了 7 个百分点，也比全国低了近 1 个百分点。

（3）泉州：城市化进程及水平介于厦漳之间。2008 年，泉州的城镇化率首超 50%，比漳州快了 4 年，但比厦门晚了 8 年，比福建省也晚了 2 年，但其发展速度较快，截至 2017 年年末，其城镇化率就已超过福建省，接近 66%，超过全国水平。

闽南三地的这种城市化特点（城镇化率：厦门>泉州>漳州）与方言词汇的区域分布特点（知晓率：漳州>泉州>厦门）存在着某种对应关系，这种对应关系概括起来就是：在闽南农村，城市化水平越高的地方，人们对方言词汇就越不了解。这并不是什么巧合，诸多社会语言学研究都已揭示了城市化对于农村方言存在的负面影响。实际上，前面所述的"非农化"亦可归到"城市化"的范畴，无非就是越来越多的农村人不再坚持传统的生产方式而是像城里人那样工作。不过，我们在此所要探讨的是城市化对农村社会的另外两种影响，即人口流动与生活方式的影响，它们又如何进一步影响到当地的方言。

第一，城市化促进了农村地区的人口流动。

　　相较于农村，城市是多方汇聚之地，其形成本身就是人口流动的产物。改革开放后，中国不同区域之间的人口流动变得自由而频繁，其中就包括大规模农村人口向城市（包括经济较为发达的乡镇）的流动。闽南地处我国东南沿海，经济较为发达，每年也吸引着大量外来人口。表4.17 所列是 2010 年第六次全国人口普查①的数据，该表显示，闽南三地外来人口的迁入与各地的城市化水平是相适应的，城市化水平越高，外来迁入人口也越多。如城市化水平最高的厦门市，其常住人口中有 52.3%是迁入人口，也就是说，厦门市的外来迁入人口比本地人还多，而在迁入人口中又多是外省人，达到了 55.5%；泉州的迁入人口约占常住人口的25%，其中省外迁入人口占了绝大多数，达到 84%；漳州的迁入人口占比最低，仅有 6.3%，但其中约有 68%是从省外迁入。不难看出，越是城市化水平高的地区，人口流动就越大。

表 4.17　　　　闽南地区 2010 年第六次全国人口普查之人口流动数据

	常住总人口	迁入总人口	本省市外迁入人口	省外迁入人口
厦门	3531347	1845286（52.3）	821517（44.5）	1023769（55.5）
漳州	4809983	304768（6.3）	97597（32.0）	207171（68.0）
泉州	8128530	2012857（24.8）	321196（16.0）	1691661（84.0）

　　注：括号外数据为人数，括号内数据为该人数占所在群体人数的百分比。

　　这种人口流动在促进经济发展的同时，客观上也促进了不同语言或方言之间的接触，并因此改变了人们的语言生活。恰如库尔玛斯（Coulmas，2010：52）所说，"人有来有去，词汇有来有去，语言也有来有去。"事实确实如此，我们曾在厦门市做过一次"方言式快速匿名调查"，即派出4 个调查小组奔赴厦门各辖区，每组 1—2 人，他们以闽南方言作为调查交际语，在厦门的街道、学校、车站、乡镇及政府部门等公共领域与人进行攀谈，并观察其闽南方言能力，结果发现：厦门地区的闽南方言能力出现衰退的趋势，而原因就是大量外来人口的入厦，像集美、湖里、思明三区，2015 年的流入人口就已超过了本地人口，它们也正是闽南方言能力最弱的三个区（付义荣、严振辉，2017）。至于人口流动为何造成当地方

---

　　① 第六次全国人口普查是指第六次有关全国人口信息的调查，此次普查由国务院决定于2010 年开展，标准时点为 2010 年 11 月 1 日零时。

言的衰退，其实原因很简单，那就是"流动人口的跨地域性"与"方言的地方性"之间的矛盾使得流动人口极少学习并使用流入地的方言，像刘玉屏等（2008）、莫红霞（2010）关于农民工的研究，付义荣（2016）关于新生代农民工的研究，雷红波（2008）关于上海新移民的研究，武小军（2012）关于流动务工人员的研究，如此等等都证实了这一点。对于闽南本地人而言，当他的生活中出现越来越多的不说闽南话的外地人时，他所能做的往往是迁就对方，改说普通话了，否则交际将难以进行，这也符合社会语言学的"调适理论"，即说话人常常根据对方所说的语言来调整自己的口音以及所用的方言或语言（Trudgill，2003：3）。更何况，在城市化浪潮中，亦有越来越多的闽南农村人走出闽南，生死固守一地的，不光在闽南，在全国亦是非常罕见的一件事。

　　总之，人口流动使得闽南农村原本较为同质的人口结构变得越来越具异质性，这一方面会促进普通话在当地的普及，另一方面也会导致闽南方言在当地的退缩，例如在学校、市场、政府机构等公共领域就是如此。美国社会语言学家汤姆森（Thomson，2014：226）认为，在新的语域（domain）① 如果只有优势群体的语言才得以应用，那么处于劣势的语言，其原有的词汇或者会消失，或者难以形成新的词汇。就我们的调查来看，事实确实如此，闽南农村居民对于所调查的词汇，最常见的情况或者就是不知道，或者就以普通话词汇来替代，极少会用新的方言词语来替代。例如，问卷中我们也设计了一些问题考察闽南农村居民是如何指称"手机""电视""空调"这些新生事物的，但调查结果却是格外地统一，都是以相应的普通话词语来指称，所不同的只是用各地的方音来说而已。对于新生的事物，尤其是外来的事物，闽南方言原本是有自己的造词方式的，如喜欢加个"番"字以示外来之物，像"番灰"（水泥）、"番（仔）有"（化肥）、"番（仔）火"（火柴）等，但这样的情形我们今天在闽南农村已难得一见。

　　第二，城市化改造了农村人的生活方式。

---

　　① 语域，即 domain，这一概念经常用于研究多语环境中的语码转换，或者研究如何在不同的社会环境中根据不同的形势来使用不同的语言、方言或风格。影响说话人语码选择的因素是多重的，而语域就是对这些因素的综合考量。这些因素或许涵盖了对话的参与者、话题和场合。例如，在家庭语域（domestic domain），往往会形成一种非正式的风格，它会涉及家庭居所、家庭成员和日常话题等因素（Trdgill，2003：40—41）。

　　城市化对农村的影响并不仅仅止于非农化与人口流动，也表现在对农村生活方式甚至精神理念方面的改造（周加来，2001；刘豪兴、徐珂，2004：133）。从某种意义上说，城市化就是让农村人越来越像城里人，按时下的说法，即"城乡一体化"，这种一体化亦已对中国农村的生活产生了显著影响。笔者在安徽傅村调查时就曾发现，改革开放前，傅村基本上过着自给自足的生活，如所住的草房基本上是就地取材而建，生活用具基本上是自己或当地匠人手工所制，饮用水来自村里的公共池塘或自家水井，食物基本来自自家所种或所养，烧锅做饭用的是土灶与稻草；但20世纪80年代以来，随着城市化进程的推进，这一切正与傅村人渐行渐远，如今的傅村人住着钢筋混凝土盖就的西式洋楼，其他东西能买就买，家电、冰箱、洗衣机、煤气灶、自来水也成为寻常之物，饮食起居与城里人已无多大区别（付义荣，2011a：141—148）。

　　闽南农村的情形与傅村亦很类似。我们曾调查了厦门市集美区的大社村，村庄靠海，改革开放前，村子主要以渔业为主，但也兼种一点地，明清以来该村就有下南洋的传统，因此也是个侨村。随着厦门城市化的推进，该村周围的耕地不断被征用与开发，村子渐渐被城区所包围，成了一个城中村，村民的生活方式也越来越趋同于城市。以住房为例，该村20世纪80年代初居住的还是以闽南传统的红房子①（图4.1）为主，同时还有一些南洋华侨盖建的旧式洋楼（图4.2）。但之后，这两类房子逐渐被钢筋混凝土建造的现代楼房所取代，而且由于绝大多数都是在原来的宅基地上重建，村内土地有限，于是极力把楼房向高处扩建，因而形成了"城中村"特有的"一线天"（图4.3），只有处于村庄边缘并且经济条件不错的，才盖以别墅式的现代小洋楼（图4.4）。

　　在今天的闽南，原本司空见惯的红房子越来越成为稀罕物，像今天的大社村，之所以还能保留几间，主要是为了供游客参观，但绝大多数都已被拆除或被废弃。曾有学者专门对厦门翔安区的马巷镇做过调查，传统的这类建筑，甭说普通民宅，即便是当地的名人名居也难逃噩运，像林向荣

---

　　① 此类房子一般都是四合院式的平房，因其红瓦顶、红墙砖、红地砖为主要建筑材料，房子整体以"红色"为主色调，因此被当地俗称为"红房子"。之所以如此，是因为闽南多红壤，内含丰富的三氧化二铁，烧制的砖瓦便呈现红色。这种房子早在明清时期就已形成，是闽南最具代表性的民居（魏宁，2012）。

图 4.1　掩映在水泥丛林中的闽南传统民居

图 4.2　破败的旧式洋楼

图 4.3　村内的"一线天"

图 4.4　现代新式洋楼

宅、陈金恒宅、林君升宅等都已破败不堪，令人叹息（戴嘉树，2016：24，36，44，69）。"旧事物的消失是引起旧词消亡的一个原因"（叶蜚声、徐通锵，2012：263），在闽南方言中，"厝"往往指的就是这类传统民居，并进而引申为"家乡"之意，虽然之后也有一些旧式洋楼，但其数量毕竟有限，还不足以与之抗衡。改革开放之后，随着农村经济的迅速发展，以钢筋、水泥为建材的现代楼房在各地林立而起，并逐渐取代了"厝"成为闽南农村最主要的住宅形式。在此过程中，"厝"也随其所指事物的淡出而出现了变化：今天的闽南农村，有些年轻人已经不知道如何用方言词汇来指称房子或家乡了，在表达此类意思时，亦只是从普通话直接借用相应的词汇，如"房间、家乡、家"等（见表3.8）。

　　类似"厝"的词语还有"粞""箬""粗桶"等。"粞"其实是一种汤圆或年糕的半成品，但如今人们在超市、菜市场可以直接购买汤圆、年糕，因此也就没多少人家会费心费力地做这种东西了，而"栖"也就随其指称的事物正在被人遗忘。"箍"指的是木盆或木桶外围的篾圈或铁圈，主要是为了加固，防止散架，但今天人们绝大多数都在使用塑料制成的盆、桶，"箍"也随之淡出了人们的生活。"粗桶"是指装人或牲畜粪尿的桶，但在今天的闽南农村，现代化的抽水马桶已经非常普及，再加上非农化，"粗桶"也因此与人们的生活渐行渐远。

厦门大社村与安徽傅村虽然有千里路遥，但其发生的社会变迁和语言变化倒是十分相似。在傅村，曾经被当地人耳熟能详的词语，如"桶子、锅洞、踏板、牛单屋、灰单屋、网子墙、水钩子"等，也随着生活的城市化而正在被傅村的年轻人所遗忘；在进一步分析傅村词汇消失的原因时，笔者最后认为："处在城市化进程中的傅村人在不断获益的同时，也不得不丢弃他们世代相袭的生产方式与生活方式，其以小农经济为基础的传统文化形态正越来越被现代化的生产与生活方式所替代，并进而导致傅村方言中的许多词语日渐消失。"（付义荣，2011a：144—148）傅村如此，闽南农村如此，世界其他地方许多词汇的消失也大致如此，犹如塞缪尔·约翰逊（Samuel Johnson）[①] 在其《英语大词典》中的前言中所说的："任何一种风俗习惯不再存在时，表示它的词语也将随之而凋零；任何一种主张流行起来时，它不但改变了人们的实践，而且也以同样的比例革新人们的语言。"（简·爱切生，1997：20）

此外，我们还曾发现，在闽南农村，小学及以下文化程度的群体对方言词汇最为了解，但高中群体最不了解，其他文化程度的群体居于两者之间（参见表4.11及相应的分析内容）。关于前者，我们容易理解，因为我国的学校教育是以普通话作为教学语言的，学校不仅是学习科学文化知识的场所，实际上也是一个学习普通话的场所，客观上承担着推广普通话的重要职责。如果一个人从来没有上过学或只有小学文化，那将意味着他就比其他人少了许多学习普通话的机会，更何况他们往往还具有年龄偏大、多从事农业等特点，因此在闽南农村，这部分人往往是最主要的方言使用者。其他学者在江苏的宝应（王粉梅，2011）、山东的东平（林伟，2011）、浙江的温州（丁斌余，2013）、广东的饶平（许婉红，2016）等

---

① 塞缪尔·约翰逊（1709—1784），英国文学史上著名的诗人、散文家、传记家和文学评论家，其于1755年编写出版的《英语大词典》对英语发展作出了重大贡献。

地也都有类似的发现。但现在的问题是，为什么在受过中等及以上教育的群体中，高中群体对方言词汇最不了解呢？这或许跟闽南农村当前的社会及教育现状有关。此次调查的"高中""初中"群体多为在校生，其中高中生一般都是初次离家在县城上学，再加上即将去外地上大学等缘故，与方言的联系日松而对普通话的需求日紧，一松一紧之间或许加剧了他们对方言词汇的淡忘。初中生则多在当地的乡镇中心学校上学，而且有相当比例是由爷爷奶奶照看的留守儿童，他们仍旧生活在一个相对浓郁的方言环境里，对普通话的需求也不如高中生那么迫切，因此对方言词汇的了解反而好过高中生。此次调查的"职高/中专/技校""大专及以上"则多为已经取得相应文凭的返乡就业人员，作为农村知识分子，他们多从事农村管理（如村干部）、乡镇企业管理、商贸、技术（如医疗、家电维修）等工作，经常要和当地乡民打交道，不像高中生那么单纯，因此对当地方言词汇的了解也要好过高中生。

二 内部因素

非农化、城市化等因素为闽南农村方言词汇的变化提供了动力，但变化的方向则有语言自身的一些因素，具体包括：

（一）普通话之于闽南方言的优势地位

普通话作为现代汉民族的共同语，是国家通用的语言，无论是使用人口的规模、分布区域的范围，还是对中华历史、文化信息的承载，都非境内任何一种方言所能比拟。从社会语言学的视角看，普通话是汉语标准语，属于高变体（high variety），而包括闽南方言在内的其他汉语方言都是非标准汉语，属于低变体（low variety）①。诸多研究证实，语言学习往

---

① 高变体与低变体是两个相对的概念，它们是美国语言学家查理斯·弗格森（Charles A. Ferguson）在描述瑞士以及阿拉伯语国家的社会语言形势时提出来的。这些国家都实行双言制（diglossia），其中标准变体因具有较高的威望而成为高变体，它一般不是当地人自然习得的，而其他非标准的变体就是低变体。在双言制社区，当地人从小就会说某个低变体，如瑞士德语，但会在学校习得高变体，如标准德语。高变体一般用于书面写作或较为正式的口头语域，而低变体则用于其他场合。弗格森的这套理论后来被另一个美国语言学家约瑟华·费希曼（Joshua Fishman）所拓展，费希曼将高、低变体的概念也用于指称多语制国家内的不同语言，而非仅仅是同一语言的不同变体。例如，在非洲的尼日利亚，英语是全国通用语，属于高变体，民众一般是通过学校来习得，而当地的诸多土著语言，如豪萨语（Hausa）与约鲁巴语（Yoruba）则是自然习得，属于低变体（参见 Trudgill，2003：39）。

往呈"向上"之势，如小语言学习大语言，小传统学习大传统，贫穷的语言集团学习富有的语言集团（艾布拉姆·德·斯旺，2008：31）。总之，低变体一般都会向高变体学习。之所以如此，是因为高变体会给学习者带来更高的 Q 值（Q-Value）[①]，进而会帮助他实现向上的社会流动[②]。Q 值的表现形式多种多样，仅从国内关于流动人口的研究来看就有：

首先，经济上更高的回报。李强（2002：253）根据其全国调研的数据发现，普通话程度每提高一级，我国城镇职工的经济收入便可增加 7.27%。秦广强（2014）在对进京农民工的调查中发现，无论是刚来北京时还是现在，普通话熟练的农民工的月收入均高于普通话不熟练者，而且随着时间的演进，尽管普通话熟练者与不熟练者的经济收入都有所提升，但二者间的收入差距却在不断拉大，从刚来的 1.20 比值扩大到调查时的 1.36。

其次，就业和生活上的方便。《中国语言生活状况报告（2006）》显示，方言和很不标准的普通话，在很多情况下限制了农民工就业的机会，在一些普遍使用普通话的行业里，他们很难找到合适的岗位（"中国语言生活状况报告"课题组，2007：117）。付义荣（2010）关于傅村进城农民工的调查显示，普通话是农民工在城市拓展就业、方便生活的重要帮手，而刘玉屏（2010）的调查也显示，农民工中分别有 12.6%、37.4% 和 40.0% 的人曾经遇到过因语言不通而影响求职、影响日常交际和影响工作的情况。

最后，有利于塑造所需的社会认同[③]。葛俊丽（2011）在杭州的一项

[①]　Q 值是指语言的交际价值。荷兰语言学家艾布拉姆·德·斯旺（Abram de Swaan）认为，Q 不代表任何单词，就像数学中的 X 不代表任何单词一样，它是人们对不确定未来的一种美好憧憬，这是荷兰人的一种特殊用法（博纳德·斯波斯基，2011：102）。

[②]　社会流动是指社会成员在社会位置上的变动。这种变动可以是从一个阶级或阶层向另一个阶级或阶层的转移，也可以是同一阶级内部在职业或一般活动空间等方面的变动。社会流动是社会结构变化的一种形式，不仅对个人具有意义，而且将对整个社会结构产生影响。它是社会阶级、阶层结构的量变过程，流动率的高低、幅度的大小、速度的快慢，将影响社会结构的性质以及社会运行的状态，可反映一个社会的开放程度。按流动的方向可分为：横向流动，又称水平流动，即社会位置改变而社会地位不变；纵向流动，又称垂直流动，即社会位置的改变引起社会地位向上或向下移动（邓伟志，2009：21）。

[③]　按社会认同理论的奠基人亨利·泰弗尔（Henri Tajfel，1972）的定义，社会认同是自我认知的一部分，是个体知晓自己属于哪些群体以及所属群体赋予自己怎样的情感与价值意义。付义荣与葛燕红（2018）曾从社会语言学的视角对该理论的形成、发展、内容以及和语言之间的关系有过较为详细的论述，读者可以参考。

调查显示，对城市新移民①而言，使用普通话可以较好地掩盖乡音，避免母语方言中隐性信息的泄露，而且还能让交流双方的地位趋于平等，容易被对方所认同。

　　这些 Q 值其实不仅存在于流动人口，也同样存在于闽南农村居民。实际上，在从传统农村社会向现代化城镇社会转型的过程中，中国已经迈入到一个人口高度流动的时代，那种生死一地或老死不相往来的现象是极其罕见的。例如，2003 年，笔者曾在安徽的傅村，按传统方言学的方法进行过一次调查，结果发现已经难以找到 NORM② 这种理想的发音合作人了（付义荣，2011a：42），究其因就在于这个村子已经没有非流动的人了。安徽傅村如此，经济更为发达的闽南农村更是如此。正因为有如此多的 Q 值，普通话在人口高度流动的闽南地区也得到了迅速的普及。例如，本项研究中，我们也曾对闽南农村居民的语言能力进行过调查与研究③，调查结果见表 4.18，该表显示，闽南农村居民中约有 80% 的人会说普通话、98% 的人会说闽南话。可以说，今天的闽南农村已俨然成为兼说普通话与闽南话的双言制社区。在此形势下，普通话与闽南话必然会发生全面而深入的接触，而占据优势的普通话词汇也随之进入闽南方言的词汇系统甚至会发生词汇替代的现象。类似的事情在汉语发展史上就曾发生过，例如"站"就是一个较为典型的例子，表示车站的意思，汉语原本叫"驿"，但南宋时汉语从蒙语中借用了"站"，"驿""站"并用；后来随着蒙元政权的建立，在各地建立"站"，"站"便逐渐取代了"驿"（叶蜚声、徐通锵，2012：214）。

---

　　①　按葛俊丽（2011）的定义，这里的"城市新移民"是指 20 世纪 80 年代中国改革开放以来，通过正式或非正式途径实现自我或家庭的区域性迁移，已在移居城市获得相当稳定的工作或移居并具有定居意愿的流动群体。它主要包括三类：一是拥有农村户籍的原农村居民，即农民工群体，他们是城市新移民的主要构成部分；二是拥有城市户籍但来自其他城市的移民；三是来自外地的大学毕业生。

　　②　钱伯斯等人曾对西方大大小小的方言调查进行总结后发现，无论文化、政治、经济和地形有多么不一致，被试中的大多数都是由非流动的（nonmobile）、年老的（older）、农村的（rural）男性（males）构成。为了便于指称此类被试，他们将这几个关键词缩略为 NORM（Chambers & Trudgill，2002：3）。我国方言学调查承继于西方，其理想的发音合作人也大致如此。

　　③　在进行闽南农村方言词汇调查的同时，我们亦曾调查了闽南农村居民的语言能力，所涉问题主要见问卷（见附录Ⅰ）中的第 7、8、9 这三个问题。只不过未待闽南农村方言词汇调查结束，我们就针对这方面的数据进行了统计分析并合撰成文——《闽南农村方言状况调查》，该文已发表于《语言战略研究》2020 年第 6 期。

表 4.18 闽南农村语言状况的地域分布 （N=688）①

地域	语言能力	会说的语言或方言			普通话水平				闽南话水平			
		普通话	闽南话	其他	1	2	3	4	1	2	3	4
厦门	人数	174	193	2	3	20	126	51	3	3	114	80
	%	87.0	96.5	1.0	1.5	10.0	63.0	25.5	1.5	1.5	57.0	40.0
漳州	人数	151	218	12	4	46	72	97	0	4	57	158
	%	68.9	99.5	5.5	1.8	21.0	32.9	44.3	0.0	1.8	26.0	72.2
泉州	人数	224	265	28	18	51	143	57	1	6	141	121
	%	83.3	98.5	10.4	6.7	19.0	53.2	21.1	0.4	2.2	52.4	45.0
合计	人数	549	676	42	25	117	341	205	4	13	312	359
	%	79.8	98.3	6.1	3.6	17.0	49.6	29.9	0.6	1.9	45.3	52.2

注：语言水平中的 1—4 分别代表"一点不会""只会一些简单用语""一般""很熟练"。

　　在闽南农村，同样也有很多人往往会用普通话的词汇来取代所不知道的方言词汇。例如，有高达 2217 人次在用普通话词语替代所不知道的闽南方言词语，所用的普通话词语多达 132 个（见表 3.8）。像有些词，如"番（仔）肥"和"泅"，它们的生存状况处在"差"的状态（见表3.3），但这并不是因为它们所指称的事物或行为消失了，而是因为越来越多的年轻人正在用普通话词汇"化肥"与"游泳"来替代它们。当然，普通话对闽南方言词汇的影响绝不仅限于"番（仔）肥"和"泅"这两个词。如果将闽南农村方言词汇的分布和语言状况作进一步的对照，我们会发现二者呈现几乎一样的特征。如从表 4.18 还可以看出，普通话在厦门地区最为普及，而闽南话在漳州最为通行，泉州则略低于厦门，居于二者之间，这样的语言形势跟闽南农村方言词汇的区域分布特征（见本章第一节第二部分）是一致的。此外，在年龄、性别、文化程度等的分布上，方言词汇与整个语言状况也都是非常吻合的。例如，调查中我们还发现，闽南农村居民的闽南话水平总体要比普通话高，但在 34 岁及以下的年轻人中，闽南农村居民的普通话水平却优于其闽南话（见表 4.19）；闽南农村的语言状况大致就是从 80 后这代人开始发生显著变化的。这与我们之前的发现"闽南农村方言词汇大约于 20 年前开始加速变化"也是基

────────

① 本表数据的收集、整理与统计较早于词汇调查，因此在调查人数及比例上有别于词汇调查所涉的数据。

本一致的。20 年前，80 后多为青少年，甚至刚刚成年，语言亦已基本定型。如果说普通话水平从这代人身上出现极大的提升，那么也就不难理解方言词汇也是从这代人开始出现加速变化的。

表 4.19　　　　　　　　闽南农村不同年龄居民的语言水平

	65 岁以上	55—64 岁	45—54 岁	35—44 岁	25—34 岁	16—24 岁
普通话	2.0	2.2	2.9	3.3	3.5	3.5
闽南话	3.9	3.7	3.5	3.6	3.4	3.2

注：指数 1—4 分别代表"一点不会""只会一些简单用语""一般""很熟练"。

总之，在闽南农村，宏观的语言形势和微观的词汇分布是一致的，即普通话水平高的区域或群体往往也是对闽南方言词汇不怎么了解的区域或群体，这说明整个闽南方言词汇实际上呈现向普通话靠拢的趋势。一种语言或方言向另一种更为强势的语言或方言靠拢，这是一个非常普遍的事实，甚至是语言演变的一个规律。如浙江金华珊瑚村的方言正被周边的汤溪话所侵蚀甚至用不了多久就会被完全取代（曹志耘，2003），吴方言中的完成句体越是靠近北部就越受到长江北部官话的影响（钱乃荣，2006），江西鄱阳方言正在被普通话磨去棱角而可能失去其原有的特征（程序，2006），云南盈江县的仙岛语正呈现被汉语取代的趋势（丛铁华，2004），江苏溧水方言的整个语音系统都呈现向普通话靠拢的趋势（郭骏，2009），重庆江津方言包括亲属称谓、动物名称等在内的许多方言词正在向普通话靠拢（马宇、谭吉勇，2018）。闽南话原本在闽南地区占据绝对优势，但随着普通话的普及，这一优势正受到前所未有的挑战，其词汇向普通话靠拢也是必然。当然，这不是说普通话本身比闽南话在结构系统上更为优越，而是普通话作为通用语更切合当今社会的需要，仅此而已。

（二）语言本身的变异性

虽然 20 世纪的语言学主流——结构语言学将语言视为一个同质的符号系统，有意识地将语言变异排除在研究之外，但语言变异仍是一个无可争议的客观存在，就像著名语言学家萨丕尔（1985：132）所说的，谁都知道语言是变异的，即使是同一代、同一地、说一模一样的方言、在同一社会圈子里活动的两个人，他们的说话习惯也永远不会是雷同的；仔细考察每一个人的言语，就会发现无数细节上的差别，存在于词的选择，句子的构造，词的某些形式或某些组合的相对使用频率，某些元音、辅音或二者合并时的发音等方面，也存在快慢、轻重、高低等给口语以生命的方面。确实如此，变异不仅存在于语音、语法层面，也存在于我们所要研究的词汇层面。

著名社会语言学家赫德森（Hudson，2000：5—6）曾以一个虚拟的世界为例来推理一个纯粹同质的语言是不可能存在的。在他看来，如果存在纯粹同质的语言，那就意味着，使用该语言的人一定生活在一个有着确定边界的世界里，这个世界既禁止外边的人（可能带有其他的语言或方言）进来，也禁止里边的人出去；生活其中的人们说着一模一样的语言，他们知道同样的结构、同样的词汇，并且有着同样的发音，对每个单词意义的理解也是一样的。然而，赫德森基于以下几个方面的原因认为，这只是一个虚拟的、不可能存在的世界：首先，任何语言都是后天习得的，年轻成员（如儿童）在学习语言的过程中必然会有别于其他人；其次，语言变化是客观存在的而且是渐变的，如果这个虚拟的世界有语言变化的话，那唯一的可能就是，全体成员都有心灵感应，新的形式会瞬间传遍整个社会；再次，人们的语言使用总要受到话语状况的影响，如场合的"正式"与"非正式"，语气是"请求"还是"命令"，对话的开始、中间和结束等，实际上都会影响人们的语言使用；最后，语言和文化的相对性，即有时只能从一个社区所具有的文化来理解其语言。

可以说，变异性像同质性一样也是语言的一个基本属性。在一个言语社区内，人们之所以能够相互交流，其原因就在于语言的同质性，但稍加留意就会发现，他们彼此之间，甚至同一个人在不同的时候都会在语言的使用上存在这样或那样的差别。为此，拉波夫的老师尤里·文里奇（Urel Weinreich）提出这样一个主张来概括语言的这一双重属性，即任何体现为自然语言的语言系统都是一个"有序异质体"（ordered heterogeneity）（Weinreich，et al.，1968），而社会语言学也正是基于这样的理念建立并发展起来的。恰如徐大明（2004）所评价的，同质性和变异性是对立统一的，语言这一事物包含了这种双重性质，而社会语言学的特殊作用就在于，它弥补了传统的语言研究对言语社区内部变异的忽略。

至于什么是语言变异，美国纽约大学的阿尔托·安蒂拉（Arto Anttila，2002）曾用下图形象地加以表示，语言变异实际上就是语言形式与意义之间的"多对一"关系，即图4.5中的A，而其中的B则是我们平常所说的歧义。从我们调查前后的情况来看，事实再次证明了语言的变异性，而这种变异性之于闽南农村言语社区来说，既是必然的也是必要的。其实调查之前，我们所选择的词语，如"风鼓/风柜""锲仔/镰勒仔""番（仔）肥"就符合图4.5所描绘的变异现象，即不同的形式具有相同的意义（参见本书第二章第三节）。不过，从调查之后得出的结果看，闽南方言中的词汇变异绝非止于这三个词语。例如，所调查的所有方言词汇都存在"知道"与"不知道"这两种情况，且其中52个词正在发生变化，甚至呈现消失的态势，但在可能消失之前，它们都伴随着一些替代语词，从而形成共时的变异（参见表3.8）。这种变异状态有可能会长期保持下去，以满足不同说话人的需要或同一个人在不同交际环境的需要，但也有可能会在一个时期之后以某个变式的完全胜出而告终。这里最需要关注的是，很多方言词语是因为普通话词语的介入才成为变异现象的，如"泅"与"游泳""游水"，"嗌"与"吹"，"牛母"与"母牛"等，而且无论从介入的词数和人次来看，普通话词汇也是替代语词中最多的一个类型，这说明普通话词汇介入闽南词汇系统既广又深。至于普通话词汇最终能否真的完全取代相应的方言词汇，还需要继续跟踪。

图 4.5　变异与歧义

调查中，我们还发现有些变异现象应该与"风鼓/风柜""锲仔/镰勒仔""番（仔）肥"一样，也是闽南方言中固有的，只不过没有被文献所载而已。例如，在漳州诏安县调查时，我们发现当地有不少人把"脸盆"称为"洗锣"，仅记录在案的就有23人（参见表3.7），这些人并非同居一村，我们又是在不同的时间对他们进行调查的，因此"洗锣"这个词不可能是他们自造的，应该就是当地方言中固有的一个词。事后的进一步调查，也确认了这一点。当地有些老人认为，这是早年女性常见的一种随嫁品，多为铜制，主要用于洗脸，因其材质、形状确实与"锣"有几分相似，故而得名。时至今天，很少有人使用这样的脸盆了，"洗锣"与

"面桶"一样亦多被一部分年长者知晓,越来越多的年轻人正在使用"面盆"等词甚至"脸盆"了。当然,还有一些词语,如"打灰机""打鼓机""米风机""鼓车""打渣机"等,与其所指称的事物(风鼓/风柜)倒是十分相配,可能也属于闽南方言固有的词汇变异,只是因其使用人数较少,我们才将其列为自造词一类。同理的还有指称糯米的"软米""黏仔米",指称化肥的"洋肥""田肥""机器肥"等。

　　总之,闽南方言中的词汇变异现象,既有固有的,也有因为普通话词汇的介入而形成的。这是闽南农村这个言语社区开放与多元的体现,同时也是闽南方言系统本身的变异性使然。诸多的变异现象既可满足说话人的不同需要,同时也是闽南方言词汇正在发生变化的标志。英国语言学家简·爱切生(1997:98)说过:"想要找出变化从哪儿开始,就好像在地震发生之后几年要找到震中在哪儿一样。所以,要发现关于变化是怎么开始的一些一般情况的最好机会,就是趁变化正在进行时观察它。我们可以记下哪些词已经受了影响,并找出原因。"我们至此所做的一切工作也正是如此。

第五章

闽南农村亲属称谓的变化机制

人一出生就处在一张"先天造就的"人际关系网之中，这种人际关系是以生物学意义上的血缘关系为基础的，即亲属关系，而亲属之间的称呼就是亲属称谓（庄孔韶，2005：276—277）。日常生活中，语言使用一个有趣的方面就是如何称呼各种各样的亲属（Wardhaugh，2000：223）。这在汉语中尤其明显，因为汉语的亲属称谓分辨程度高、数量多①，而且存在极为普遍的变异现象，即用多个称谓来称呼同一个亲属。这种变异现象不仅存在于各方言区，甚至存在于同一个村庄。可以说，如果要在汉语词汇中找到一种最为普遍而复杂的变异现象，那应该非亲属称谓莫属了。然而，随着社会环境的变化，我们可以预料亲属称谓系统也会发生变化以反映新的环境（Wardhaugh，2000：226）。事实确实如此，从诸多学者反映的情况看，我国很多地方的汉语亲属称谓正在发生某种（些）变化，如简单化、普通话化等。那么，闽南农村亲属称谓的变异状况如何？是否也在发生变化？变化的进程如何？原因又是什么？本章节将就这些问题进行回答。

第一节　闽南农村亲属称谓的变异与变化状况

本节我们将按照社会语言学的研究模式来选择所要研究的亲属称谓，

---

① 按美国人类学家默多克的分类法，人类亲属称谓制可以分为这六种类型：夏威夷式（Hawaiian type）、爱斯基摩式（Eskimo type）、易洛魁式（Iroquois type）、克洛式（Crow type）、奥马哈式（Omaha type）、苏丹式（Sudanese type），其中夏威夷式最为简单，而苏丹式最为复杂，其余四式介于两者之间。中国汉族的亲属称谓大致属于苏丹式，但苏丹式仍旧不能概括其全部（庄孔韶，2005：279—281）。由于区分极为详细，汉语的亲属称谓数量庞大，《中国古今称谓全书》就收录了1800余条亲属称谓，《中国称谓辞典》收录的亲属称谓约有2000条，《亲属称呼词典》收录的竟多达3500条（胡士云，2007：15—16）。

描写各类称谓内部的变异状况，尤其是它们的年龄分布，以便分析它们正在发生怎样的变化。

一 语言变项的选择

从方言学家们的记录看，闽南方言中的亲属称谓也是非常丰富的。如林宝卿（1992）的《漳州方言词汇（二）》一文收录了 69 个亲属的 82 个称谓，林连通（1993：230—231）主编的《泉州市方言志》收录了 45 个亲属的 58 个称谓，谭邦君（1996：130—131）主编的《厦门方言志》收录了 61 个亲属的 61 个称谓。这些文献收录的亲属称谓既有相同的，也有相异的，但即便将它们都加起来也远不能概括闽南方言亲属称谓的全部。此外，现实生活中，几乎每一个亲属，其称谓都有可能不止一个，甚至还会存在面称与背称①、谦称与尊称②等不同的类型。当我们面对一个如此纷繁庞杂的词汇系统时，甭说要探究它们的变化机制，就是将它们描写清楚都是一件异常困难的事。为此，有必要在诸多的亲属称谓中进行取舍。

从社会语言学的视角看，每一个亲属称谓都是一个语言变项。虽然从理论上说，任何一个语言变项都有其研究价值，但出于实际可行的原因，学者们往往关注那些使用相对频繁、辨别相对容易的语言变项，其中频率标准排除了那些只有个别人使用的词语，而辨别标准则要求同一个变项内的几个变式之间差异明显（Hudson，2000：147—148）。按照这两个标准，我们从诸多亲属称谓中选择了父母、祖父母和外祖父母共 6 个亲属的称谓。这些亲属几乎人人都有，其称谓具有极高的使用频率，而且从初步掌握的情况看，闽南方言中这几类亲属称谓都存在明显的变异情况，例如在漳州的流岗村，当面称呼父亲的就有"爸""阿爸""爸爸""阿叔""阿伯"等称谓，当面称呼母亲的就有"妈""阿妈""妈妈""姨仔"

---

① 面称就是指说话人当面称呼对方所用的称谓，听话人与被称呼人是同一个人；背称则是指说话人在被称呼人不在场时但又提及被称呼人所用的称谓，此时听话人与被称呼人不是同一个人（冯汉骥，1989：64；万小双，2018）。"面称主要是招呼被称呼亲属而达到与之通话的目的，背称则主要说明说话人与被称呼亲属之间的关系。"（胡士云，2007：17）

② 谦称是指对别人用谦恭的词语来称呼自己或自己一方的亲属称谓，如"家父、家母、犬子、小女"等，而尊称是指用尊重的词语称呼听话人或听话人一方的亲属的称谓，如"令尊、令堂、令子、令爱"等（胡士云，2007：18）。

"阿姐""阿母"甚至直呼其名等（付义荣、柯月霞，2019）。不止如此，闽南方言的亲属称谓也同样存在面称与背称、谦称与尊称等类型，这进一步加剧了亲属称谓的复杂性。不过，在诸多类型的亲属称谓中，面称无疑是基础，并具有更高的使用频率。一般而言，面称可以用作背称，但背称却不一定能够用作面称；谦称与尊称更多地出现在较为正式、严肃的场合或者书面语中。有鉴于此，我们此次调查的主要是亲属称谓中的面称，在问卷中会设计"面对面时，您一般如何称呼您的父亲？"这一类的问题（见本书附录 I），所探讨的也正是这一类称谓的变化机制。

二　闽南农村亲属称谓的语言学解读

就此次调查收集到的资料看，闽南农村的亲属称谓着实复杂。为此我们有必要从结构类型、形义关系等方面入手来对这些称谓进行归纳、整理，以便对它们形成一个整体的印象，而这也有利于后面的统计分析。

（一）闽南农村亲属称谓的结构类型

1. 单纯词

（1）单音节单纯词

这类称谓只有一个词根，读出来只有一个音节，写出来也只有一个汉字。在闽南农村，每个亲属都有这样的称谓：称呼父亲的有"爸""叔""爹"等，称呼母亲的有"妈""姨""嫂"等；称呼祖父的有"公""爷"，称呼祖母的有"妈""母"等；称呼外祖父的有"公""爷""大"等，称呼外祖母的则有"妈""母""奶"等。

（2）双音节单纯词

这类称谓只有一个语素，但读出来是两个音节，写出来也是两个汉字。在闽南农村，这类称谓还是非常少的，我们此次调查只发现"姥爷""姥姥"这两个称谓，分别是用来称呼外祖父、外祖母的。

2. 合成词

（1）复合式合成词

该类称谓往往是由两个或两个以上不同的词根语素组合而成。在闽南农村，每类亲属都有这样的称谓：称呼父亲的有"伯父""三叔"，称呼母亲的有"娘奶""母姈"；称呼祖父的有"大爸"，称呼祖母的有"姆妈"；称呼外祖父的有"外公""外家公"，称呼外祖母的有"外妈""外母""外婆""外家妈"等。

（2）重叠式合成词

该类称谓往往由两个相同的词根语素组合而成。在闽南农村，每类亲属都有这样的称谓：称呼父亲的有"爸爸""叔叔"，称呼母亲的有"妈妈""姑姑"；称呼祖父的有"爷爷"，称呼祖母的有"奶奶"；称呼外祖父的有"爷爷"，称呼外祖母的有"奶奶"。

（3）附加式合成词

这类称谓由词根加词缀组合而成，词缀主要有"阿 ［a^{44}］""影 ［$iŋ^{53}$］""安 ［an^{44}］""老 ［lau^{22}］"等，后缀主要有"仔 ［a］"等。根据词缀在词语中的位置，这类称谓词又分为以下三种类型：

a. 前加式合成词

在闽南农村，这类称谓非常普遍，几乎每个单音节的亲属称谓词根前都可加"阿""影""安"或"老"等词缀。由于数量众多，我们会在后面的统计描写时还会有所说明，在此就不一一举例了。

b. 后加式合成词

此次调查我们只发现了一个后缀，那就是"仔"，读轻声，往往依附在其他单音节的亲属词语后面，一般带有亲密的意味，而且也具有呼唤对方的语用功能。"仔"的使用在闽南农村非常普遍，每个亲属都有这类称谓：称呼父亲的就有"爸仔""爷仔""叔仔"，称呼母亲的有"妈仔""母仔""姨仔""奶仔""姐仔"；称呼祖父的有"公仔"，称呼祖母的有"妈仔""母仔"；称呼外祖父的有"公仔"，称呼外祖母的有"妈仔""母仔"等。

c. 综合附加式合成词

这是既带有前缀也带有后缀的一类亲属称谓，如称呼母亲的有"阿母仔""安母仔"等。

（二）闽南农村亲属称谓的形义关系

在形义关系上，闽南农村亲属称谓除了"一义多形"的变异现象外，还存在"多义一形"的情况，即不同的亲属有着相同的称谓，这一般发生于同性亲属中，具体见表5.1。

由表5.1来看，男性亲属共有称谓的现象不如女性普遍。"阿家"是所有男性亲属唯一共有的称谓，而女性亲属共有的称谓则多达10个，能称呼母亲的称谓几乎也可以称呼祖母与外祖母。另外，同辈之间共用的称谓一般多于异辈，如父亲与祖父、外祖父各共有一个"阿家"，但同辈的祖父与外祖父则共有"公""公仔"等8个称谓;母亲与祖母、外祖母各共有"妈""妈仔"等10个称谓,但祖母与外祖母则共有14个称谓。当然,每个亲属都有自己专属的称谓,接下来在分析各亲属称谓的年龄分布时,我们会具体列出各亲属所用的称谓,在此不赘。

表 5.1 闽南农村亲属称谓中的"多义一形"

男性亲属及其共有的称谓		
	父亲	祖父
祖父	<u>阿家</u>	—
外祖父	<u>阿家</u>	公、公仔、阿公、安公、影公;爷、爷爷;<u>阿家</u>
女性亲属及其共有的称谓		
	母亲	祖母
祖母	妈、妈仔、阿妈、安妈、影妈;<u>母仔、阿母、安母</u>;<u>奶</u>;<u>阿娘</u>	—
外祖母	妈、妈仔、阿妈、安妈、影妈;<u>母仔、阿母、安母</u>;<u>奶</u>;<u>阿娘</u>	妈、妈仔、阿妈、安妈、影妈、姆妈;<u>母、母仔、阿母、安母</u>;<u>奶</u>、奶奶、阿奶;<u>阿娘</u>

注:底下加线的词语是同性亲属共有的称谓。

需要指出的是,在闽南农村,虽然称呼女性长辈亲属的称谓中多有"妈"这一词根,但"妈"在称呼不同的对象时会有声调上的区别。一般而言,称呼母亲时,"妈"说成阴平调 $[ma^{55}]$,称呼祖母或外祖母时,"妈"会说成阴上调 $[ma^{53}]$。这种情况在潮汕方言中也同样存在(吴洁,2007),而潮汕地区与闽南地区邻近,潮汕方言实际上是闽南方言在潮汕地区的变体。不过,在闽南农村,我们还发现,当说话人已经用不同的词语来称呼女性长辈时,一般就不再以这种声调上的区别来区别"妈"字。例如,某一个说话人,称呼其母亲为"老妈 $[lau^{22}ma^{53}]$",对其祖母用"奶奶 $[nai^{53}nai]$",对其外祖母用"外母 $[gua^{22}bu^{53}]$"。在这一案例中,说话人所说的"妈"就是阴上而非阴平。

闽南农村亲属称谓这种"多义一形"的现象在汉语中并非什么特例,而是非常普遍的。在曹志耘(2008:42—47)主编的《汉语方言地图集·词汇卷》中,称呼父亲、祖父、外祖父的称谓两两之间有很多都是共同的,像"爸/爸爸""阿爹""阿爷"等就是父亲、祖父共有的称谓,

"大大""家家"等就是祖父与外祖父共有的称谓，"爷爷""阿爷"则是这三个男性亲属都有的称谓；母亲、祖母与外祖母等女性亲属也具有类似的现象。这种"多义一形"的现象不仅存在于不同的方言之间，也存在于同一个方言区内，甚至在同一个村庄内也会有这种现象，例如安徽无为县的傅村，这是一个说单一方言——无为话的言语社区，但"阿爷"这个称谓既可以指父亲，亦可指父亲的弟弟（付义荣，2011a：122）。不过，对于同一位说话人来说，一般不会用同一个称谓来称呼自己不同的亲属，就像刚刚提及的那位说话人，他可以用不同的称谓，或者只是在声调上略有变化便可以用来称呼不同的亲属。

在调查中，我们发现闽南农村还以"地点+X"（X＝公/婆）的方式来称呼外祖父母。在邻近的莆田农村，也有以地名来称呼母亲的方式（陈琦敏，2009）。素虹（1991）认为，这是亲属称谓中的一个特殊现象，之所以如此称呼是因为新中国成立后，同一类型的亲属分居各地，为了区别他们便以"地名+亲属称谓词"的方式来区别他们，如"北京舅舅""上海舅舅""延安舅舅"。但在闽南农村，或许还有其他原因，因为一个人的外祖父母不可能有好几个，以"地点+X"来称呼外祖父母更多地是因为能将其与自己的祖父母区别开来。

三　闽南农村亲属称谓的年龄分布

据现有的资料来看，闽南方言中父亲、母亲的称谓更为复杂一些，而祖父母、外祖父母的称谓相对简单，因此我们将父亲、母亲的称谓单列出来进行分析，而将祖父与祖母、外祖父与外祖母分别合在一起进行分析。此外，为便于统计分析，我们还对亲属称谓进行必要的整合归类。例如，称呼父亲的就有"爸""爸爸""爸仔""阿爸""安爸""老爸"等，我们将这些称谓一并归入"爸"进行统计分析，其他亲属的称谓也皆按类统计，在此一并说明，届时不赘。

（一）父亲称谓

从问卷反映的情况看，闽南农村父亲称谓主要有以下这些类型：

1. 以"爸"为词根的，有"爸""爸爸""爸仔""阿爸""安爸""老爸"等。

2. 以"父"为词根的,有"老父〔lau^{22} be^{22}〕""伯父〔peh^{32} hu^{22}〕"等①。

3. 以"爹"为词根的,有"爹""阿爹"等。

4. 以"家"为词根的,有"家""阿家"等

5. 以"爷"为词根的,有"爷仔""老爷"等。

6. 以"伯"为词根的,有"阿伯"等。

7. 以"叔"为词根的,有"叔""叔叔""叔仔""阿叔""老叔"或"排行+叔"②等。

8. 以"哥"为词根的,有"哥""阿哥"等。

9. 直呼其名,若父亲叫"陈松坡",可以称其为"松坡"或"阿坡"等。

按照这9种类型,我们逐一进行了统计,表5.2是有关数据。需要说明的是,有些被试很小的时候就失去父亲、母亲或其他亲属,不记得甚至从未使用过这些称谓,因此存在无法回答的情况,这就使得亲属称谓所调查到的被试人数一般都会低于方言词汇所调查到的被试人数。例如,此次调查中,父亲称谓所调查到的被试为968人,这低于方言词汇所调查到的被试人数——1031人。另外,还存在同一个被试使用多个父亲称谓的情况,如有人对自己的父亲先用了"名字",后又用了"阿叔",这就使得父亲称谓的使用人数多于父亲称谓实际调查到的人数。如使用父亲称谓的总人数为1004人,但父亲称谓所调查到的实际人数为968人(见表5.2),这是因为有36位被试每人兼用了2种不同的父亲称谓。父亲称谓调查中的这些复杂情况,在其他称谓调查中也都有可能存在,在此一并说明。

表 5.2　　　　　　　　闽南农村父亲称谓的年龄分布

称谓	15—24 岁	25—34 岁	35—44 岁	45—54 岁	55—64 岁	65 岁以上	使用总人数
爸	190(98.4)	218(93.6)	170(95.0)	139(82.2)	59(63.4)	35(34.7)	811(83.8)
叔	0(0.0)	3(1.3)	4(2.2)	15(8.9)	19(20.4)	40(39.6)	81(8.4)

---

① 闽南亲属称谓中也有同时使用两个词根的,如"伯父""娘奶"等。在统计归类时,我们一般以后一个词根为准,只是在统计外祖父母称谓时,我们会按前面的词根来进行,具体原因会在正文中有所说明。

② 闽南有以"叔"称呼父亲的,若父亲不止兄弟一人,可用"父亲的排行+叔"的形式来称呼,如"三叔""小叔"等。称呼母亲时也有此类现象,如"四婶""三婶"等。

续表

称谓	15—24 岁	25—34 岁	35—44 岁	45—54 岁	55—64 岁	65 岁以上	使用总人数
名字	1(0.5)	11(4.7)	4(2.2)	6(3.6)	12(12.9)	17(16.8)	51(5.3)
爹	5(2.6)	2(0.9)	2(1.1)	5(3.0)	2(2.2)	7(6.9)	23(3.2)
父	4(2.1)	1(0.4)	2(1.1)	6(3.6)	3(3.2)	6(5.9)	22(2.3)
家	0(0.0)	2(0.9)	0(0.0)	3(1.8)	2(2.2)	1(1.0)	8(0.8)
伯	1(0.5)	0(0.0)	0(0.0)	0(0.0)	1(1.1)	1(1.0)	3(0.3)
哥	0(0.0)	0(0.0)	0(0.0)	0(0.0)	0(0.0)	3(3.0)	3(0.3)
爷	0(0.0)	1(0.4)	0(0.0)	0(0.0)	0(0.0)	1(1.0)	2(0.2)
调查总人数	193	233	179	169	93	101	968　1004

注：括号外数据为使用人数，括号内数据为该人数占所在群体人数的百分比。

从表5.2来看，闽南农村的父亲称谓大致呈现这样几个最为鲜明的特点：

第一，绝大多数人都是用某一种称谓来称呼父亲。父亲称谓调查到的总人数为968人，但其使用总人数为1004人，这多出来的36人每人使用了两种不同的父亲称谓，其他932人都是用某一种称谓来称呼父亲的，占了调查总人数的96.3%。这说明，在闽南农村，绝大多数人都是用某一种称谓来称呼自己的父亲。

第二，"爸"是最流行的父亲称谓。在所调查的968位被试中，有近84%的人以"爸"来称呼自己的父亲，余下的依次为"叔""名字""爹""父"等，但这些称谓的使用率最高的也没超过10%，有的称谓如"家""伯""哥""爷"等的使用率甚至还不到1%。

第三，父亲称谓正在朝着"爸"的方向发展。在9类父亲称谓中，唯有"爸"的使用率在随着年龄的递减而递增，而且增长的速度还很快。在65岁以上人群中，"爸"的使用率还不到35%，甚至还比不上"叔"（约40%），但之后迅速递增，在55—64岁人群中其使用率就超过了60%，在45—54岁人群中超过了80%，而在44岁及以下人群中都已超过了90%。

第四，"爸"以外的其他父亲称谓正在萎缩。与"爸"的一路上扬相比，其他父亲称谓的使用率则在迅速递减。像"叔"曾经与"爸"一度分庭抗礼，但之后一路下滑，发展至最年轻的一代，几乎无人再用了。

"名字""爹""父"等称谓在 65 岁以上人群中也曾有一定比例的人使用，但之后不断递减，直至仅有零星的几个人在使用，而"家""伯""哥""爷"等称谓本来使用率就低，时至今天几乎无人使用，已处于消失的边缘了。

如果将父亲称谓在不同年龄组的使用率制成折线图（见图 5.1），可以更清楚、形象地体现父亲称谓的年龄分布特点及发展趋势。需要说明的是，由于"家""伯""哥""爷"这四种父亲称谓使用率过低，其折线没有多大意义，所以图 5.1 中不包括这些父亲称谓的折线。图 5.1 显示，在 5 条折线中，仅有"爸"这条线是上扬的，且使用率维持在一个很高的水平上，而其他几个称谓中只有"叔"的使用率曾经一度高过"爸"，但之后它便与其他父亲称谓一样，呈现年龄越小使用率越低的特点。总之，闽南农村父亲称谓正朝着"爸"的方向发展，而其他父亲称谓则不断萎缩，甚至正濒临消失。

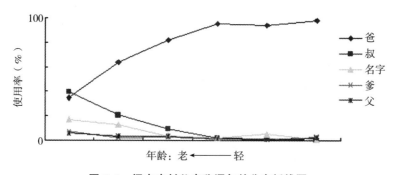

图 5.1　闽南农村父亲称谓年龄分布折线图

（二）母亲称谓

从词根构成来看，我们在闽南农村所调查到的母亲称谓主要有以下一些类型：

1. 以"妈"为词根的，有"妈""妈仔""妈妈""老妈""阿妈""安妈""影妈"等。

2. 以"母"为词根的，有"阿母""老母""母仔""安母""阿母仔""安母仔"等。

3. 以"娘"为词根的，有"阿娘""老娘"等。

4. 以"奶"为词根的，有"奶""奶仔""娘奶［liɔ¹³le⁵³］"等。

5. 以"姎"为词根的,有"姎""阿姎""奶姎"和"排行+
姎"等。

6. 以"姑"为词根的,有"姑""姑姑"等。

7. 以"姨"为词根的,有"姨""阿姨""姨仔"等。

8. 以"妗"为词根的,有"母妗"等。

9. 以"嫂"为词根的,有"嫂""阿嫂"等。

10. 以"姐"为词根的,有"阿姐""姐仔"等。

11. 直呼其名,若母亲叫"林秀香",可以称其为"阿秀"或"阿
香"等。

从已有的类型看,闽南农村母亲称谓甚至比父亲称谓还要复杂,竟然
有 11 种之多。表 5.3 列出了这些称谓的年龄发布,从中我们可以看出这
样几个较为明显的特征:

表 5.3　　　　　　　　　　闽南农村母亲称谓的年龄分布

称谓	15—24 岁	25—34 岁	35—44 岁	45—54 岁	55—64 岁	65 岁以上	使用总人数
妈	155(79.5)	197(84.2)	139(77.2)	87(50.9)	32(34.4)	17(16.7)	627(64.3)
母	36(18.5)	21(9.0)	25(13.9)	40(23.4)	27(29.0)	39(38.2)	188(19.3)
姨	0(0.0)	5(2.1)	9(5.0)	24(14.0)	24(25.8)	45(44.1)	107(11.0)
名字	1(0.5)	11(4.7)	4(2.2)	12(7.0)	11(11.8)	20(19.6)	59(6.1)
娘	4(2.1)	1(0.4)	3(1.7)	6(3.5)	3(3.2)	3(2.9)	20(2.1)
姎	1(0.5)	0(0.0)	0(0.0)	3(1.8)	3(3.2)	4(3.9)	11(1.1)
奶	0(0.0)	0(0.0)	1(0.6)	3(1.8)	0(0.0)	6(5.9)	10(1.0)
姐	0(0.0)	0(0.0)	3(1.7)	5(2.9)	1(1.1)	1(1.0)	10(1.0)
姑	1(0.5)	1(0.4)	1(0.6)	3(1.8)	1(1.1)	0(0.0)	7(0.7)
嫂	0(0.0)	0(0.0)	0(0.0)	1(0.6)	0(0.0)	3(2.9)	4(0.4)
妗	1(0.5)	0(0.0)	0(0.0)	0(0.0)	0(0.0)	0(0.0)	1(0.1)
调查总人数	195	234	180	171	93	102	975 ╱ 1044

注:括号外数据为使用人数,括号内数据为该人数占所在群体人数的百分比。

第一,绝大多数人都是用某一种称谓来称呼母亲。母亲称谓调查到的
总人数为 975 人,但其使用总人数为 1044 人,其中有 69 人使用了两种不

同的母亲称谓，其他 906 人则是用一种称谓来称呼母亲，占调查总人数的
92.9%，这一比例比父亲称谓低了 3.4%。

第二，"妈"是最流行的母亲称谓，但其流行度明显低于父亲称谓
"爸"。在 975 位被试中，有约 64% 的人以"妈"来称呼自己的母亲，远
高于其他母亲称谓。"母"的使用率约有 19%，"姨"的使用率约为 11%，
"名字"的使用率约有 6%，其他母亲称谓都未超过 3%，像"姑""嫂"
"妗"的使用率还不到 1%，尤其是"妗"竟然只有 1 个人在使用。与父
亲称谓相比，闽南农村的母亲称谓也呈现一家独大的局面，但相对于父亲
称谓中的"爸"，"妈"的流行度还是低了一些，其使用率比"爸"少了
足足 20%。

第三，母亲称谓正朝着"妈"的方向发展。在 65 岁以上人群中，
"妈"的使用率约只有 17%，还不如"姨"（44.1%）、"母"（38.2%）
和"名字"（19.6%），但其使用率总体上都在随着使用者的年轻化而迅
速提升；到了 55—64 岁人群，"妈"已成为使用率最高的母亲称谓，而
在 45—54 岁人群中，已经有一半以上的人都在使用该称谓；如今在 45 岁
以下各组人群中，"妈"的使用率接近甚至超过 80% 了。

第四，"妈"以外的母亲称谓正在萎缩甚至濒临消失。如"母"
"姨""名字""娘"等的使用率总体上都在下跌，而"婶""奶""姐"
"姑""嫂""妗"等称谓的使用人数和使用率一直都处于极低的状态，
只有 1% 左右及以下的使用率。可以想见，在未来的闽南农村，在"妈"
流行的同时，或许还有一小部分人以"母"来称呼自己的母亲，至于其
他母亲称谓的使用正变得越来越稀罕，随时都有可能消失，图 5.2 中的折
线可以更加清楚地展现这种状态，其中"婶""奶"等由于使用人数太
少，折线图对它们已无多大意义，所以我们只制作了使用率较高的 5 种母
亲称谓的折线。

从图 5.2 来看，"妈"的使用率一开始比"母""姨""名字"都
低，仅比"娘"高，但之后一路上扬远超其他称谓，成为闽南农村最
流行的母亲称谓；"姨""母""名字""娘"等称谓虽然在发展过程
中有些起伏，但总体上在下跌的。如"姨"一开始曾是闽南农村居民
使用最多的母亲称谓，但之后使用率不断递减，发展至最年轻的一代
时，竟然已无人使用了。总的来看，闽南农村居民也有着较为明确的
发展方向，即向"妈"的方向发展变化，而其他称谓则呈现萎缩的态

势，有的濒临消失。

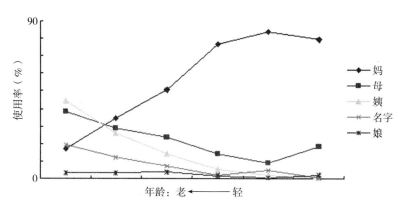

图 5.2 闽南农村母亲称谓年龄分布折线图

（三）祖父母称谓

从词根构成来看，我们在闽南农村所调查到的祖父母称谓主要有以下一些类型：

1. 以"公"为词根的，有"公""公仔""阿公""安公""影公"等。

2. 以"爷"为词根的，有"爷""爷爷""阿爷"等。

3. 阿家。

4. 大爸。

而祖母称谓主要有以下一些类型：

1. 以"妈"为词根的，有"妈""妈仔""阿妈""安妈""影妈""姆妈"等。

2. 以"母"为词根的，有"母""母仔""阿母""安母""影母"等。

3. 以"奶"为词根的，有"奶""奶奶""阿奶"等。

4. 以"娘"为词根的，有"阿娘""大娘"等。

与父母称谓相比，闽南农村的祖父母称谓显然要简单得多，没有那么多的类型。表 5.4 列出了这些祖父母称谓的年龄分布数据，从中可以看出以下一些特征：

表 5.4　　　　　　　　　　**闽南农村祖父母称谓的年龄分布**

亲属	称谓	15—24 岁	25—34 岁	35—44 岁	45—54 岁	55—64 岁	65 岁以上	使用总人数
祖父	公	184(96.3)	189(81.8)	159(91.9)	163(95.9)	89(95.7)	98(96.1)	882(91.9)
	爷	7(3.7)	43(18.6)	15(8.7)	9(5.3)	7(7.5)	2(2.0)	83(8.6)
	阿家	0(0.0)	0(0.0)	0(0.0)	0(0.0)	0(0.0)	2(2.0)	2(0.2)
	大爸	0(0.0)	1(0.4)	0(0.0)	0(0.0)	0(0.0)	0(0.0)	1(0.1)
调查总人数		191	231	173	170	93	102	968 / 960
祖母	妈	147(79.4)	103(46.6)	87(50.6)	86(50.9)	50(54.9)	72(73.5)	545(58.2)
	母	31(16.8)	78(35.3)	76(44.2)	75(44.4)	32(35.2)	21(21.4)	313(33.4)
	奶	5(2.7)	39(17.6)	11(6.4)	9(5.3)	6(6.6)	3(3.1)	73(7.8)
	娘	2(1.1)	2(0.9)	0(0.0)	0(0.0)	3(3.3)	3(3.1)	10(1.1)
调查总人数		185	221	172	169	91	98	941 / 936

注：括号外数据为使用人数，括号内数据为该人数占所在群体人数的百分比。

第一，闽南农村居民一般都是以某一种称谓来称呼祖父母。表 5.4 中，祖父称谓的调查总人数与使用总人数分别是 960 人、968 人，其中有 8 人使用了两种不同的称谓来称呼自己的祖父，而其他 952 人都是用某一个称谓来称呼祖父，这一比例高达 99.2%；祖母称谓的调查总人数与使用总人数分别是 936 人、941 人，仅有 5 人使用了两种不同的祖母称谓，而其他 931 人都在使用某一种称谓来称呼自己的祖母，占了调查总人数的 99.5%。可见，99% 以上的人都以某一种称谓来称呼自己的祖父、祖母。

第二，闽南农村居民主要以"公"来称呼祖父，以"妈"或"母"来称呼祖母。在闽南农村，有 90% 以上的人都会以"公"来称呼自己的祖父，也有一小部分人会以"爷"来称呼祖父，但不到 10%，还有零星的个别人会选择"家""爸"来称呼祖父。称呼祖母的情况则有所不同，有近 60% 的人会以"妈"来称呼祖母，还有约 1/3 的人以"母"来称呼祖母，另外还有约 8% 的人会选择"奶"，选择"娘"的则有 1% 多一点。相对而言，闽南农村居民对祖母的称呼显得较为分散，不像称呼祖父那样高度集中于某一种称谓。

第三，祖父母称谓的变化趋势都不明显。先看祖父称谓，4 类称谓中，使用最多的两个称谓是"公"与"爷"，其中"公"在任何一个年龄层都占据着绝对优势。除了在 25—34 岁人群只有最低的 82% 外，"公"

在其他任何一个年龄层，使用率都在90％以上，其中在年龄最大的65岁以上人群为96.1％，在年龄最小的15—24岁人群为96.3％，两者相差无几，看不出有什么明显的变化。"爷"的使用率在不同年龄层也是起起伏伏，虽然在25—34岁人群中的使用率一度接近19％，但在15—24岁人群又回落到3.7％，差不多又恢复到65岁以上人群的水平。另外两个祖父称谓，"阿家"与"大爸"，一共才3个人使用，其使用率几乎可以忽略不计，看不出有什么变化。再看祖母称谓，"妈"在25岁以上群体中，其使用率会随着年龄的递增而递增，但在15—24岁群体中，其使用率又是最高的，甚至比65岁以上群体还要高出近6％；"母"在各个年龄层中忽高忽低，35—54岁群体的使用率最高，而两边的年轻人与老年人则又最低；"奶"的年龄分布更是杂乱，在25—34岁群体中使用率最高，接近18％，其他都在7％以下；"娘"使用人数少，使用率最低，与称呼祖父的"阿家"与"大爸"等差不多，看不出什么发展趋势。

　　图5.3、图5.4中的折线可以将闽南农村祖父母称谓的年龄分布特点更形象地展示出来。鉴于"阿家""大爸""娘"等称谓只有极少数人使用，其折线一则不能清楚地显示，二则也不能反映什么问题，因此图中就不再有这三种称谓的折线。

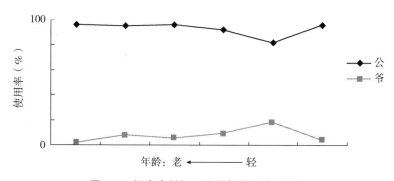

图5.3　闽南农村祖父称谓年龄分布折线图

　　从图5.3来看，"公"的使用率一直处于最高位，"爷"居于低位并与其有着很大的差距；从年老到年轻的走势来看，"公"在25—34岁这个阶段曾有过一次明显的下跌，但在随后的15—24岁这个阶段又开始上扬，达到使用率的顶点，比以往任何一个时期都要高；"爷"的折线起起

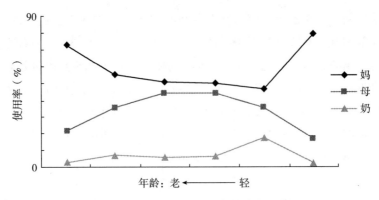

图 5.4　闽南农村祖母称谓年龄分布折线图

伏伏，但大体上与"公"存在此消彼长的分布特点，即"公"的使用率上涨时，"爷"的使用率就下跌，最明显的就是在 25—34 岁这个年龄段，"公"的使用率下跌至最低点，但"爷"却上涨到最高点。再看图 5.4，"妈"亦一直处于高位，但与处于顶点时的"母"相差并不大，其中"妈"呈"〰"状，而"母"呈"⌢"状；"奶"则是起起伏伏，曾在 25—34 岁这个年龄段达到最高点，但在随后的 15—24 岁又跌落到最低点，这倒与祖父称谓中的"爷"颇有几分相似。

　　总体而言，相对父母称谓，闽南农村的祖父母称谓则要简单得多，主要以"公"称呼祖父，而以"妈"或"母"称呼祖母，而且各个称谓相对稳定，没有像父母称谓那样呈现向"爸"或"妈"发展的明显态势。

（四）外祖父母称谓

　　中国传统的亲属制度以男系为中心，将亲属分为宗亲、外亲与妻亲这三大类（袁庭栋，1994：50；郭锦桴，2010：373）。由于中国传统社会的重男轻女，同一宗亲内的亲属关系一般更亲近、更重要，就像贾宝玉对林黛玉所言："你这么个明白人，难道连'亲不间疏，先不僭后'也不知道？我虽糊涂，却明白这两句话。头一件，咱们是姑舅姊妹，宝姐姐是两姨姊妹，论亲戚，他比你疏……"（《红楼梦》第二十回）在贾宝玉看来，林黛玉与薛宝钗一个是表妹、一个是表姐，但因为前者是姑妈的女儿，后者是姨妈的女儿，一个属于宗亲，一个属于外亲，所以便有了亲疏之分。亲属关系的这种亲疏之分也表现在称谓上，其中最明显的就是宗亲称谓往往都有自己的一套词语或词根，而外亲、姻亲则往往会在其基础上加一些别的词根以示区别。按曹志耘（2008：44—45）主编的《汉语方言地图集》，我国有很多地方都是用"外 X""家 X"的方式来称呼外祖父母，如外公、外奶、家爷、家奶等；甚至在安徽合肥方言中，人们以"爹爹""奶奶"来称呼祖父母，但在称呼外祖父母时，就用"伪爹爹""伪奶奶"（安徽省地方志编纂委员会，1997：164）。这些"外 X""家 X""伪X"等不仅是在语义上，也是在形式上显示出亲属关系的远近亲疏，因为按语言学的普遍规则，重要的事物和关系总是用单个的词语而不是短语来表示的，而新的更长的短语式称呼则喻示着某些亲属关系并不那么重要了（Wardhaugh，2000：226）。鉴于中国亲属称谓制度的这些特点以及外祖父母本身的属性，我们在统计时将重点关注闽南农村居民是用什么样的方式来将祖父母与外祖父母区别开来的，例如将带有"外"等词根或外祖父母居住地信息的称谓等单列一类，不再只是以最后一个词根为准来分类。

首先让我们看看闽南农村的外祖父称谓，其具有的类型主要有①：

1. 以"公"为唯一词根的，有"公""公仔""阿公""安公""影公"等。

2. 以"爷"为词根的，有"爷""爷爷"等。

3. 阿家。

4. 大。

5. 姥爷。

6. "外+X"，有"外公""外家公""外爷"等。

7. "地点+X"，如"前院公"等，其中"前院"就是外祖父所在村庄的名字。

再看外祖母的称谓，它们与外祖父称谓相应亦具有七类，分别有：

1. 以"妈"为词根的，有"妈""妈仔""阿妈""安妈""影妈""姆妈"等。

2. 以"母"为词根的，有"母""母仔""阿母""安母"等。

3. 以"奶"为词根的，有"奶""奶奶""阿奶"等。

---

① "外公""外家公""外爷"等，在统计时只归入"外"类，不归入"公"或"爷"类；"前院公"在统计时也只归入居住地信息类，而不归入"公"类。后面的外祖母称谓也按此统计归类。

4. 以"娘"为词根的，有"阿娘"等。

5. 姥姥。

6. "外+X"的，有"外婆""外妈""外母""外家母""外家妈"等。

7. "地点+X"，有"前院婆"等。

与祖父母称谓相比，闽南农村的外祖父母称谓要复杂一些，各有七类，其中1—4这四类大体上也可用于称呼祖父母（只是在"大爸"与"大"上稍有区别，前者用于称呼祖父，后者用于称呼外祖父），5—7这三类称谓则是祖父母称谓所没有的。这说明，在闽南农村，人们如果要在称谓上区别内外的话，主要是通过"姥爷/姥姥""外+X"以及"地点+X"这三种方式。表5.5所列是各类外祖父母称谓的使用数据，从中可以看出闽南农村外祖父母称谓的年龄分布大致具有这样几个特点：

表5.5　　　　　　　　闽南农村外祖父母称谓的年龄分布

亲属	称谓	15—24岁	25—34岁	35—44岁	45—54岁	55—64岁	65岁以上	使用总人数
外祖父	公	64(35.2)	130(59.6)	103(59.5)	87(51.8)	62(70.5)	62(63.3)	508(54.8)
	外+X	113(62.1)	77(35.3)	62(35.8)	73(43.5)	21(23.9)	35(35.7)	381(41.1)
	爷	1(0.5)	7(3.2)	8(4.6)	6(3.6)	5(5.7)	2(2.0)	29(3.1)
	姥爷	3(1.7)	3(1.4)	0(0.0)	1(0.6)	0(0.0)	0(0.0)	7(0.8)
	地点+X	1(0.5)	0(0.0)	0(0.0)	1(0.6)	0(0.0)	0(0.0)	2(0.2)
	家	0(0.0)	0(0.0)	0(0.0)	0(0.0)	1(1.1)	0(0.0)	1(0.1)
	大	0(0.0)	1(0.5)	0(0.0)	0(0.0)	0(0.0)	0(0.0)	1(0.1)
调查总人数		182	218	173	168	88	98	929 / 927
外祖母	外+X	115(62.9)	78(35.1)	62(36.0)	72(42.6)	22(23.9)	35(36.1)	384(41.1)
	妈	45(24.6)	72(32.4)	49(28.5)	46(27.2)	34(37.0)	44(45.4)	290(31.0)
	母	19(10.4)	62(27.9)	56(32.6)	42(24.8)	29(31.5)	17(17.5)	225(24.1)
	奶	1(0.5)	7(3.2)	5(2.9)	5(3.0)	6(6.5)	1(1.0)	25(2.7)
	姥姥	2(1.1)	3(1.4)	0(0.0)	3(1.8)	0(0.0)	0(0.0)	8(0.9)
	地点+X	1(0.5)	0(0.0)	0(0.0)	1(0.6)	0(0.0)	0(0.0)	2(0.2)
	娘	0(0.0)	0(0.0)	0(0.0)	0(0.0)	1(1.1)	0(0.0)	1(0.1)
调查总人数		183	222	172	169	92	97	935 / 935

注：括号外数据为使用人数，括号内数据为该人数占所在群体人数的百分比。

第一，绝大多人都是用某一种称谓来称呼自己的外祖父母。从表 5.5 来看，称呼外祖父的调查总人数与使用总人数分别为 927 人、929 人，仅有 2 人使用了两种不同的称谓，而其他 925 人都在使用某一种称谓来称呼外祖父，这占了调查总人数的 99.8%；称呼外祖母的调查总人数与使用总人数都是 935 人，说明大家只用某一种称谓来称呼自己的外祖母。

第二，闽南农村居民，尤其是年轻人，主要以"外+X"的方式来区别内外。表 5.5 显示，在体现内外有别的三类外祖父母称谓中，以"外+X"为最，其使用率都在 40% 以上，其他两类几乎可以忽略不计，如称呼外祖父的"姥爷""地点+X"合起来也才 1%，而外祖母称谓也是如此。在年龄分布上，15—24 岁这个群体最喜欢在称谓上区别内外。例如，该群体使用"外+X"称呼外祖父、外祖母的比例都在 62% 以上，远高于其他群体；另外，对"姥爷""地点+X"的使用，该群体也高于其他群体。为什么最为年轻的群体反而最注重内外有别？这倒是个有意思的问题，我们会在后文择机回答。

第三，"外+X"往往结对在一起使用以称呼自己的外祖父母。调查时发现，当说话人在以"外+X"方式来称呼自己的外祖父时，他（她）一般也会以"外+X"方式来称呼自己的外祖母，反之亦然。这从表 5.5 中也可以看出来（见其中有底纹的数据），该表显示，"外+X"在外祖父、外祖母称谓中的使用率总体上都是 41.1%，而且在每个年龄层中的使用率也是非常接近。如在 55—64 岁组，以"外+X"方式称呼外祖父母的概率都是 23.9%；在 45—54 岁组，以"外+X"称呼外祖父母的概率分别为 43.5%、42.6%，两者相差 0.9%，而这已经是使用率相差最大的一次了。很显然，"外+X"往往是结对使用的，极少有人将此称谓与其他称谓搭配在一起使用。

第四，闽南农村居民大多数居民在称谓的使用上并不注重内外有别。虽然 15—24 岁组注重内外有别，但在整个闽南农村又非如此。在外祖父母称谓中，显示内外有别的主要有"外+X""姥爷/姥姥""地点+X"这几个称谓，但表 5.5 显示，使用这些称谓的人仅约占 42%，而使用"公""爷"或"妈""母""奶""娘"这些不分内外的称谓则约占 58%。可见，闽南农村大多数人并不怎么注重称谓上的内外有别。林寒生（1994）曾认为，闽台亲属称谓注重父系与母系的区分。如果仅从称谓类型上看，闽南农村确实存在内外有别的亲属称谓，但从实际的使用看，大多数人又非如此。

第五，外祖父母称谓的变化趋势不明显。（1）先看外祖父称谓，使用率最高的两个称谓"公"与"外+X"虽然在15—24岁组分别达到最低与最高，但在之前的各年龄组都是或高或低的。例如，"公"曾在45—54岁跌至51.8%，比邻近的55—64岁、35—44岁年龄组分别少了约19%、8%，由此来看，"公"的未来是下跌还是上涨，单凭一个15—24岁组是很难判断的。"外+X"也是如此，在55—64岁组，其使用率曾跌至最低，约为24%，但在更为年轻的各年龄组，其使用率高高低低，也是不能仅凭一个15—24岁组来判断其未来就是会一直涨起来的。"爷"的使用率在各个年龄组呈现"⌒"状，即年轻与年老的使用率都比较低，而居于其间的中间年龄层则比较高，同样难以判断其发展趋势，而"姥爷""地点+X""家""大"这四类称谓的使用率过低，未来有可能彻底消失，也有可能继续会有零星的人使用。（2）再看外祖母称谓，使用率最高的三个称谓是"外+X""妈""母"，它们在各个年龄组的使用率也是高低起伏，难以看清其发展趋势，而"奶"则呈现"⌒"状，"姥姥""地点+X""娘"等只有极少数人使用，亦都难以看清发展态势。

根据表5.5的数据，我们制成了相应的折线图（图5.5与图5.6），其中使用率不足1%的称谓没有放置其中。图5.5显示，"公"与"外+X"这两条线处在高位且与"爷"线没有交集，显示出这两个称谓的使用率明显高于"爷"；"公"与"外+X"此消彼长，其中在25岁以上人群，"公"的使用率一直高于"外 X"，但在最年轻的15—24岁组，"外+X"的使用率又超过了"公"。不过，我们还不能简单地认为，闽南农村的外祖父称谓在朝着"外+X"的方向发展，因为这两条线在25岁以上人群一直呈起伏状，难以判断走势。

再看图5.6，与外祖父称谓相似，外祖母称谓也是有一个称谓，即"奶"明显处于下位并与其他三类称谓没有交集，而这三类称谓的折线可谓犬牙交错，且每条都有起伏，只是在15—24岁组才有分开，因此也难以仅凭这点来判断其走势。

总体而言，闽南农村的外祖父母要比祖父母称谓复杂一些，但其发展趋势也不明朗。有些称谓较为流行，如外祖父称谓中"公"与"外+X"，外祖母称谓中的"外+X""妈""母"等；有些称谓如"爷""奶"等只

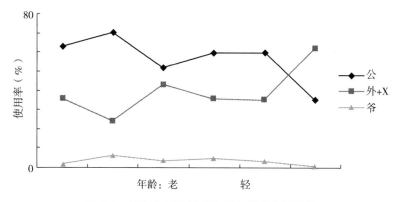

图 5.5 闽南农村外祖父称谓年龄分布折线图

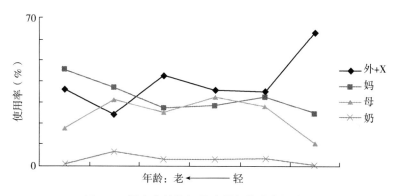

图 5.6 闽南农村外祖母称谓年龄分布折线图

有一小部分人在使用，还有些称谓仅有个别人在使用，如"家""大""奶""娘"以及"地点+X"等，它们实际上已处于消失的边缘。

四 小结

通过以上一番分析，我们对闽南农村父亲称谓大致可以形成这样几个总体印象：

第一，闽南农村"一个亲属一种称谓"的现象非常普遍。从前面的分析来看，用某一种称谓来称呼某个亲属的现象最为普遍，即便是概率最低的母亲称谓，也接近93%。这也从另外一个角度证实，闽南农村居民在称呼亲属时极少有改口的情况，说明此次调查得出的年龄分布数据可以用来探讨闽南农村亲属称谓进行中的变化。"一个亲属一个称谓"实际上也是我国亲属称谓的一种常态化现象，例如付义荣（2008）在安徽傅村的调查发现，那儿的父亲称谓就存在"使用一贯"的特点，即说话人一旦学会了某种父亲称谓，就会一直使用这个称谓来称呼自己的父亲。不过，安徽傅村与闽南农村稍有不同的是，前者没有改口的现象，后者也有改口的情况，只是占比极少而已。

　　第二，亲属称谓种类繁多，但使用极不均衡。我们此次虽然只调查了父母、祖父母及外祖父母这三类亲属的称谓，但称谓的类型多达42种（见表5.6），如果再算上每一类下面那些具体的称谓，那么这三类亲属的称谓数量几乎多达百种，令人不由得感叹闽南方言亲属称谓的丰富性。不过，这么多的称谓真正称得上规模使用的并不多。如果以总体使用率10%为限的话，那么42种称谓中也只有12种能够算做"有规模"的使用了，仅占所有称谓总数的28.6%，其中称呼祖父的"公"使用率最高，达到91.9%，这也是闽南农村使用率唯一达到九成的亲属称谓，可以说绝大多数闽南农村人都是以"公"来称呼自己的祖父。然而，竟然有25个称谓（占称谓总数的59.5%）的使用率不足4%，其中又有18个称谓（占称谓总数的42.9%）的使用率甚至没超过1%，像这些称谓实际上只有极少数人甚至个别人在使用。

表5.6　　　　　　　　闽南农村亲属称谓总体使用情况一览

序号	称谓	亲属	使用率(%)	序号	称谓	亲属	使用率(%)
1	公	祖父	91.9	22	娘	母亲	2.1
2	爸	父亲	83.8	23	姊	母亲	1.1
3	妈	母亲	64.3	24	娘	祖母	1.1
4	妈	祖母	58.2	25	奶	母亲	1.0
5	公	外祖父	54.8	26	姐	母亲	1.0
6	外+X	外祖父	41.1	27	姥姥	外祖母	0.9
7	外+X	外祖母	41.1	28	家	父亲	0.8
8	母	祖母	33.4	29	姥爷	外祖父	0.8
9	妈	外祖母	31.0	30	姑	母亲	0.7
10	母	外祖母	24.1	31	嫂	母亲	0.4
11	母	母亲	19.3	32	伯	父亲	0.3
12	姨	母亲	11.0	33	哥	父亲	0.3
13	爷	祖父	8.6	34	爷	父亲	0.2

续表

序号	称谓	亲属	使用率(%)	序号	称谓	亲属	使用率(%)
14	叔	父亲	8.4	35	地点+X	外祖父	0.2
15	奶	祖母	7.8	36	地点+X	外祖母	0.2
16	名字	母亲	6.1	37	阿家	祖父	0.2
17	名字	父亲	5.3	38	妗	母亲	0.1
18	爹	父亲	3.2	39	家	外祖父	0.1
19	爷	外祖父	3.1	40	大	外祖父	0.1
20	奶	外祖母	2.7	41	娘	外祖母	0.1
21	父	父亲	2.3	42	大爸	祖父	0.1

第三，闽南农村的父母称谓有着非常明显的"爸妈化"趋势，但祖父母与外祖父母的变化趋势并不明显。从表5.2、表5.3来看，"爸""妈"目前已是闽南农村使用最为普遍的父母称谓，使用率远超其他父母称谓，而且从年龄最大的65岁以上人群开始，"爸""妈"就开始扩散，它们在65岁以上人群还不是最流行的父母称谓，但到了55—64岁人群，"爸""妈"的使用率就已超出其他父母称谓，其中"爸"的扩散更快一些，在55—64岁人群，它的使用率就已经达到了63.3%，而"妈"直至45—54岁人群才首次超出50%。相对父母称谓而言，祖父母与外祖父母的称谓，其变化趋势并不明确。无论是称呼祖父的"公"，称呼祖母的"妈""母"，还是称呼外祖父的"公""外+X"，称呼外祖母的"外+X""妈""母"，一直都拥有较高的使用率，而且这些称谓的年龄分布或高或低，很难判断未来会朝哪个方向发展。

第四，部分称谓近乎无人使用。前文已悉，闽南农村所用的称谓虽然很丰富，但大部分的使用并不成规模，甚至不少称谓只有个别人在使用，像表5.6中排序较为靠后的几个称谓，如"妗""家""大""娘""大爸"等只有1个人在使用，它们实际上随时都有可能消失。

上述事实不仅反映了闽南农村亲属称谓的使用现状，其实也蕴含着我们需要回答的几个问题：

第一，闽南农村父母称谓为什么在改革开放之前就在朝着"爸爸""妈妈"的方向发展呢？父母称谓的"爸爸化""妈妈化"在我国并不是什么新闻，很多地方都是如此，例如在湖北（汪化云，1996；万小双，2018）、青海（都兴宙，1998）、四川（谭伦华，2001；何传勇，2018）、浙江（曹志耘，2003）、安徽（付义荣，2008；李少婧，2018）、江苏（刘慧，2008）、山东（刘若轩，2012）、重庆（马宇、谭吉勇，2018）、云南（明黎娟，2018）等省市的一些地方，都发现了类似的现象。不过，这些地方父母称谓"爸爸化""妈妈化"的发生时间都发生于改革开放之后，而就我们此次调查的结果看，闽南农村父母称谓的"爸爸化""妈妈化"进程早在改革开放之前就已发生了。例如自65岁以上人群至最年轻的15—24岁人群，"爸爸"的使用率一直都在增长，甚至增长最快的也不是发生于改革开放之后成长起来的人群，而是55—64岁这个群体，该群体的"爸爸"使用率为63.4%，一下子比65岁以上人群高出28.7%（见表5.2）；"妈妈"的使用率总体上也一直在增长，不过到了最年轻的15—24岁群体，其势头反而有所回落，该群体的"妈妈"使用率不但没升，反而比25—34岁群体低了4.7%（见表5.3）。这又是为什么呢？对此我们不能不有所回答。

第二，闽南农村的祖父母、外祖父母称谓为什么没有发生明显的变化？此类现象不仅在闽南农村，在我国其他一些地方也有发现。例如刘若轩（2012）通过对山东诸地亲属称谓的研究发现，"在亲属称谓的变迁中，越是与自己关系亲近的亲属称谓越是种类繁多、花样百出，变化也是最快的，而相对疏远的称谓则变化比较慢，有的甚至一直都没变化"。何传勇（2018）在四川成都的一个客家方言岛调查时也发现，祖辈称谓（包括祖父母、外祖父母的称谓）最为稳定，社会变动对其影响不大，是亲属称谓系统中最稳固的部分。这些研究都发现了祖父母、外祖父母称谓的稳固性，但遗憾的是，他们并未给予解释。

第三，闽南农村亲属称谓为什么有些正趋于消失？通过前文的分析以及表5.6反映的情况看，闽南农村有很多亲属称谓的使用率相当低，这些称谓既有称呼父母的，也有称呼祖父母、外祖父母的。语言的生命在于运用，词语也是如此，使用率极低的亲属称谓也是极有可能会消失的。至于为什么有些称谓会消失，陈原（2000：256）认为，由于中国社会晚婚晚育政策及提倡一对夫妇只养一个孩子，"独生子女"比以前多了，所以有些称谓就不再需要了。郭熙（2004：232）认为，有些亲属称谓之所以会消失无外乎两个原因：一是人们亲属观念的淡化，二是计划生育政策引起的人口减少，其中后一个原因可能是问题的关键。刘若轩（2012）也认为，独生子女政策的实行，使得家庭规模越来越小，每家只有一个孩子，使得与表兄弟姐妹和堂兄弟姐妹之间的关系拉近，作为区分直系亲属与旁系亲属的"表、堂、叔伯"等字就失去存在的意义了；还有一些远亲称谓，如祖父母、外祖父母的兄弟姐妹等的称谓，因为说话人根本就没见过，所以也会逐渐退出历史舞台。显而易见，这些解释都有一定的道理，但并不适用于我们此次研究，因为父母、祖父母、外祖父母等是人人都有的至亲，除非他们过早去世，否则就不存在说话人因没有这些亲属而不用这些称谓的问题。因此，关于闽南农村亲属称谓为什么有些会消失，还得另寻原因。

第二节　闽南农村亲属称谓的社会分布

同样地，我们将从社会分布入手来探寻闽南农村亲属称谓的变化原因。为便于比较，我们将所有这些亲属称谓放在一起，对它们在区域、性别、职业、文化程度等方面的分布进行逐一分析，其中这四个社会变项所具有的内涵与上一章是一致的。

一　闽南农村亲属称谓的区域分布

表5.7—表5.10显示了各类亲属称谓在厦漳泉农村的分布情况，由于这是从区域视角来统计的，所以不仅要求被试填报的称谓信息要明确，也要求填报的区域信息要明确，所以这些表中同一个地方所调查到的人数彼此会略有差异，且和之前年龄分布的同类数据也不一致。例如，表5.7中，厦门地区的人数305人，但表5.8中又是303人，相差2人；再如表5.7中厦漳泉三地农村合计935人，而前文表5.2中的总人数为968人，相差了33人。这并非是统计错误，而是从不同视角进行数据统计所致，仅此而已。后文中的性别、职业、文化程度等也存在类似的情况，在此一并说明，届时不再赘述。

下面我们依旧按父亲称谓、母亲称谓、祖父母称谓、外祖父母称谓来分析它们的区域分布特点。

（一）父亲称谓

从表5.7来看，闽南农村父亲称谓的区域分布主要具有以下一些特点：

表 5.7　　　　　　　　　　　闽南农村父亲称谓的区域分布

称谓	厦门		漳州		泉州	
	人数	%	人数	%	人数	%
爸	279	91.5	245	74.0	229	76.6
叔	0	0.0	78	23.6	14	4.7
名字	21	6.9	16	4.8	10	3.3
爹	2	0.7	3	0.9	18	6.0
父	4	1.3	1	0.3	19	6.4
家	0	0.0	0	0.0	8	2.7
伯	0	0.0	1	0.3	0	0.0
哥	0	0.0	0	0.0	3	1.0
爷	2	0.7	0	0.0	0	0.0
调查总人数	305		331		299	

第一，"爸"是闽南三地农村最流行的父亲称谓。这种"流行"主要体现在它的分布区域广泛，且区域使用率也最高。表5.7显示，9个父亲称谓中，只有"爸""名字""爹""父"在各地都有分布，但在使用率上，其他任何一个称谓都与"爸"有着极大的差距，即便是在漳州，"爸"的使用率也高达74%，比其后的"叔"高出50%还多，而这还是"爸"与其他父亲称谓之间最小的差距。

第二，"爸"在厦门农村的使用率远高于漳泉二地农村。表5.7显示，厦门"爸"的使用率最高，达到91.5%，而其在漳泉二地的农村，使用率大概在75%左右，明显低于厦门。

第三，泉州农村的父亲称谓最为多样，而厦门农村最为简单。表5.7显示，泉州境内所用的父亲称谓多达7种，高于漳州（6种）与厦门（5种）。

第四，"叔"在漳州农村比其他二地更为流行。"叔"在漳州农村的使用率高达23.6%，而在厦门、泉州二地农村分别仅为0%、4.7%。另外，漳州地区的"叔"也是"爸"以外，区域使用率最高的父亲称谓，其他7个父亲称谓在某个地区的使用率最高也没有超过7%。

（二）母亲称谓

从表5.8来看，闽南农村母亲称谓的区域分布主要具有以下特点：

表 5.8　　　　　　　　　　闽南农村母亲称谓的区域分布

称谓	厦门		漳州		泉州	
	人数	%	人数	%	人数	%
妈	245	80.9	194	58.4	150	49.0
母	41	13.5	31	9.3	112	36.6
姨	0	0.0	119	35.8	1	0.3
名字	20	6.6	25	7.5	10	3.3
娘	1	0.3	0.0	0.0	19	6.2
婶	0	0.0	0.0	0.0	11	3.6
奶	0	0.0	13	3.9	0	0.0
姐	0	0.0	3	0.9	8	2.6
姑	0	0.0	0.0	0.0	8	2.6
嫂	0	0.0	1	0.3	3	1.0
妗	0	0.0	0.0	0.0	1	0.3
调查总人数	303		332		306	

第一，"妈"是闽南三地农村最流行的母亲称谓。表 5.8 显示，11 个母亲称谓中，在闽南三地都有分布的只有"妈""母""名字"这三个称谓，且每个区域，"妈"的使用率都是最高。不过，相对于父亲称谓中的"爸"，"妈"的优势并没有那么大。例如，在泉州，"妈"的使用率与"母"也仅相差 12.4%；在漳州与"姨"的使用率则相差 22.6%，都比相应的"爸"与其他父亲称谓之间的差距要小得多。

第二，"妈"在厦门农村的使用率远高于漳泉二地农村。表 5.8 显示，"妈"在厦门农村的使用率约为 81%，而在漳泉分别不到 60% 与 50%，差距还是比较明显的。

第三，泉州农村的母亲称谓最为多样，而厦门农村最为简单。表 5.8 显示，11 种母亲称谓中，泉州境内分布有 10 种，仅有"奶"没有分布，远高于漳州（7 种）与厦门（4 种）。

第四，除"妈"外，各地农村还有各自流行的一些母亲称谓。如漳州比较流行"姨"，使用率达 35.8%，而该称谓在厦泉二地几乎无人使用；泉州比较流行"母"，使用率为 36.6%，明显高于厦门（13.5%）与漳州（9.3%）。

（三）祖父母称谓

从表 5.9 来看，闽南农村祖父母称谓的区域分布主要具有以下特点：

表 5.9　　　　　　　　闽南农村祖父母称谓的区域分布

亲属	称谓	厦门		漳州		泉州	
		人数	%	人数	%	人数	%
祖父	公	251	82.8	329	99.1	284	94.0
	爷	55	18.2	3	0.9	14	4.6
	阿家	0	0.0	0	0.0	3	1.0
	大爸	0	0.0	0	0.0	1	0.3
调查总人数		303		332		302	
祖母	妈	97	33.3	232	68.6	230	75.4
	母	151	51.9	103	30.5	46	15.1
	奶	43	14.8	3	0.9	18	5.9
	娘	0	0.0	0	0.0	11	3.6
调查总人数		291		338		305	

第一，"公"是厦漳泉各地最流行的祖父称谓，但在厦门明显不如漳泉二地流行。在厦漳泉三地，"公"都是使用率最高的祖父称谓，远比其他称谓高，但横向比较来看，"公"在厦门的使用率最低，为 82.8%，比漳泉二地分别少了 16.3%、11.2%，差距明显。

第二，漳泉农村流行以"妈"称呼祖母，厦门农村则主要以"母"称呼祖母。表 5.9 显示，漳泉农村使用率最高的祖母称谓是"妈"，而厦门则是"母"，但它们的区域使用率都不像祖父称谓"公"那么高，其中最高的泉州"妈"，其使用率也只有 75.4%，而厦门"母"的使用率亦只有 51.9%。可见，在闽南农村，迄今还没有一个占绝对优势的祖母称谓。

第三，泉州农村的祖父母称谓最为多样。从表 5.9 来看，所有祖父母称谓在泉州农村都有分布，而在漳泉二地，祖父称谓没有"阿家"与"大爸"，祖母称谓没有"娘"。

第四，"爷""奶"在厦门农村比其他二地更受欢迎。在闽南农村所用的祖父母称谓中，"爷""奶"是与普通话一致的祖父母称谓，它们在厦门农村的使用率分别为 18.2%、14.8%，明显高于漳泉二地农村，像泉州"奶"只有 5.9%，而这已经是最高的了。

（四）外祖父母称谓

从表 5.10 来看，闽南农村外祖父母称谓的区域分布主要呈现以下几个特点：

表 5.10　　　　　　　　闽南农村外祖父母称谓的区域分布

亲属	称谓	厦门		漳州		泉州	
		人数	%	人数	%	人数	%
外祖父	公	200	69.0	270	80.8	23	7.7
	外+X	64	22.1	61	18.3	271	90.6
	爷	21	7.2	1	0.3	3	1.0
	姥爷	5	1.7	0	0.0	0	0.0
	地点+X	1	0.3	0	0.0	1	0.3
	家	0	0.0	0	0.0	1	0.3
	大	0	0.0	1	0.3	0	0.0
调查总人数		290		334		299	
外祖母	外+X	64	21.8	61	18.2	275	91.1
	妈	77	26.3	211	62.8	8	2.6
	母	128	43.7	62	18.5	14	4.6
	奶	18	6.1	2	0.6	3	1.0
	姥姥	6	2.0	0	0.0	0	0.0
	地点+X	1	0.3	0	0.0	1	0.3
	娘	0	0.0	0	0.0	1	0.3
调查总人数		293		336		302	

第一，外祖父称谓中，"公"在厦漳农村最流行，而"外+X"在泉州农村最流行。表 5.10 显示，"公"在厦漳农村分别有七成、八成的使用率，但在泉州农村连一成都不到，该地有九成以上的人都在用"外+X"来称呼外祖父。

第二，厦漳泉三地农村都有各自最流行的外祖母称谓。表 5.10 显示，厦门农村使用率最高的外祖母称谓是"母"（43.7%），漳州农村是"妈"（62.7%），泉州农村是"外+X"（91.1%）。

第三，泉州农村最喜欢以"外+X"来区别内外。表 5.10 显示（见有底纹的数据），在泉州农村，"外+X"在外祖父母称谓中的使用率都在

90%以上，而厦门、漳州二地分别约为22%、18%，泉与厦漳之间的差距巨大。再结合之前的表5.9来看，漳州农村对祖父、外祖父使用最多的称谓都是"公"，对祖母、外祖母使用最多的称谓都是"妈"；厦门农村对祖父、外祖父使用最多的称谓都是"公"，对祖母、外祖母使用最多的称谓都是"母"；但泉州对祖父、外祖父使用最多的称谓分别是"公"与"外+X"，对祖母、外祖母使用最多的称谓分别是"妈"与"外+X"。很明显，泉州农村居民不仅最喜欢用"外+X"来称呼外祖父母，而且还最喜欢以"外+X"的方式来区别内外亲属。

二　闽南农村亲属称谓的性别分布

表5.11—表5.14列出了各类亲属称谓的性别分布数据，让我们依次对其进行分析。

（一）父亲称谓

从表5.11来看，父亲称谓在性别分布上主要具有这样几个特点：

表 5.11　　　　　　　　　闽南农村父亲称谓的性别分布

称谓	男性		女性	
	人数	%	人数	%
爸	354	79.0	372	81.8
叔	51	11.4	32	7.0
名字	19	4.2	29	6.4
爹	7	1.6	13	2.9
父	13	2.9	11	2.4
家	1	0.2	5	1.1
伯	4	0.9	0	0.0
哥	1	0.2	1	0.2
爷	3	0.7	0	0.0
调查总人数	448		455	

第一，男女通常都以"爸"来称呼父亲。表5.11显示，"爸"在男女群体中都有着最高的使用率，分别为79%、81.8%，而其他称谓中，仅有"叔"在男性中的使用率超过了10%，余下的称谓如"家""伯""哥""爷"等，使用率都极低，最高时也就1%左右。

第二，男性与女性对父亲称谓的使用具有高度的相似性。这主要体现在两个方面。其一，使用率最高的几个称谓，男女一致。在不同性别中，使用率最高的三种称谓依次都是：爸>叔>名字，它们在男女群体中的使用率分别合占了94.6%、95.2%；其二，男女对同一个称谓的使用，相差不大。例如，对同一个称谓的使用上，男女相差最大的是"叔"，但也仅有4.4%的差距。较之前面动辄百分之几十的区域差异，性别差异显然要小得多。

（二）母亲称谓

表5.12列出了母亲称谓的性别分布数据，从中可以看出以下两个特点：

表 5.12　　　　　　　　　闽南农村母亲称谓的性别分布

称谓	男性		女性	
	人数	%	人数	%
妈	267	59.1	302	66.5
母	88	19.5	90	19.8
姨	68	15.0	39	8.6
名字	21	4.6	34	7.5
娘	7	1.5	11	2.4
婶	11	2.4	1	0.2
奶	1	0.2	8	1.8
姐	7	1.5	3	0.7
姑	3	0.7	4	0.9
嫂	0	0.0	1	0.2
妗	0	0.0	0	0.0
调查总人数	452		454	

第一，大多数男女都以"妈"来称呼母亲。表5.12显示，"妈"在男女群体中的使用率没有"爸"那么高，但依旧是使用率最高的母亲称谓，分别达到了59.1%、66.5%；其次"母"的使用率也较高，男女都有近二成的人在使用它。

第二，男性与女性对母亲称谓的使用具有高度的相似性。例如，使用率最高的几个母亲称谓依次都是：妈>母>姨>名字，它们在男女群体中的使用率分别合占了 98.2%、102.4%①；对同一个母亲称谓的使用差别也不大，如"妈"在不同性别中的使用率相差 7.4%，这已是性别差异最大的一个母亲称谓了。

（三）祖父母称谓

从表 5.13 来看，祖父母称谓在性别分布上主要具有以下特点：

表 5.13　　　　　　　　　闽南农村祖父母称谓的性别分布

亲属	称谓	男性		女性	
		人数	%	人数	%
祖父	公	423	92.2	410	90.1
	爷	34	7.4	44	9.7
	阿家	1	0.2	1	0.2
	大爸	1	0.2	1	0.2
调查总人数		459		455	
祖母	妈	264	54.0	261	58.4
	母	185	37.8	145	32.4
	奶	34	7.0	38	8.5
	娘	6	1.2	4	0.9
调查总人数		489		447	

第一，绝大多数男女都以"公"来称呼祖父。由表 5.13 来看，无论男女，都有九成以上的人以"公"来称呼祖父，而其他称谓的使用率都不到一成。

第二，绝大多数男女都以"妈"与"母"来称呼祖母。表 5.13 显示，无论男女，一半以上的人都在以"妈"来称呼祖母，但使用"母"的人也不少，使用率都在三成以上。闽南农村男性对这两个称谓的使用比例合计达到 91.8%、女性则达到 90.8%。据此可以看出，闽南农村绝大多数男女是以"妈"与"母"来称呼祖母，另外也可看出，无论男女，对祖母称谓的使用都没有像祖父称谓的使用那样高度集中于某一个称谓。

第三，男性与女性对祖父母称谓的使用特点高度相似。在闽南农村，

---

① 由于存在同一个人使用两个及以上不同母亲称谓的情况，因此就会出现使用率超过 100%，即使用人数超过调查人数的情况。

人们所用的祖父母称谓分别有四种，但不同性别的人对他们的使用非常相似，如使用率的高低排序依次都是一样的，而且在同一个称谓的使用率上，男女之间差别也不是很大，如对"母"的使用，男女之间相差5.4%，这就已经是最大的差距了。

（四）外祖父母称谓

从表5.14来看，外祖父母称谓在性别分布上主要具有以下特点：

表 5.14 闽南农村外祖父母称谓的性别分布

亲属	称谓	男性		女性	
		人数	%	人数	%
外祖父	公	269	55.0	243	54.9
	外+X	200	40.9	181	40.9
	爷	18	3.7	12	2.7
	姥爷	1	0.2	4	0.9
	地点+X	1	0.2	1	0.2
	家	0	0.0	1	0.2
	大	0	0.0	1	0.2
调查总人数		489		443	
外祖母	外+X	202	41.1	183	41.2
	妈	141	28.7	147	33.1
	母	134	27.2	95	21.4
	奶	14	2.8	12	2.7
	姥姥	1	0.2	5	1.1
	地点+X	1	0.2	1	0.2
	娘	0	0.0	1	0.2
调查总人数		492		444	

第一，无论男女，使用较多的外祖父称谓都是"公"与"外+X"。闽南农村虽然有7种外祖父称谓，但使用率达到40%以上的只有"公"与"外+X"，其中"公"的使用率约为55%、"外+X"的使用率约为41%，而其他称谓的使用率都在4%以下，有的称谓，如"地点+X"只有个别男女才会使用，而"家""大"在男性中甚至无人使用。

第二，无论男女，使用较多的外祖母称谓都是"外+X""妈""母"。

这三个称谓的使用率在男性与女性中的使用率都在 20% 以上，而其他几个称谓的使用率都在 3% 以下，有些称谓也存在只有个别男女在使用，甚至无人使用的情况。

　　第三，男性与女性对外祖父母称谓的使用特点高度相似。两相对比不难看出，男性与女性在对外祖父母称谓的使用上呈现高度的一致：一方对某个称谓的使用率高，另一方也高；一方对某个称谓的使用率低，另一方也低。如前面提到的"公""外+X""妈""母"等称谓，男女都有较高的使用率，而其他外祖父母称谓，男女的使用率都不高。如"家""大"在男性中无人使用，且它们在女性中，也仅有个别人使用。

三　闽南农村亲属称谓的职业分布

　　表 5.15—表 5.18 列出了各类亲属称谓的职业分布数据，下面让我们依次展开分析。

（一）父亲称谓

　　从表 5.15 来看，父亲称谓在职业分布上主要呈现以下特点：

表 5.15　　　　　　　　闽南农村父亲称谓的职业分布

称谓	在就业							未就业	
	农业	工业	商业	服务业	行政	教育	其他1	学生	其他2
爸	166(64.3)	82(94.3)	76(83.5)	166(89.2)	34(79.1)	59(89.4)	39(95.1)	110(96.5)	32(61.5)
叔	60(23.3)	0(0.0)	5(5.5)	3(1.6)	4(9.3)	4(6.1)	1(2.4)	0(0.0)	6(11.5)
名字	21(8.1)	3(3.4)	3(3.3)	6(3.2)	3(7.0)	3(4.5)	4(9.8)	0(0.0)	5(9.6)
爹	12(4.7)	1(1.1)	3(3.3)	4(2.2)	1(2.3)	0(0.0)	0(0.0)	0(0.0)	0(0.0)
父	6(2.3)	0(0.0)	4(4.4)	4(2.2)	1(2.3)	1(1.5)	0(0.0)	4(3.5)	5(9.6)
家	0(0.0)	1(1.1)	1(1.1)	3(1.6)	0(0.0)	0(0.0)	0(0.0)	0(0.0)	3(5.8)
伯	3(1.2)	0(0.0)	1(1.1)	0(0.0)	0(0.0)	0(0.0)	0(0.0)	0(0.0)	0(0.0)
哥	1(0.4)	0(0.0)	0(0.0)	0(0.0)	0(0.0)	0(0.0)	0(0.0)	0(0.0)	1(1.9)
爷	0(0.0)	0(0.0)	0(0.0)	1(0.5)	0(0.0)	0(0.0)	0(0.0)	0(0.0)	0(0.0)
调查总人数	258	87	91	186	43	66	41	114	52

　　注：括号外数据为使用人数，括号内数据为该人数占所在群体人数的百分比。

　　第一，"爸"是各群体最流行的父亲称谓。在诸群体，"爸"的使用率都至少在 60% 以上，远远高于其他父亲称谓。如在农业群体，"爸"与

"叔"的使用率分别为 64.5%、23.5%，二者相差 41%，而这已经是"爸"与其他父亲称谓在使用率上最小的一次差距了；即便是在使用率最低的"其他 2"群体，"爸"的使用率也比紧随其后的"叔"高出 50%。

第二，"爸"的职业分布存在明显不同的档次。"爸"的使用率从高到低依次是：学生>其他 1>工业>教育>服务业>商业>行政>农业>其他 2，各群体大抵可归为四档：

（1）学生、其他 1、工业：94%—97%

（2）教育、服务业：89%—90%

（3）商业、行政：79%—84%

（4）农业、其他 2：61%—65%

可以看出，不同档次之间的差别还是非常大的。如同处第 3 档的商业、行政两个群体，"爸"的使用率相差 4.4%，这已是同档群体间最大的差异了，像第 2 档的教育、服务业两个群体，"爸"的使用率则只相差 0.2%，但处在不同档的其他各群体，彼此间最小的差距也达到了 4.9%（即"工业"与"教育"），而最大的差距则高达 35%（即"学生"与"其他 2"）。

第三，农业群体比其他群体更喜欢以"叔"来称呼父亲。"叔"在农业群体中的使用率为 23.3%，但在其他群体中最高的也仅有 9.3%（行政），而在"工业"与"学生"群体中甚至为零。很明显，关于"叔"的使用，农业群体与其他群体之间存在明显的差异。

第四，"学生"群体所用的父亲称谓最为简单。从表 5.15 来看，学生所用的父亲称谓仅有"爸爸"与"父"这两种称谓，而其他群体所用的父亲称谓一般都是 3—7 种，像"农业""商业""服务业"等群体就用了 7 种不同的父亲称谓。

（二）母亲称谓

表 5.16 是母亲称谓的职业分布数据，通过该表可以看出：

表 5.16　　　　　　　　闽南农村母亲称谓的职业分布

称谓	在就业							未就业	
	农业	工业	商业	服务业	行政	教育	其他 1	学生	其他 2
妈	109(42.1)	63(72.4)	52(57.1)	146(78.5)	32(74.4)	50(75.8)	32(78.0)	94(82.5)	22(41.5)
母	59(22.8)	21(24.1)	18(19.8)	29(15.6)	5(11.6)	6(9.1)	5(12.2)	22(19.3)	17(32.1)

续表

称谓	在就业							未就业	
	农业	工业	商业	服务业	行政	教育	其他1	学生	其他2
姨	79(30.5)	3(3.4)	8(8.8)	3(1.6)	4(9.3)	5(7.6)	3(7.3)	0(0.0)	4(7.5)
名字	31(12.0)	3(3.4)	4(4.4)	7(3.8)	3(7.0)	4(6.1)	3(7.3)	0(0.0)	5(9.4)
娘	9(3.5)	1(1.1)	4(4.4)	3(1.6)	0(0.0)	0(0.0)	0(0.0)	0(0.0)	3(5.7)
姤	5(1.9)	0(0.0)	3(3.3)	0(0.0)	0(0.0)	1(1.5)	0(0.0)	0(0.0)	1(1.9)
奶	7(2.7)	1(1.1)	0(0.0)	1(0.5)	0(0.0)	1(1.5)	0(0.0)	0(0.0)	0(0.0)
姐	6(2.3)	0(0.0)	4(4.4)	0(0.0)	0(0.0)	0(0.0)	0(0.0)	0(0.0)	0(0.0)
姑	2(0.8)	0(0.0)	1(1.1)	3(1.6)	0(0.0)	0(0.0)	0(0.0)	1(0.9)	0(0.0)
嫂	1(0.4)	0(0.0)	0(0.0)	0(0.0)	0(0.0)	0(0.0)	0(0.0)	0(0.0)	1(1.9)
妗	0(0.0)	0(0.0)	0(0.0)	0(0.0)	0(0.0)	0(0.0)	0(0.0)	0(0.0)	0(0.0)
调查总人数	259	87	91	186	43	66	41	114	53

注：括号外数据为使用人数，括号内数据为该人数占所在群体人数的百分比。

第一，"妈"是各群体最流行的母亲称谓。在在就业或未就业群体中，没有哪个称谓的使用率高过"妈"，即便是在"农业"与"其他2"这两个群体，"妈"的使用率也有40%多，比紧随其后的"姨""母"约高出10%。

第二，"妈"的职业分布也存在不同的档次，差异明显。"妈"的使用率从高到低依次是：学生>服务业>其他1>教育>行政>工业>商业>农业>其他2，这些群体大致亦可归为四档：

（1）学生、服务业、其他1：78%—83%

（2）教育、行政、工业：72%—76%

（3）商业：57%—58%

（4）农业、其他2：41%—43%

处于同一档的群体，"妈"的使用率差别最大的也不会超过5%，但不同档次之间则差别巨大，如处于第一档的"学生"，"妈"的使用率高达82.5%，而第四档的"其他2"群本则只有41.5%，二者相差41%。

第三，"农业"及"其他2"群体对"妈"以外母亲称谓的使用具有自己的特点。例如，"农业"群体比其他各群体更喜欢用"姨"或"名字"来称呼母亲，"其他2"群体比其他群体更喜欢用"母"来称呼母亲。

第四，学生群体所用的母亲称谓最为简单。表5.16显示，学生群体只使用了"妈""母""姑"这三种母亲称谓,是母亲称谓使用种类最少的群体,而其他群体所用的母亲称谓则在4—10种之间,其中农业群体所用的母亲称谓最多,共有10种。

(三)祖父母称谓

从表5.17来看,闽南祖父母称谓的职业分布主要呈现以下几个特点:

表5.17　　　　　　　　闽南农村祖父母称谓的职业分布

亲属	称谓	在就业							未就业	
		农业	工业	商业	服务业	行政	教育	其他1	学生	其他2
祖父	公	242(93.4)	77(89.5)	86(94.5)	165(88.7)	37(86.0)	58(86.6)	36(87.8)	107(95.5)	52(98.1)
	爷	16(6.2)	9(10.5)	5(5.5)	20(10.8)	6(14.0)	9(13.4)	5(12.2)	5(4.5)	0(0.0)
	阿家	1(0.4)	0(0.0)	0(0.0)	0(0.0)	0(0.0)	0(0.0)	0(0.0)	0(0.0)	1(1.9)
	大爸	0(0.0)	0(0.0)	0(0.0)	1(0.5)	0(0.0)	0(0.0)	0(0.0)	0(0.0)	0(0.0)
调查总人数		259	86	91	186	43	67	41	112	53
祖母	妈	156(60.5)	55(63.9)	56(60.9)	84(45.2)	15(34.9)	30(44.8)	17(41.5)	93(81.6)	26(50.0)
	母	84(32.5)	21(24.4)	30(32.6)	78(41.9)	23(53.5)	27(40.3)	19(46.3)	17(14.9)	25(48.1)
	奶	15(5.8)	9(10.5)	5(5.4)	20(10.8)	5(11.6)	10(14.9)	5(12.2)	4(3.5)	1(1.9)
	娘	3(1.2)	1(1.2)	1(1.1)	4(2.1)	0(0.0)	0(0.0)	0(0.0)	0(0.0)	1(1.9)
调查总人数		258	86	92	186	43	67	41	114	52

注:括号外数据为使用人数,括号内数据为该人数占所在群体人数的百分比。

第一,各职业群体都以"公"为最流行的祖父称谓。"公"在每个群体中的使用率都在85%以上,甚至在"其他2"群体中,使用率高达98%,而其他祖父称谓在各群体中的使用率都很低,如"爷"在"行政"群体中的使用率为14%,这就算是最高的了,还有"阿家""大爸"等称谓在各职业群体中几乎无人使用。可以说,在闽南农村,人们无论从事何种职业,一般都以"公"来称呼祖父,同时伴有一小部分人使用"爷",至于其他祖父称谓,只有个别人甚至无人使用。

第二,各职业群体主要使用"妈"与"母"这两个祖母称谓。与祖父称谓高度集中于"公"不同的是,闽南农村各职业群体所用的主要称谓有"妈"与"母"这两个称谓,它们在每个群体中的使用率合计达到85%以上,而且彼此间的差距相对要小一些,甚至在各职业群体中的使用率,互有高低。例如,在"行政"与"其他1"这两个群体中,"母"的使用率就要高过"妈",而"妈"在其他7个群体中则又高过"母",这跟祖父称谓一边倒地都集中于"公"是存在明显差异的。

第三,祖父称谓的职业分布差异没有祖母称谓大。例如,各职业群体不仅都以"公"为最流行的祖父称谓,而且"公"的使用率,最高值(其他 2,98.1%)与最低值(教育,86.6%)只相差 11.5%。再看祖母称谓,有的群体"妈"最流行,有的群体"母"最流行,而且无论是"妈"还是"母",使用率最高值与最低值之间相差都很大,像"妈"的使用率最高值(学生,81.6%)与最低值(其他 1,41.5%)相差40.1%,"母"的使用率最高值(行政,53.5%)与最低值(工业,24.4%)则相差了 29.1%,无论哪一个都要比"公"的差距大得多。

(四)外祖父母称谓

从表 5.18 来看,闽南农村外祖父母称谓的职业分布主要具有以下几个特点:

表 5.18　　　　　　　　闽南农村外祖父母称谓的职业分布

亲属	称谓	在就业							未就业	
		农业	工业	商业	服务业	行政	教育	其他1	学生	其他2
外祖父	公	154(60.1)	43(52.4)	40(44.0)	115(61.5)	26(60.5)	39(59.1)	32(78.0)	35(31.0)	23(43.4)
	外+X	88(34.4)	35(42.7)	50(54.9)	62(33.2)	15(34.9)	25(37.9)	9(22.0)	75(66.3)	27(50.9)
	爷	14(5.5)	3(3.7)	0(0.0)	6(3.2)	2(4.6)	1(1.5)	0(0.0)	2(1.8)	1(1.9)
	姥爷	0(0.0)	1(1.2)	1(1.1)	3(1.6)	0(0.0)	1(1.5)	0(0.0)	0(0.0)	0(0.0)
	地点+X	0(0.0)	0(0.0)	0(0.0)	0(0.0)	0(0.0)	0(0.0)	0(0.0)	1(0.9)	1(1.9)
	家	0(0.0)	0(0.0)	0(0.0)	0(0.0)	0(0.0)	0(0.0)	0(0.0)	0(0.0)	1(1.9)
	大	0(0.0)	0(0.0)	0(0.0)	1(0.5)	0(0.0)	0(0.0)	0(0.0)	0(0.0)	0(0.0)
调查总人数		256	82	91	187	43	66	41	113	53
外祖母	外+X	90(35.2)	35(42.2)	50(54.9)	62(33.3)	15(34.9)	25(37.3)	9(22.0)	77(68.1)	27(50.9)
	妈	101(39.4)	29(34.9)	20(22.0)	64(34.4)	7(16.3)	16(23.9)	17(41.4)	25(22.1)	10(18.9)
	母	52(20.3)	16(19.3)	19(20.9)	52(28.0)	20(46.5)	24(35.8)	15(36.6)	7(6.2)	14(26.4)
	奶	12(4.7)	2(2.4)	1(1.1)	5(2.7)	1(2.3)	1(1.5)	0(0.0)	3(2.7)	0(0.0)
	姥姥	1(0.4)	1(1.2)	1(1.1)	3(1.6)	0(0.0)	1(1.5)	0(0.0)	0(0.0)	0(0.0)
	地点+X	0(0.0)	0(0.0)	0(0.0)	0(0.0)	0(0.0)	0(0.0)	0(0.0)	1(0.9)	1(1.9)
	娘	0(0.0)	0(0.0)	0(0.0)	0(0.0)	0(0.0)	0(0.0)	0(0.0)	0(0.0)	1(1.9)
调查总人数		256	83	91	186	43	67	41	113	53

注:括号外数据为使用人数,括号内数据为该人数占所在群体人数的百分比。

第一，各职业群体一般都以"公"或"外+X"来称呼外祖父。这两个称谓在每个群体中都有人使用，使用率合计都在94%以上，甚至在个别群体（其他1）中达到100%。其中"公"的使用率总体要高于"外+X"（参见表5.5），但在某些职业群体中，如在"商业""学生""其他2"这三个群体中，"公"的使用率并没有"外+X"高。再看其他5种外祖父称谓，没有哪个会在所有的职业群体中都有所应用，即便是排序第三的"爷"在"商业""其他1"等群体中也是无人使用，而"姥爷""地点+X""家""大"在大多数群体中都无人使用，即便有群体使用，使用人数也只是零星的几个人。很显然，在闽南农村，无论哪个职业群体，一般都以"公"或"外+X"来称呼外祖父，而其他称谓都很少见。

第二，各职业群体一般都以"外+X""妈"或"母"来称呼外祖母。只有这三个称谓在每个群体中都有人使用，使用率合计也都在94%以上，其中"外+X"在"工业""商业""教育""学生""其他2"等群体中使用率最高，"妈"在"农业""服务业""其他1"等群体中使用率最高，而"母"则在"行政"群体中使用率最高。其他4种称谓很少有人使用，其中"奶"使用率稍高一些，但最高也不过5%（在农业群体），"姥姥""地点+X""娘"等的使用者更是屈指可数。

第三，学生群体最喜欢用"外+X"方式来称呼外祖父母。表5.18显示（见表中有底纹的数据），学生以"外+X"称呼外祖父母的概率分别为66.3%、68.1%，符合我们之前的发现，即"外+X"往往是搭配在一起使用来称呼外祖父母。以此来看，差不多有2/3的学生都在用"外+X"来称呼外祖父母。再看其他职业群体，以此方式来称呼外祖父母的，使用率最高的为商业群体，但也只有54.9%，比学生群体至少差了10%。

四　闽南农村亲属称谓的文化程度分布

表5.19—表5.22列出了各类亲属称谓在文化程度方面的数据，我们将依次对其展开分析。

（一）父亲称谓

表5.19显示，闽南农村父亲称谓在文化程度上的分布，主要具有以下几个特点：

表 5.19　　　　　　　　　闽南农村父亲称谓的文化程度分布

称谓	没读过书	小学	初中	高中	职高/中专/技校	大专及以上
爸	44 (43.6)	113 (70.6)	214 (85.9)	185 (94.9)	78 (89.7)	126 (89.4)
叔	40 (39.6)	22 (13.8)	10 (4.0)	3 (1.5)	1 (1.1)	5 (3.5)
名字	11 (10.9)	10 (6.3)	15 (6.0)	1 (0.5)	4 (4.6)	5 (3.5)
爹	7 (6.9)	5 (3.1)	5 (2.0)	1 (0.5)	3 (3.4)	0 (0.0)
父	6 (5.9)	7 (4.4)	4 (1.6)	1 (0.5)	1 (1.1)	6 (4.3)
家	1 (1.0)	4 (2.5)	0 (0.0)	3 (1.5)	0 (0.0)	0 (0.0)
伯	0 (0.0)	0 (0.0)	1 (0.4)	0 (0.0)	0 (0.0)	0 (0.0)
哥	0 (0.0)	1 (0.6)	1 (0.4)	0 (0.0)	0 (0.0)	0 (0.0)
爷	0 (0.0)	0 (0.0)	1 (0.4)	1 (0.5)	0 (0.0)	0 (0.0)
调查总人数	101	160	249	195	87	141

注：括号外数据为使用人数，括号内数据为该人数占所在群体人数的百分比。

　　第一，"爸"是各群体使用最多的父亲称谓，且文化程度越高，其使用率总体上也越高。从使用率来看，"爸"的使用大抵可以分为以下几个档次：

（1）高中：94%—95%

（2）职高/中专/技校、大专及以上：89%—90%

（3）初中：85%—86%

（4）小学：70%—71%

（5）没读过书：43%—44%

　　总体上来看，文化程度越低，使用率就越低。如文化程度最低的"没读过书"群体，使用率垫底，与上一级的"小学"相差了27%，与处于顶层的"高中"群体更是相差甚远，差了51%之多。"爸"的使用率与文化程度的高度对应，只是在"高中"群体有些例外，虽然该群体的文化程度没有"大专及以上"的高，但其使用率却处于最顶层。在上一章，我们亦曾发现，高中群体对于闽南方言词汇的了解明显不如其他文化程度群体（见表4.10—表4.11）。这两个现象是否会存在某种对应关系，我们后文会有所回答，在此不赘。

　　第二，"叔"等称谓在低文化程度群体中更为流行。表 5.19 显示，

"叔"在没读过书群体中的使用率最高，约为40%，仅比"爸"低了4%；在小学群体中，"叔"的使用率约为14%，而在初中及以上文化程度群体中都不足5%。与"爸"恰好相反，"叔"在低文化程度群体更受欢迎。还有"名字""爹""父"这三个称谓也大致如此，即在小学及以下文化程度群体中更为流行。至于"家""伯""哥""爷"这些称谓，其在每个群体中的使用人数仅在1—8人，因此没有多大比较价值。

（二）母亲称谓

表5.20显示，闽南农村母亲称谓的文化程度分布主要具有以下几个特点：

表5.20 闽南农村母亲称谓的文化程度分布

称谓	没读过书	小学	初中	高中	职高/中专/技校	大专及以上
妈	19（19.0）	79（49.4）	164（64.8）	163（83.6）	70（81.4）	106（74.1）
母	33（33.0）	48（30.0）	40（15.8）	32（16.4）	9（10.5）	17（11.9）
姨	47（47.0）	22（13.8）	21（8.3）	3（1.5）	3（3.5）	11（7.7）
名字	21（21.0）	7（4.4）	16（6.3）	1（0.5）	4（4.7）	7（4.9）
娘	3（3.0）	9（5.6）	6（2.4）	0（0.0）	1（1.2）	0（0.0）
姅	3（3.0）	3（1.9）	4（1.6）	0（0.0）	1（1.2）	0（0.0）
奶	6（6.0）	2（1.3）	1（0.4）	0（0.0）	0（0.0）	1（0.7）
姐	2（2.0）	4（2.5）	4（1.6）	0（0.0）	0（0.0）	0（0.0）
姑	1（1.0）	1（0.6）	1（0.4）	3（1.5）	0（0.0）	1（0.7）
嫂	0（0.0）	1（0.6）	1（0.4）	0（0.0）	0（0.0）	0（0.0）
妗	0（0.0）	0（0.0）	0（0.0）	1（0.5）	0（0.0）	0（0.0）
调查总人数	100	160	253	195	86	143

注：括号外数据为使用人数，括号内数据为该人数占所在群体人数的百分比。

第一，"妈"在高中群体中最为流行，而且文化程度越高，其使用率总体上也越高。"妈"的分布规律与"爸"非常一致，一方面，它在"高中"群体中最为流行，另一方面，也是在其他群体中随着文化程度的提高而具有更高的使用率，具体说来都是按"高中>职高>大专>初中>小学>没读过书"这样的顺序高低分布。所不同的是，"妈"在每个群体中的使用率都没有"爸"那么高，如在"小学"群体中，"妈"的使用率最低，只有19%，比同一群体的"爸"少了近25%；在"高中"群体中，

"妈"的使用率最高，为83.6%，这比相应的"爸"少了11.3%，其他群体也大致如此，存在着约8%—21%的差距。这也从另一个角度印证了我们之前的发现，即父亲称谓要比母亲称谓的使用更为集中。

第二，"妈"以外的母亲称谓在低文化群体中更为流行。结合之前的表5.3来看，母亲称谓虽然多达11种，但其中多数称谓的使用率极低，从"婶"以下直至"妗"这6个称谓，使用率仅仅在0.1%—1.1%之间，群体间的比较已经没有多大意义。因此，具有一定规模使用者的称谓仅仅有"妈""母""姨""名字""娘"这5个称谓。然而，通过比较表5.20中的数据，我们发现，除"妈"外，"母""姨""名字""娘"这些称谓使用率最高的群体都是"没读过书"或"小学"这两个群体。像"母"在"没读过书"与"小学"群体中的使用率分别为33%、30%，都明显高于其他群体；"姨"与"名字"使用率最高的依旧是"没读过书"群体，使用率分别为47%、21%，远远高于其他群体；"娘"使用率最高的为"小学"群体，达5.6%。很显然，"妈"以外的其他母亲称谓主要在小学及以下低文化程度群体中流行，这与之前父亲称谓的使用倒是一致。

（三）祖父母称谓

通过表5.21，我们可以看出祖父母称谓在文化程度的分布上主要具有以下几个特点：

表5.21　　　　　　　　闽南农村祖父母称谓的文化程度分布

亲属	称谓	没读过书	小学	初中	高中	职高/中专/技校	大专及以上
祖父	公	94 (94.0)	151 (94.4)	227 (91.2)	170 (87.6)	81 (93.1)	133 (91.7)
	爷	6 (6.0)	8 (5.0)	21 (8.4)	23 (11.9)	6 (6.9)	12 (8.3)
	阿家	0 (0.0)	1 (0.6)	1 (0.4)	0 (0.0)	0 (0.0)	0 (0.0)
	大爸	0 (0.0)	0 (0.0)	0 (0.0)	1 (0.5)	0 (0.0)	0 (0.0)
调查总人数		100	160	249	194	87	145
祖母	妈	73 (73.7)	92 (57.5)	120 (48.2)	123 (62.8)	55 (63.2)	66 (45.8)
	母	20 (20.2)	60 (37.5)	104 (41.8)	51 (26.0)	25 (28.7)	66 (45.8)
	奶	5 (5.1)	7 (4.4)	20 (8.0)	20 (10.2)	9 (10.3)	12 (8.4)
	娘	1 (1.0)	1 (0.6)	5 (2.0)	2 (1.0)	0 (0.0)	0 (0.0)
调查总人数		99	160	249	196	87	144

注：括号外数据为使用人数，括号内数据为该人数占所在群体人数的百分比。

第一，各群体一般都以"公"来称呼祖父。在各群体，"公"的使用率都是最高的，在"高中"群体使用率约为88%，而其他群体中都是91%以上。其他称谓的使用率都不高，"爷"的使用率普遍都在10%以下，"阿家"与"大爸"只有个别人使用，几乎可以忽略不计。

第二，各群体以"妈"为最主要的祖母称谓。在各群体，"妈"的使用率最高，但并没有"公"那么流行，这主要是因为"母"在各群体中也较为流行。例如，在"大专及以上"群体，"母"的使用率与"妈"持平，都是45.8%，而在"初中"群体，"母"的使用率高达41.8%，仅比"妈"低了6.4%。

第三，祖父称谓的文化程度分布差异要比祖母称谓小得多。例如，每个文化群体都以"公"为最流行的祖父称谓，而且"公"的使用率，最高值（小学，94.4%）与最低值（高中，87.6%）相差6.8%。再看祖母称谓，有的群体"妈"最流行，有的群体"母"最流行，而且无论是"妈"还是"母"，使用率最高值与最低值之间的差距都很大，像"妈"的最高值（没读过书，73.7%）与最低值（其他2，45.8%）相差27.9%，"母"的最高值（其他2，45.8%）与最低值（没读过书，20.2%）相差25.6%，无论哪一个都要比"公"的差距大得多。之前，我们也曾发现，祖父称谓在职业分布上的差异也明显小于祖母称谓。

（四）外祖父母称谓

表5.22显示，闽南农村外祖父母称谓在文化程度的分布上主要具有以下几个特点：

表5.22　　　　　闽南农村外祖父母称谓的文化程度分布

亲属	称谓	没读过书	小学	初中	高中	职高/中专/技校	大专及以上
外祖父	公	71（72.5）	76（47.8）	141（56.6）	82（42.7）	49（57.0）	87（60.8）
	外+X	24（24.5）	73（45.9）	98（39.4）	103（53.7）	34（39.5）	50（35.0）
	爷	2（2.0）	10（6.3）	6（2.4）	5（2.6）	2（2.3）	4（2.8）
	姥爷	0（0.0）	0（0.0）	4（1.6）	1（0.5）	0（0.0）	1（0.7）
	地点+X	0（0.0）	0（0.0）	0（0.0）	1（0.5）	0（0.0）	1（0.7）
	家	1（1.0）	0（0.0）	0（0.0）	0（0.0）	0（0.0）	0（0.0）
	大	0（0.0）	0（0.0）	0（0.0）	0（0.0）	1（1.2）	0（0.0）

续表

亲属	称谓	没读过书	小学	初中	高中	职高/中专/技校	大专及以上
	调查总人数	98	159	249	192	86	143
外祖母	外+X	24 (24.5)	75 (47.2)	99 (39.3)	105 (54.7)	33 (37.9)	48 (34.0)
	妈	57 (58.2)	39 (24.5)	72 (28.5)	46 (24.0)	31 (35.6)	46 (32.6)
	母	12 (12.2)	37 (23.3)	71 (28.2)	36 (18.7)	19 (21.8)	43 (30.5)
	奶	4 (4.1)	7 (4.4)	6 (2.4)	3 (1.6)	4 (4.6)	3 (2.1)
	姥姥	0 (0.0)	1 (0.6)	4 (1.6)	1 (0.5)	0 (0.0)	1 (0.7)
	地点+X	0 (0.0)	0 (0.0)	0 (0.0)	1 (0.5)	0 (0.0)	1 (0.7)
	娘	1 (1.0)	0 (0.0)	0 (0.0)	0 (0.0)	0 (0.0)	0 (0.0)
	调查总人数	98	159	252	192	87	141

注：括号外数据为使用人数，括号内数据为该人数占所在群体人数的百分比。

第一，大多数群体最流行的外祖父称谓是"公"，唯有"高中"群体以"外+X"最为流行。从表5.22来看，不同文化群体使用最多的两个称谓就是"公"和"外+X"，这两个称谓在每个群体的使用率合计都在93%以上，其中"公"在大多数群体都最为流行，尤其在"没读过书"群体中达到最高值（72.5%）。所有群体中，唯有"高中"群体，"外+X"的使用率高过"公"，达到了53.7%。

第二，大多数群体最流行的外祖母称谓是"外+X"，唯有"没读过书"群体以"妈"最为流行。在外祖母称谓中，"外+X"总体使用率最高（见表5.5），它也是大多数文化群体最流行的称谓，尤其在"高中"群体达到最高值（54.7%），但是在"没读过书"群体中，"妈"的使用率高居榜首，足足比随后的"外+X"高出33.7%（见表5.22）。此外，"母"的使用率也不低，一般也都在12%以上，甚至在"大专及以上"群体中，"母"的使用率也在30%以上，几乎与"外+X""妈"形成三足鼎立之势。

五　小结

通过以上一番分析，我们对各类亲属称谓的社会分布特点进行了描述。然而，由于涉及的称谓、社会变量都比较多，内容有些琐碎，所以有必要做进一步的概括，以便形成一个更为清晰的整体印象。总体而言，闽南农村亲属称谓主要具有以下几个较为鲜明的特点：

第一，闽南农村亲属称谓的分布受性别因素的影响最小，而受区域因素的影响最大。在前面的诸多分析中，我们能够看到，各类亲属称谓在性别分布上共同点更多，不像其在区域、职业、文化程度方面总是有这样或那样的显著差异。为了确认这一点，我们针对各亲属称谓的社会分布进行了一次单因素方差分析。表5.23列出了此次检验的各项F值，其中带*者表示超出了相应的临界值，据此可以看出，唯有性别因素这一列没有一个带*者，而其他社会因素则都有，其中区域因素一列，所有亲属称谓的F值都超出了临界值，而职业、文化程度两列，只有祖父称谓的F值没有超出临界值。这说明，闽南农村亲属称谓的分布确实没有显著的男女之别，或者说，性别因素对闽南农村亲属称谓的分布并没有产生什么影响。在诸多因素中，区域的影响无疑最为显著，这不仅表现在其影响的称谓最多，也表现在对各称谓的影响最大。从表5.23来看，从父亲称谓到外祖母称谓，其区域因素的F值都在两位数以上，而且都要比其他因素的F值高，而其他因素的F值绝大多数都在10以下。很显然，在闽南农村，区域因素对亲属称谓的影响要比其他因素大得多。

表5.23　　　　闽南农村亲属称谓社会分布单因素方差分析

	区域	性别	职业	文化程度
父亲称谓	16.474*	0.237	7.046*	12.218*
母亲称谓	35.749*	0.652	15.664*	27.665*
祖父称谓	26.984*	1.107	1.522	1.384
祖母称谓	53.405*	0.582	6.516*	3.893*
外祖父称谓	144.611*	0.390	3.983*	3.234*
外祖母称谓	287.748*	0.142	5.355*	3.081*

注：显著水平 $\alpha \leqslant 0.05$。

第二，与普通话相同或相近的称谓具有高度一致的分布特点。此次调查所涉的42种亲属称谓中，有些称谓跟普通话是相同或相近的。如父母称谓中的"爸"与"妈"，祖父母称谓中的"爷"与"奶"，祖父母称谓

中的"姥爷"与"姥姥"①等。其中"姥爷/姥姥"的使用率都不足 1%
(见表 5.6），没有多少比较的价值，但通过对前 4 种称谓的比较，我们发
现，它们的社会分布，甚至包括之前的年龄分布，都非常一致。表 5.24
列出了这些称谓在使用率最高时与最低时的分布状况，从中可以看出，
"爸"在 15—24 岁、厦门、女性、学生及高中文化程度等群体中最为流
行，而在 65 岁以上、漳州、男性、其他 2 及没读过书等群体中最不流
行。如果以"爸"为参照，我们发现，其他几个称谓与"爸"大同小异。表

表 5.24　　闽南农村与普通话相同或相近的亲属称谓之社会分布简况

称谓	使用率	年龄	区域	性别	职业	文化程度
爸	最高	15—24 岁(98.4)	厦门(91.5)	女(81.0)	学生(96.5)	高中(94.9)
	最低	65 岁以上(34.7)	漳州(74.0)	男(79.0)	其他 2(61.5)	没读过书(43.6)
妈	最高	25—34 岁(84.2)	厦门(84.9)	女(66.5)	学生 82.5	高中(83.6)
	最低	65 岁以上(16.7)	泉州(49.0)	男(59.1)	其他 2(41.5)	没读过书(19.0)
爷	最高	25—34 岁(18.6)	厦门(18.2)	女(9.7)	行政(14.0)	高中(11.9)
	最低	65 岁以上(2.0)	漳州(0.9)	男(7.4)	其他 2(0.0)	小学(5.0)
奶	最高	25—34 岁(17.6)	厦门(14.8)	女(8.5)	教育(14.9)	职高(10.3)
	最低	65 岁以上(3.1)	漳州(0.9)	男(7.0)	其他 2(1.9)	小学(4.4)

注：括号内数据为所在群体的使用率（%）。

中有底纹的数据为相异之处，如"妈"在 25—34 岁群体、泉州最为流
行，其他都一致；"爷"在 25—34 岁群体、行政最为流行，在小学文化
群体中最不流行，其他一致；"奶"在 25—34 岁群体、教育与职高群体
中最为流行，而在小学文化群体中最不流行。进一步的审视可以发现，这
些"相异"之处，其实十分接近，如"15—24 岁"与"25—34 岁"都属
于年轻人，"漳州"与"泉州"都不是现代闽南的中心，"学生""教育"
"行政"都属于事业性单位，"高中"与"职高"在文化程度上属于同一
级，而"没读过书"与"小学"则都属于低文化程度群体。由此可见，

①　通过对"外婆"与"姥姥"这两个词语的历史梳理以及在现代汉语层面的调查，伍昀
与伍巍（2018）认为，这两个词都有着较为久远的使用历史，而且在使用范围上不相上下，应该
都视为普通话词汇。笔者赞同此观点，但我们此次调查的"外+X"，除了"外婆"外，还有
"外妈""外母""外家妈""外家母"等大量明显不是普通话的词语，外祖父称谓"外+X"也
是如此。基于此，我们最后还是将称呼外祖父母的"外+X"归入方言词汇。

"爸""妈""爷""奶"等称谓的使用者，往往具有这样一些属性：厦门人、年轻、女性、在事业单位学习或工作、具有高中及同等文化程度，反之则会具有这样一些属性：非厦门人、年纪大、男性、待业或无业①、文化程度比较低等。至于为何如此，我们将在后文的原因解析中做进一步的说明。

第三，祖父称谓"公"的使用高度统一，无论在哪个群体中都最为流行。在我们所调查的所有称谓中，"公"的使用高度统一，其使用率（91.9%）不仅总体高过其他任何一个称谓，而且在任何一个群体中都是最流行的祖父称谓，在每个区域、每个性别群体、每个职业群体、每个文化群体甚至在每个年龄组，其使用率都明显高过其他祖父称谓。显而易见，无论年龄、区域、性别、职业、文化程度，人们都以"公"作为祖父称谓的首选，而其他称谓都做不到这一点。如父亲称谓"爸"闽南农村也很流行，其总体使用率仅次于祖父称谓"公"，达到了83.8%，但它在65岁以上人群中的使用率却不如"叔"（见表5.2）。再如较为流行的母亲称谓"妈"，其使用率在65岁以上人群中不如"姨"与"母"（见表5.3），在没读过书群体中不如"姨""母"与"名字"。还有称呼祖母、外祖父母的诸多称谓，亦都没有哪个能够像祖父称谓"公"这样流行的。可以说，在当前的闽南农村，"公"是最为流行的亲属称谓，而且在祖父称谓中，还没有哪个能与之抗衡。

第四，其他亲属称谓的使用具有明显的地域性。除了前面提到的父母称谓"爸""妈"与祖父称谓"公"外，各地区对其他称谓的使用则具有明显的地域特点。例如，泉州农村的亲属称谓最为多样，在我们所调查到的42种称谓中，泉州具有其中的36种，明显多于厦门（25种）与漳州（26种）；漳州农村还比较流行以"叔""姨"称呼父母；厦门农村对祖父母称谓"爷"与"奶"的使用也明显高于漳泉二地；泉州农村最喜欢用"外+X"来区别内外，而厦漳二地不怎么区分内外，喜欢用同一种称谓来称呼祖父与外祖父、祖母与外祖母，其中厦门最流行的是"公"与"母"，而漳州最流行的是"公"与"妈"。这些区域差异也再次印证了区域因素巨大的影响力。

---

① 即"其他2"群体。调查中，我们发现，闽南农村有不少在家待业或无业的人员，如赋闲在家的老人、照顾家庭的妇女，当然还有一些游手好闲之人。

　　如果将闽南农村亲属称谓的这些社会分布特点与之前的方言词汇相比较，不难发现二者的同异。相同之处在于：受性别因素的影响比较小，而受区域、职业、文化程度的影响比较大；在厦门农村的变化更为明显，学生群体或具有"高中文化程度"的群体最具创新力，而低文化程度群体更为保守等。相异之处在于：亲属称谓最保守的职业群体是在家待业或无业人员，而闽南方言词汇最保守的职业群体是农业群体。不过总体而言，这种同异又以同为主，可谓大同小异。

第三节　闽南农村亲属称谓变化的原因

　　既然闽南农村亲属称谓与其他方言词汇在社会分布上大同小异，那么推动它们变化的原因也应该多有共同之处。下面我们将就闽南农村亲属称谓的变化原因进行分析，尤其对其特别之处进行深入的探究。

一　向上社会流动的需要

　　美国文化人类学家 G. P. 默多克（G. P. Murdock）认为：亲属称谓的决定因素是多元的，而且与社会行为的模式有着密切的关系；当社会的文化状况改变时，亲属称谓也随之改变，这种改变同样是内外因素交互作用的结果（林耀华，1997：361）。这里所说的"社会行为"或"社会的文化状况"亦即语言的外部因素，即社会因素。对于当前的闽南农村而言，其社会行为或社会文化状况的改变都集中体现在我们之前所说的"非农化"和"城市化"上。当然，对农业生活的疏离、对城市生活的趋同会让农村传统的一些事物趋于消失，进而导致指称这些事物的词语也会走向消失，如"秮""塍""沃""粟""桸""筶""粗桶"等，但无论社会怎样发展，亲属都不会消失，每个人总是生活在一定的亲属关系网中，也总会用一套称谓来称呼自己的亲属们，所以闽南农村的社会变迁对其亲属称谓的影响显然有别于对其方言词汇的影响。此外，虽然称呼亲属的称谓有很多，但就此次调查看，发生明显变化的并不多，只有父亲称谓的"爸爸化"、母亲称谓的"妈妈化"这两种较为显著的发展趋势，而祖父母称谓、外祖父母称谓则要稳定得多。那现在的问题是，"非农化""城市化"这样显著的社会变迁究竟是如何影响闽南农村亲属称谓的变化，尤其是其父母称谓的"爸妈化"呢？

　　关于这一问题我们可以从另一个角度来理解，那就是闽南农村的父母称谓为什么不朝着"叔""名字""母""姨"等的方向发展呢？很显然，这与"爸""妈"是最接近普通话的父母称谓有关。前文已析，普通话作为国家通用语、汉语标准语，相对于汉语方言，有着更高的社会声望，其内部的语言形式（语音、词汇和语法）也因此具有更高的社会声望。人往高处走，语言变化有时也会遵循这样的模式，就像简·爱切生（1997：94）所说的，"语言变化的扩散，从本质上说，是一种社会现象，它反映了正在变化的情况。除非产生了一些有威望的模式，否则变化就不会产生。这些模式正是一个集团的标志，而在集团外的人们会有意识地，或者下意识地想从属于这个集团"。面对声望高低不同的父母称谓，人们更愿意择其高者。拉波夫曾将这种变化模式称之为"自上的变化"（change from above），他认为，一个语言形式如果起于一个最高层群体，它就会成为言语社区的规范而被其他群体加以使用，而这种使用又与他们跟这一有声望规范的使用者之间的接触成正比（Labov，2001：73）。艾布拉姆·德·斯旺（Abram de Swaan，2008：31）还认为，"语言学习呈'向上'之势：小语言学习大语言，小传统学习大传统，贫穷的语言集团学习富有的语言集团，被征服的民族学习征服者"。总之，小到语言内部的各种变异形式，大到整个语言，虽然本身无所谓谁优谁劣，但其具有的社会声望却有高低上下之分，而且一般而言，低的总是向高的靠拢，与高者接触越多，靠拢得就越明显。

　　闽南农村父母称谓的使用就是如此，在普通话推广到闽南农村后，"爸""妈"就不再是普通的父母称谓了，而是与普通话相一致的父母称谓，是具有更高声望的父母称谓，它们因而成为整个闽南农村言语社区的规范。然而，由于不同的群体与普通话使用者的接触有别，所以对"爸""妈"的使用也会有别。从前面分析的结果看，"爸""妈"的使用率，漳泉二地明显低于厦门（见表5.7与表5.8），"农业"与"其他2"群体明显低于工商服务业等其他群体（见表5.15与表5.16），小学及以下文化程度群体明显低于其他文化程度群体（见表5.19与表5.20）。两相对比，前者非农化、城市化的程度都明显低于后者，这样的分布特征符合拉波夫等人的观点：厦门作为现代闽南的代表与中心，不仅经济最为发达、城市化水平最高，其普通话普及水平也最高（见表4.18），说明这也是一个与普通话接触最多的地区，"爸""妈"在这个地区最为普及也是自然的；从职业看，"农业""其他2"群体可以说是职业地位最低的两个群体①，具有封闭、少流动等特点，与普通话的接触也不多，其对"爸""妈"的使用自然要少于工业、商业、服务业、行政、教育等群体；小学及以下文化程度群体都属于低文化程度群体，他们所从事的往往多是低端职业，甚至没有职业，与普通话的接触也很低，因此也不难理解他们对"爸""妈"的使用率会明显低于其他较高文化程度的群体。

总之，非农化、城市化程度越是不高的区域或群体，就越是对高声望的语言形式疏于接触，因而就越是不怎么使用"爸""妈"这些高声望的语言形式。而对于农村人而言，非农化、城市化归根结底都是他们进行向上社会流动的途径，他们对于高声望语言形式的学习与使用只不过是体现了他们向上社会流动的欲望与需求。

二　20 世纪 50 年代的推普运动

如果说闽南农村居民是因为"向上"的社会流动而越来越多地使用"爸""妈"，那为什么直到55—64岁人群，"爸""妈"的使用率才超越其他父母称谓呢？为什么在65岁以上人群，"爸"的使用率不如"叔"（见表 5.2），而"妈"的使用率不如"姨""母""名字"（见表 5.3）呢？难道这些人就没有"向上"的社会心理或社会需要吗？其实，语言声望的高低是以语言的接触为前提的，有了接触才会有比较，才会有声望高低的评判，才会有语言使用时的选择。因此，"爸""妈"应该是伴随着普通话在闽南农村的推广而扩散开来的。通过查找相关资料，我们发现，普通话的实质性推广无论是在全国，还是在福建省，其实都是在新中国成立之后才开始的。1956 年，国务院发布《关于推广普通话的指示》，成立普通话推广工作委员会，将推普作为一项重要任务写进《政府工作报告》中，在全国范围内从中央到地方，从语言研究机构到文化、教育、

---

① 所谓职业地位就是指具体职业所含有的权力、财富、声望的差别而表现出来的社会地位的差别。有学者根据国家统计局的职业分类，列举了 50 种职业，并要求调查者对这些职业的收入、权力、声望等进行评价，结果发现，"农民"的综合加权分数排在倒数第 5，仅高于"纺织工人、保姆、清洁工人、勤杂工"，这 5 个群体合在一起构成最低等级的职业群体（18—1 分），而最高等级的群体，如单位负责人等群体的综合评价分都在 72 分以上（仇立平，2004）。本次调查中的"其他 2"大致是农村赋闲在家的留守老人、妇女或其他无业、待业、失业人员，其权力、财富、声望甚至还不如农村的农业劳动者。

出版、宣传机构一起行动，充分发动群众，掀起了一场遍及全国的学习普通话的热潮（齐沪扬、陈昌来，2016：155—156）。当时的福建也在全省掀起了一场规模空前的推普运动，首先成立专门的推普机构，如龙岩、永定等 15 个县市于 1958 年成立了推普工作委员会（或指挥部），甚至不少乡社也设立了相应的机构；其次开展宣传、发动群众，如南安县规定 9 月为推普运动月，该县英都乡在 1958 年 9 月 14 日还举行了三万人的誓师大会，还有平潭县组织 1500 个中学生、8000 个小学生和 2000 多个教师成立万人突击队，下乡下田进行推普宣传；最后举办训练班，培养推普骨干，仅 1958 年一年全省参加语训班的教师就有 16000 余人（福建省教育厅，1959）。考虑到 20 世纪 50 年代后期全国盛行的"浮夸风"，所述的这些事实或数据可能有夸大之处，但毋庸置疑的是，汉语共同语的推广工作，确实是在新中国成立后，于 20 世纪 50 年代开始得到实质性的开展的。对于福建省而言，也正是在这一时期，闽南方言与普通话第一次发生了广泛的接触。由此我们不难理解，"爸""妈"为何会在 55—64 岁人群中得到迅速地扩散，因为他们出生于 1953—1962 年，正好是第一次推普运动的高潮期，这一运动加深了闽南农村居民对普通话的接触与了解，同时也提升了闽南方言中那些与普通话相同或相近的词语的声望，从而被更多的人学习和使用。

可见，当前闽南农村父母称谓的变化实际上就是在向普通话靠拢。但另一个问题随之产生，既然这样，那闽南农村的祖父母称谓、外祖父母称谓为什么不向普通话靠拢，例如祖父母称谓向"爷""奶"发展，外祖父母称谓向"姥爷""姥姥"或"外公""外婆"发展呢？要回答这一问题，就不能不考虑亲属称谓自身的一些特点，如各亲属称谓所指的对象、亲属称谓本身使用上的专一性特征等（详见后文）。

三　地方文化的变迁

在闽南农村，我们发现，有许多称谓，本来是用以称呼 A 这个亲属或其他人士的，但也可以用来称呼 B 亲属，这就是"偏称"——汉语亲属称谓中一种较为特殊的现象。偏称主要见于对父母的称呼，其方式主要有三种：

第一种是以与父母同辈的其他亲属称谓来称呼父母。例如，闽南农村居民有人以"叔""伯"来称呼自己的父亲，或以"姨""婶""姑"

"妗""奶"来称呼母亲（见表5.2与表5.3）。不止闽南农村，川渝一带的农村，有人以"叔叔""伯伯""男保（干爹）"称呼父亲、以"婶婶""女保（干妈）"称呼母亲（杨梅，2001）；还有广东潮州地区以"阿叔""阿伯""阿丈（姑夫）"称呼父亲、以"阿姨""阿婶""阿姆（伯母）"称呼母亲（吴洁，2007）。

　　第二种是以比父母晚一辈的亲属称谓来称呼父母。例如，闽南农村居民有人以"哥"来称呼父亲、以"姐""嫂"来称呼母亲（见表5.2与表5.3）。安徽庐江、霍县、巢湖等地，有人则以"姊姊"称呼母亲；广东潮州地区有人以"阿哥""阿兄"称呼父亲（陈汉初，2003；吴洁，2007），以"阿姐""阿嫂"称呼母亲（吴洁，2007；陈友义，2011）。

　　第三种就是对父母直呼其名。除了本次调查外，笔者之前调查过的漳州流岗村（付义荣、柯月霞，2019），朱媞媞（2005）所调查的泉州埔村都发现类似的情况。不仅闽南，邻近的莆田地区亦有人以名来称呼父母（主要是母亲）①。

　　就本次调查来看，这三种偏称现象在闽南农村都是有的，但在父母称谓"爸妈化"的浪潮中，这些偏称的使用率也在急剧萎缩，如一度比"爸""妈"还流行的"叔""姨"，时至34岁以下的年轻人这里，几乎无人再用它们来称呼自己的父母了。

　　要了解今天的年轻人为何更少地使用偏称来称呼自己的父母，就不得不了解偏称独特的文化内涵。据素虹（1991）与李如龙（1997：208）等人的研究，偏称说到底属于一种语言迷信，缘于做父母的觉得自己的命不好，会将晦气传给子女，或者父母与子女八字不合，有可能克死对方，为了避凶趋吉，就用别的称谓来替代专有的父母称谓，以便名义上淡化父母与子女之间的关系。然而，随着教育的普及，闽南农村居民的科学文化素养得到迅速提升，再加上随着经济的发展，闽南农村的医疗条件得到极大的改善，儿童死亡率也在急剧下降，这一切都使得越来越多的父母们不再迷信偏称的作用。当民众的社会心理越来越趋于理性与科学，偏称的萎缩

---

　　① 莆田方言往往以"名+治"的形式来称呼母亲，如"兰治""凤治"。据《莆田方言资料》记载："女子之名多系娣，而莆人因娣治同音，多误书作治。"（陈琦敏，2009）但据作者调查，莆田人还有以"阿+名"的方式来称呼母亲，若母亲的名字叫"陈香秀"，其子女就有可能称呼其"阿香"或"阿秀"。

也就成了必然。调查中我们发现,不仅初为父母的人越来越少地教育子女以偏称来称呼自己,甚至还有些人,本来是用偏称来称呼父母的,后来又改口称"爸"或"妈"了,也就是放弃了曾经所用的偏称,而这也是称谓的兼用现象多发生于父母称谓的主要原因。

前文揭示,在闽南农村以及其他地方,人们一般都以一个称谓来称呼某个亲属,这也是后文所提到的亲属称谓使用的专一性,但与此相对的,也存在有人用多个称谓(一般是两个)来称呼同一个亲属的现象,即亲属称谓的兼用。表5.25列出了兼用的相关数据,这些数据实际上在描述各称谓的年龄分布时都已分别提及,在此不过是将其概括在一起而已。该表显示,兼用两个称谓来称呼同一个亲属的基本上都发生于父母称谓的使用中,其中最多的是母亲称谓,有69人,其次为父亲称谓,有39人,而其他称谓存在此类现象的都是屈指可数。之所以如此,一个最主要的原因就在于偏称多见于父母,而有些人后来又放弃了这种偏称,这一改口就造成了"兼用"的情况。

表5.25 闽南农村亲属称谓的兼用情况

	父亲称谓	母亲称谓	祖父称谓	祖母称谓	外祖父称谓	外祖母称谓
兼用人数	36	69	8	5	2	0

除了不再迷信而放弃偏称外,中华文化中"尊老"的传统对于说话人也形成了不小的压力。调查中,曾经询问过一些说话人,为什么后来又改口称呼自己的父母。他们一般都会说:"对父母直呼其名,或叫'哥''姐'什么的,总觉得有些不太尊敬,也觉得不好意思,尤其是有外人在场的情况下。"可见,迷信心理的逐渐丧失,再加上尊老传统的外在压力,从而使得偏称的使用日益萎缩。

四 亲属称谓的所指不同

所有的亲属称谓还有一个共同的特点,即说话人指称的对象就是自己的亲属,亲属对不同形式的称谓所具有的态度也影响着说话人对亲属称谓的使用。假设做父母的不喜欢"爸""妈"这样的称谓,那子女对该称谓的使用就受到很大的约束,他(她)或许就会考虑使用别的父母称谓,祖父母称谓、外祖父母称谓也同样存在这样的情况。不仅如此,说话人最早、最常见的语言老师往往就是自己的父母，而最先学习的内容往往就是父母称谓。这就意味着，亲属称谓的使用往往不是由说话人一方所能决定的，而是由说话双方达成默契的结果，尤其是自己的父母在其中起着相当重要的作用，这一点显然有别于其他称谓乃至其他词语。

因此，父母称谓、祖父母称谓与外祖父母称谓的演变机制会由于各自的所指不同而不同。父母称谓因其所指的对象就是自己的父母——说话人一生中最重要的、最亲近的人，无论是使用人数，还是使用频率，都要远远超过其他称谓（包括非亲属称谓）。此外，父母也是一个家庭的基础与核心，家庭的稳定与发展往往决定于父母的行为模式。对于父母而言，实现"向上"的社会流动、塑造所需的社会认同①，都是理所当然之事。为此，他们或自己或让自己的孩子开始在语言上使用那些高变体，如标准语或语言中的标准形式。相对而言，祖父母、外祖父母在家庭的影响力因年老体衰而逐渐减弱，他们实现"向上"社会流动的可能性已然不如年富力强的父母，这自然会影响他们的语言使用。

诸多研究证实，当现实中没有多少向上流动的可能时，即便有高声望的语言形式，变化也不会产生。"例如像印度种姓制度这样高度分化的社会，即便人们长期以来有着密切的交流，但也很有可能不会采用对方的言语模式。只有兼具社会同化（social assimilation）的可能和愿望时，交流才会导致同一性。"（Gumperz，1967：228）印度的种姓制度②不仅具有高下之分，还具有先赋性，即一个人属于哪个种姓完全取决于他的出身。在这样一个等级分明的社会，虽然不同种姓间有密切的语言交流，但每个种姓都保持着各自的语言特征，即便是下层种姓也不会学习并使用高层种姓的语言形式，因为这并不能帮助他们跻身高层种姓。付义荣（2008）关于安徽傅村父亲称谓的研究则发现，新中国成立后不久，国家实行工业优先的发展战略，相继建立了统购统销、人民公社、户籍管理等制度，而且

---

① 请参照本书第四章第二节的相关内容。
② 公元前 1500 年雅利安人迁移到印度，逐渐从游牧生活转变为农业生活。大约在公元1000 年，他们掌握了冶铁技术，在印度开垦了大量肥沃的土地，刺激了城镇的出现、商业的发展。在此过程中，为了促进社会的稳定，他们极力鼓吹父权制，并在社会内部确认了四个主要的阶层，由高到低依次为：祭司（婆罗门）、武士和贵族（刹帝利）、农民和商人（吠舍）以及奴隶（首陀罗）（杰里·本特利等，2009：136—138）。

还对农村人口进行阶级成分的划分①，农村的社会流动基本停滞，傅村父亲称谓并未出现什么变化，当地人仍旧一如既往地使用"大大""阿爷"这样的父亲称谓；但在改革开放后，中国农民实现向上流动的可能性大大增加，傅村的社会流动也开始变得日益活跃，一批年轻的、有文化的傅村人开始大胆尝试种田以外的职业，而在这一过程中，一些初为父母的傅村人开始让他们的孩子用"爸爸"来称呼父亲，傅村父亲称谓亦因此出现了明显的"爸爸化"。这些事实都说明，一种具有高声望的语言形式要想在一个言语社区流行开来，不仅需要社区成员与该语言形式有着密切的接触，还需要社区成员具有向上社会流动的可能性。至此，我们不难理解，闽南农村的祖父母称谓、外祖父母称谓为什么没有像其父母称谓那样产生向普通话靠拢的发展趋势，因为祖父母、外祖父母们已经没有多少向上社会流动的可能和愿望了。

五　亲属称谓使用的专一性

付义荣（2008）在安徽傅村调查时发现，那儿的父亲称谓具有"亲子传承"与"使用一贯"的特点，即说话人所用的父亲称谓往往是由其父母教的，而且一般只会用一个称谓来称呼父亲。实际上，不仅父亲称谓如此，母亲称谓也如此，甚至其他亲属称谓也是如此，这亦符合我们的日常观察和经验。我们在之前的调查中也发现并总结过，闽南农村普遍存在"一个亲属一种称谓"的现象，极少有人对同一个亲属使用多个称谓，这其实就是亲属称谓使用的专一性。虽然闽南农村也存在兼用的情况（见表5.25），但这种兼用实际上绝大多数都属于"改口"的情况，即说话人本来用偏称称呼自己的父母，后来又改用"爸""妈"等称谓。可见，在同一时间内一个人仍旧用某一个称谓来称呼某个亲属，这仍旧是一种专一的使用；真正在同一时间内，一个人兼用两种不同的称谓来称呼同一个亲属的情况其实极其少见。

这种专一性特征对于亲属称谓的变化有着非常重要的影响，它使得同

---

① 1950年，为了给土地改革和成分划分提供依据，当时的政务院发布了《关于农村划分阶级成分》的决定。根据这一文件，农村人口被划分为地主、资本家、绅士、富农、中农、知识分子、自由职业者、宗教职业者、小手工业者、小商小贩、贫农、工人、贫民等13个阶级和阶层（刘豪兴、徐珂，2004：168）。

一亲属的不同称谓之间往往不是共荣共损的关系，而是你荣我损、此消彼长，属于非常明显的竞争关系。例如，父亲称谓"爸"的使用率高达83.8%，但其他称谓都很低，最高的如"叔"也只有8.4%，而在不同的年龄段，"爸"一旦出现使用率的增长，其他称谓，尤其是几个主要的称谓，如"叔""名字"等就出现了下降（见表5.2与图5.1）。再看母亲称谓，"妈"的使用率为64.3%，但其他母亲称谓最高的也只有19.3%，而在不同的年龄段，"妈"的使用率在增长时，"母""姨""名字"就出现了下降。祖父母称谓、外祖父母称谓目前比较稳定，各称谓形式彼此维持着相安无事的局面，但一旦发生变化，估计也会出现父母称谓这样的对立与竞争。

这种由专一性导致的竞争关系，意味着一个新的称谓形式一旦在一个言语社区内迅速扩散，那其他称谓形式就会迅速萎缩，甚至消失，就像刚刚提及的，闽南农村"爸""妈"的扩散正导致其他父母称谓的萎缩。试想一下，如果亲属称谓不存在这种专一性，那么在父母称谓"爸妈化"的同时，其他称谓亦有可能在扩散，这样就无所谓萎缩或消失了。

总之，闽南农村父母称谓的变化因素是多元的，这里既有整个社会形势发展（城市化）的需要，也有个体社会流动的需要；既有国家语言政策的推动（推广普通话），也有亲属称谓本身特点的影响，甚至还有独特地方文化（语言迷信等）的影响。多种因素综合在一起，共同作用，才形成了闽南农村亲属称谓如今的局面。

第六章

结　　语

　　运用社会语言学的理论与方法来研究汉语方言词汇的变异与变化，本课题并非首创。然而在闽南农村如此广阔的区域，围绕一个主题短时间内调查并研究这么多的人、这么多的词语，这在中国社会语言学界并不多见。无论是调查本身，还是数据的整理、分析以及最后的解释，都充满了艰辛，这也意味着最后的总结并非易事。即便如此，我们仍旧需要一次总结，因为这将使我们对本项研究及其完成情况有一个更加简洁明了的了解，同时也能对本项研究存在的不足有一个更加清醒的认识，从而能为未来的后续研究提供宝贵的建议。

一　闽南方言词汇的现状与未来

　　"对未来的预言依赖于对现在的了解。"（简·爱切生，1997：277）本项目所要做的也正是如此，那从我们的研究看，闽南农村方言词汇的现状究竟怎样？其未来又将如何发展下去呢？以下就是本项目提供的答案。

　　第一，闽南农村方言词汇的消失确实较为严重。此次调查的 63 个词语中有 52 个都出现了不同程度的"老龄化"，尤其像"洋""园""粞""筅"等词如今只有少数人知道，而在 15—24 岁年轻人中，甚至只有不到 15% 的人知道这些词（见表 3.2）。要明白，这些词在闽南方言中原本都很常用，构词能力也很强，算是基本词汇，但即便如此，短短几十年时间里——主要是改革开放以来的三四十年里，它们便失去了应有的稳定性，越来越不为人所知了。尤其令人担忧的是，人们对这些词语更多的是"不知亦无替代"（见表 3.7），这意味着在闽南农村的语言生活中，人们越来越不需要这些词语了。任何一条词语，当无人知晓或无人使用时，其结果只能是消失。亲属称谓的情况也好不到哪里去，虽然祖父母、外祖父母的称谓还没有出现什么明显的变化，但称谓形式最多、使用频率最高的父母称谓则正朝着"爸""妈"的方向迅速发展,而其他父母称谓,尤其是极具地方特色的偏称现象正急剧消退,极少有年轻人再用这样的方式来称呼自己的父母了。

第二,闽南农村方言词汇正朝着普通话的方向发展。我们的研究显示,在闽南农村,除了"不知亦无替代"的情况外,另一个突出的现象就是用普通话来代替所不知道的方言词(见表3.8)。可见,在闽南农村的语言生活中,即便有些词语仍是需要的,但人们已不再熟悉它们,而且越来越多的人正代之以普通话词语。亲属称谓也有类似的发展趋势,所不同的是,它不是用其他普通话称谓来替代,而是发展那些跟普通话相同或相近的称谓,如父母称谓中的"爸"与"妈"。

第三,自创性的演变还是有的,但已经很微弱。在闽南农村,当人们不知道某个方言词语时,也会有人利用闽南方言的构词方式或元素来创造新的词语,像"打灰机""打鼓机""米风机""打渣机""软米""黏仔米""机器肥""洋肥"等,都与其所指的事物十分相合。然而,这种自创性的情况并不多见,更多的则是"不知亦无替代"或以普通话来替代的情况(见表3.8)。

第四,城市化的大背景与社会流动的个体需求是推动方言词汇变化的最主要原因。闽南农村方言词汇所发生的一系列变化,主要是两种力量在推动:一种是城市化,另一种就是社会流动。这也是两种不同层次的力量,前者是宏观的社会形势,后者是微观的个体需求。城市化使得闽南农村传统的社会结构、生产方式等都发生了极大的改变,互识性的社会正被陌生的、高度流动的城镇社会所替代。在当前的闽南农村,人们不再只是以农为生,甚至这一方水土也不再只有闽南人,而是涌入了来自全国各地的他乡人。在此形势下,闽南方言越来越难以满足人们的需要,而普通话作为沟通各方的共同语却越来越显示其优势。何况国家教育的迅速普及、推普政策的大力实施也给每一位个体学习并使用普通话创造了前所未有的有利条件。

对于一种方言而言,如果自身特有的词汇在迅速消失、标准语的词汇在源源涌入,且自创能力又极其微弱的话,那等待它的只有一种结果,即越来越丧失其已有的特征而趋同于标准语。闽南农村的情形正是如此,其未来极有可能的结果就是其方言词汇无限接近普通话词汇。当然,也会有另一种结果,那就是我国的城市化进程突然中断、个体的社会流动几近停滞，整个闽南地区又恢复到当初农业社会的模样，闽南方言又重回到自身的发展逻辑而能保持自身的某些特征。然而，这后一种结果的可能性很小。因此，闽南农村的方言词汇向普通话靠拢已是必然的趋势。

其实不仅闽南农村的方言词汇，甚至整个闽南地区的闽南方言都有可能如此。农村因其相对封闭、保守等，可以说是方言使用者最多、最集中的地方，是方言的最后阵地。陈鸿与苏翠文（2016）曾以在校大学生为例进行过一次调查，结果发现，就闽南方言的听说能力而言，农村的学生要优于乡镇，乡镇又优于农村。付义荣与严振辉（2017）在厦门的调查也发现，城市化越发达的区域，其方言能力就越弱。因此，如果一种方言在农村都形势不妙的话，那在城市更是可想而知了。

二 关于后续研究的几点建议

著名社会学家艾尔·巴比（2009：91）认为，"探索性研究通常用于满足三类目的：（1）满足研究者的好奇心和更加了解某事物的欲望；（2）探讨对某议题进行细致研究的可行性；（3）发展后续研究中需要使用的方法。"作为一项探索性研究，本项目也在一定程度上满足了我们的好奇心，让我们对闽南农村方言词汇的变化状况及机制有了一定的了解，但不得不说的是，本项目仍旧有进一步细化、深化的空间。笔者及同行们今后若要进行后续研究，尚需在以下几个方面加以改善或补强：

第一，加大投入，对方言词汇，尤其是其中的农业词汇进行系统性的调查、记录与描写。此次我们一共调查了 63 个闽南方言词语，还有父母、祖父母、外祖父母等亲属的称谓，共涉及 100 多个词语，这在国内同类研究中算是不少了，但与闽南方言整个词汇系统相比，这样的研究规模仍远远不足。例如，对于闽南方言绝大多数一般词汇的变化，我们还缺乏了解。一般词汇往往具有数量大、更新快的特点，当该地区的基本词汇都在面临消失风险的时候，那一般词汇更是不容乐观。所以，非常有必要加大投入，包括资金、人员的投入，鼓励更多的人对方言词汇，尤其是农业词汇进行全面系统的调查研究。之所以重点突出农业词汇，主要是考虑到随着城市化、非农化的迅速推进，首先便是农业词汇正远离当地人的语言生活。我们的研究也证实了这一点，例如生存状况最差的几个词如"洋""园""栖""箍"都与农业有关（见表 3.3）。中国曾经是一个农业大国，几千年的农耕文明催生了无数的农业词语。然而，改革开放以来短短几十年的时间里，原本以人力畜力为主要特征的传统农业正被现代化的农业甚至工业所取代，许多农业词汇正在消亡。要想记住并能解读中国农耕这段历史及其孕育的灿烂文明，就不能不了解这些词汇，而且要趁传统的农业者还健在的时候进行调查研究，否则就会悔之晚矣。

　　第二，注重本土专业人才的培养，以保障研究的精细与连续。在研究的过程中，我们发现，有许多方言词，如"洗锣""打灰机""打鼓机""米风机""鼓车""打渣机""弯担""软米""黏仔米""机器肥"等，或从形状、或从功能、或从性质等角度给所指的事物命名，很有特点，但它们并不见于已有的文献，只是在一个很小的范围内（如一县一乡甚至一村）流传。对于这些词，若非当地人或在当地浸染已久之人，一般是很难注意到的。也正因如此，许多方言文献（如方言词典、方言志等）对一地方言的记录都有些粗糙，甚至还充斥着一些错误。钱伯斯与特鲁杰（Chambers & Trudgill，2002：29—30）在论及方言学的调查与研究方法时就曾指出，方言学家们往往基于"语言是同质的"这一理念而喜欢调查非流动的（Nonmobile）、年老的（Older）、农村的（Rural）男性（Males），但这样的调查会遭人诟病，因为它会带来这样一个后果：一直住在某个地区的那些年轻人常常发现根据方言学所记录的家乡语言与他们所熟悉的有时恰好相反。笔者就有类似的体验，以《汉语方言地图集·词汇卷》为例，其中关于笔者家乡方言——无为方言的记录至少有 20 多处需要补充或修改，像无为方言一般用"劁［φiɔ^{31}］"而非"割"来表示对猪进行阉割，用"高个［kɔ^{31}kɔ］"或"今个［kən^{31}tə/^{5}］"而非"今日"来表示今天[①]。如果在一项调查中，单纯地依赖一部分甚至个别被试，加上调查者自己又对调查区域不太熟悉的话，那必然会产生上述后果。因此，除了调查更多不同类型的被试外，有必要在各地培养本土的社会语言学调查者，让他们参与乃至主导此类研究，一则可以尽可能系统、准确地对当地方言进行记录、描写与研究，二则也可以对当地的语言及社会状况进行及时的监控，不至于像许多课题，一待结题也就结束了，何时

---

　　① 《汉语方言地图集·词汇卷》关于无为方言词汇的记录至少有 20 多处是需要补充或修正的，笔者曾与另一位一直待在无为老家的中学老师合作，曾就此事进行了探讨。读者若有兴趣，可以参阅《〈汉语方言地图集·词汇卷〉中无为方言词汇之补正》（付义荣、吴海松，2017）一文。

再有人来做后续研究就要看他人对该类议题有没有兴趣了。

第三，注重理论上的突破与创新。著名社会语言学家米尔罗伊夫妇（L. Milroy & J. Milroy，1995）于 1993 年访问中国期间曾说："中国可以说是社会语言学者的'伊甸园'，各种语料应有尽有。中国的社会语言学研究不仅可以为现有的理论模式提供更新、更有趣的佐证，而且还可能对现有的理论模式提出挑战。"然而，自社会语言学引入中国以来的 40 年间，"伊甸园"般的中国并没有在社会语言学理论上产生令人期待的成就，"理论上的薄弱"依旧是中国社会语言学的短板（沈家煊，1999；陈章太，2002；赵蓉晖，2005；徐大明，2006b；付义荣，2011b）。因此，每一位中国社会语言学者都有必要，更有义务提升研究的理论品质：或证实或证伪已有的理论，或提出新的理论。单纯进行事实的记录、描写虽有益于语言及文化的保护，但难免会落入"蝴蝶标本式"的研究套路而遭人诟病，因为研究就是要为了发现有解释力的理论①。囿于时间与人力，我们并没有深究本项目的理论意义，但实际上透过闽南方言词汇的调查，亦发现了一些值得进一步思考的问题：在同样的社会环境中，为什么有些词已发生明显的变化，有些却还没有呢？具有中国特色的社会结构、社会变迁究竟如何影响其境内语言（包括方言）的变化的？为什么很多语言变化都是在改革开放之后加速出现的？难道仅仅只是因为城市化或社会流动？有无其他因素？现有的社会语言学乃至其他语言变化理论哪些能够解释中国的语言变化？哪些不能？如此等等的问题，都在考验现有社会语言学理论的解释力或普遍性，当然也是促发笔者及其他同行进行后续研究的动力所在。

---

① 社会语言学研究常常因其在理论上的薄弱而饱受质疑，著名语言学家乔姆斯基就曾如此评价道："事实上却有人声称，对于社会环境中的语言进行的研究，是有一定的理论的。也许是这样，但是到现在为止，我还没有看到过这样的理论。"（Chomsky，1977：53）同时他还打了这样一个流传很广的比喻："你可以采集蝴蝶标本，写下许多观察记录。如果你喜欢蝴蝶，那毫无问题；但这样的工作不能同研究混为一谈。研究是为了发现具有解释力的理论，这种理论还要具有一定的深度。如果没有发现这样的理论，研究便是失败的。"（Chomsky，1977：59）

"闽南农村汉语方言词汇变化研究" 调查问卷

先生/女士：

　　您好！我们是集美大学文学院的调查员，正开展闽南农村汉语词汇变化研究。为此，我们需要向您了解相关信息。您所提供的信息是匿名的，并纯粹用于科学研究。我们向您郑重承诺，您的回答绝对不会给您带来任何麻烦。恳请您的合作，十分感谢！

填表说明

　　1. 请在您认为合适的答案上打上"√"，或者在"_____"处填上适当的内容。

　　2. 本调查不用填写姓名和工作单位，答案没有对错之分。

　　3. 若无特别说明，每个问题的答案只能选择一项。

一

　　1. 您的性别：（1）男　　（2）女

　　2. 您的出生年（直接填写年份）：19_____年。

　　3. 您的家乡：福建省_____市_____（县/区）

　　4. 您的文化程度：

　　（1）没读过书（2）小学（3）初中（4）高中（5）职高/中专/技校（6）大专及以上

　　5. 您的就业或学业状况：

　　A. 我已就业，现从事的工作属于（可以多选）：

　　（1）农业　　（2）工业　　（3）商业　　（4）服务业　　（5）行政

　　（6）教育　　（7）其他（具体是_____）

B. 我还是学生，现正在＿＿＿＿＿＿＿＿读书。

（1）小学　　（2）初中　　（3）高中　　（4）职高/中专/技校

（5）大学

C. 我还未就业，但也不是学生。

二

6. 您会说以下哪些语言或方言（可以多选）：

（1）闽南话　　（2）客家话　　（3）普通话　　（4）其他（＿＿＿＿＿＿）

7. 您觉得您的普通话水平：

（1）很熟练　　　　　　　　（2）一般

（3）只会说一点简单用语　　（4）一点不会说

8. 您觉得您的闽南话水平：

（1）很熟练　　　　　　　　（2）一般

（3）只会说一点简单用语　　（4）一点不会说

9. 请您根据以下意思说出相应的闽南话词汇。

（1）脚。

A. 不知道。　　　　　　B. 知道，它是：＿＿＿＿＿＿＿＿＿＿＿。

（2）人或者动物的嘴。

A. 不知道。　　　　　　B. 知道，它是：＿＿＿＿＿＿＿＿＿＿＿。

（3）小孩。

A. 不知道。　　　　　　B. 知道，它是：＿＿＿＿＿＿＿＿＿＿＿。

（4）房子或家、家乡。

A. 不知道。　　　　　　B. 知道，它是：＿＿＿＿＿＿＿＿＿＿＿。

（5）烧菜用的锅：

A. 不知道。　　　　　　B. 知道，它是：＿＿＿＿＿＿＿＿＿＿＿。

（6）水田。

A. 不知道。　　　　　　B. 知道，它是：＿＿＿＿＿＿＿＿＿＿＿。

（7）大片较为平整的田地。

A. 不知道。　　　　　　B. 知道，它是：＿＿＿＿＿＿＿＿＿＿＿。

（8）旱地。

A. 不知道。　　　　　　B. 知道，它是：＿＿＿＿＿＿＿＿＿＿＿。

（9）稻谷。

A. 不知道。　　　　　　B. 知道，它是：＿＿＿＿＿＿＿＿＿＿＿＿＿＿。

（10）糯米。

A. 不知道。　　　　　　B. 知道，它是：＿＿＿＿＿＿＿＿＿＿＿＿＿＿。

（11）叶子。

A. 不知道。　　　　　　B. 知道，它是：＿＿＿＿＿＿＿＿＿＿＿＿＿＿。

（12）木板。

A. 不知道。　　　　　　B. 知道，它是：＿＿＿＿＿＿＿＿＿＿＿＿＿＿。

（13）瓠瓜。

A. 不知道。　　　　　　B. 知道，它是：＿＿＿＿＿＿＿＿＿＿＿＿＿＿。

（14）衣袖。

A. 不知道。　　　　　　B. 知道，它是：＿＿＿＿＿＿＿＿＿＿＿＿＿＿。

（15）米浸泡后磨成浆，可用来做汤圆或年糕等的东西。

A. 不知道。　　　　　　B. 知道，它是：＿＿＿＿＿＿＿＿＿＿＿＿＿＿。

（16）下饭菜。

A. 不知道。　　　　　　B. 知道，它是：＿＿＿＿＿＿＿＿＿＿＿＿＿＿。

（17）翅膀。

A. 不知道。　　　　　　B. 知道，它是：＿＿＿＿＿＿＿＿＿＿＿＿＿＿。

（18）小黑蚊子。

A. 不知道。　　　　　　B. 知道，它是：＿＿＿＿＿＿＿＿＿＿＿＿＿＿。

（19）伤口所结的痂。

A. 不知道。　　　　　　B. 知道，它是：＿＿＿＿＿＿＿＿＿＿＿＿＿＿。

（20）水等液体表面出现的一层泡沫。

A. 不知道。　　　　　　B. 知道，它是：＿＿＿＿＿＿＿＿＿＿＿＿＿＿。

（21）（茶叶等的）渣子。

A. 不知道。　　　　　　B. 知道，它是：＿＿＿＿＿＿＿＿＿＿＿＿＿＿。

（22）器物的边沿，如桌子的旁边。

A. 不知道。　　　　　　B. 知道，它是：＿＿＿＿＿＿＿＿＿＿＿＿＿＿。

（23）用于鞭打的小棍子或板子，一般是竹制或木制的。

A. 不知道。　　　　　　B. 知道，它是：＿＿＿＿＿＿＿＿＿＿＿＿＿＿。

（24）用鲎壳或瓠瓜等做的舀水工具。

A. 不知道。　　　　　　B. 知道，它是：＿＿＿＿＿＿＿＿＿＿＿＿＿＿。

（25）筛子。

A. 不知道。　　　　　　B. 知道，它是：＿＿＿＿＿＿＿＿＿＿＿。

（26）箍桶用的篾圈。

A. 不知道。　　　　　　B. 知道，它是：＿＿＿＿＿＿＿＿＿＿＿。

（27）吹，吹奏。

A. 不知道。　　　　　　B. 知道，它是：＿＿＿＿＿＿＿＿＿＿＿。

（28）喂养，豢养，如给小孩子喂食等。

A. 不知道。　　　　　　B. 知道，它是：＿＿＿＿＿＿＿＿＿＿＿。

（29）跌倒。

A. 不知道。　　　　　　B. 知道，它是：＿＿＿＿＿＿＿＿＿＿＿。

（30）擦，抹，揩，如擦汗。

A. 不知道。　　　　　　B. 知道，它是：＿＿＿＿＿＿＿＿＿＿＿。

（31）依靠。

A. 不知道。　　　　　　B. 知道，它是：＿＿＿＿＿＿＿＿＿＿＿。

（32）游泳。

A. 不知道。　　　　　　B. 知道，它是：＿＿＿＿＿＿＿＿＿＿＿。

（33）敲，击，攻打，殴打。

A. 不知道。　　　　　　B. 知道，它是：＿＿＿＿＿＿＿＿＿＿＿。

（34）浇灌。

A. 不知道。　　　　　　B. 知道，它是：＿＿＿＿＿＿＿＿＿＿＿。

（35）晒（太阳）。

A. 不知道。　　　　　　B. 知道，它是：＿＿＿＿＿＿＿＿＿＿＿。

（36）支撑，抵，顶。

A. 不知道。　　　　　　B. 知道，它是：＿＿＿＿＿＿＿＿＿＿＿。

（37）裂开，皲裂。

A. 不知道。　　　　　　B. 知道，它是：＿＿＿＿＿＿＿＿＿＿＿。

（38）宰杀。

A. 不知道。　　　　　　B. 知道，它是：＿＿＿＿＿＿＿＿＿＿＿。

（39）赚（钱）。

A. 不知道。　　　　　　B. 知道，它是：＿＿＿＿＿＿＿＿＿＿＿。

（40）（钱或物）超出原数，即多出来一部分。

A. 不知道。　　　　　　B. 知道，它是：＿＿＿＿＿＿＿＿＿＿＿。

（41）将细碎的东西撒落，如撒种。

A. 不知道。　　　　　　B. 知道，它是：＿＿＿＿＿＿＿＿＿＿＿＿。

（42）针织或穿刺，如打毛衣等。

A. 不知道。　　　　　　B. 知道，它是：＿＿＿＿＿＿＿＿＿＿＿＿。

（43）闷（形容词：闷热；动词：将东西盖起来，闷在里面。）

A. 不知道。　　　　　　B. 知道，它是：＿＿＿＿＿＿＿＿＿＿＿＿。

（44）躺下，人或竖立的东西倒下来。

A. 不知道。　　　　　　B. 知道，它是：＿＿＿＿＿＿＿＿＿＿＿＿。

（45）解开包裹或绳结等。

A. 不知道。　　　　　　B. 知道，它是：＿＿＿＿＿＿＿＿＿＿＿＿。

（46）清除，打扫，如打扫房子。

A. 不知道。　　　　　　B. 知道，它是：＿＿＿＿＿＿＿＿＿＿＿＿。

（47）蒸。

A. 不知道。　　　　　　B. 知道，它是：＿＿＿＿＿＿＿＿＿＿＿＿。

（48）撬。

A. 不知道。　　　　　　B. 知道，它是：＿＿＿＿＿＿＿＿＿＿＿＿。

（49）不懂得，不通晓，与"会"相对。

A. 不知道。　　　　　　B. 知道，它是：＿＿＿＿＿＿＿＿＿＿＿＿。

（50）高，如高山。

A. 不知道。　　　　　　B. 知道，它是：＿＿＿＿＿＿＿＿＿＿＿＿。

（51）干，没有水分，如干柴。

A. 不知道。　　　　　　B. 知道，它是：＿＿＿＿＿＿＿＿＿＿＿＿。

（52）凉，冷，如凉水。

A. 不知道。　　　　　　B. 知道，它是：＿＿＿＿＿＿＿＿＿＿＿＿。

（53）（味）淡，不咸。

A. 不知道。　　　　　　B. 知道，它是：＿＿＿＿＿＿＿＿＿＿＿＿。

（54）晚；迟。

A. 不知道。　　　　　　B. 知道，它是：＿＿＿＿＿＿＿＿＿＿＿＿。

（55）空的；空虚，轻浮，如空的稻谷。

A. 不知道。　　　　　　B. 知道，它是：＿＿＿＿＿＿＿＿＿＿＿＿。

（56）脸盆。

A. 不知道。　　　　　　B. 知道，它是：＿＿＿＿＿＿＿＿＿＿＿＿。

（57）晒稻谷用等的场地。

A. 不知道。   B. 知道，它是：_____。

（58）镰刀。

A. 不知道。   B. 知道，它是：_____。

（59）装粪尿的桶。

A. 不知道。   B. 知道，它是：_____。

（60）母牛。

A. 不知道。   B. 知道，它是：_____。

（61）通过手摇产生风力，以便将稻谷中的杂质去除的一种农具。

A. 不知道。   B. 知道，它是：_____。

（62）竹子做的扁担。

A. 不知道。   B. 知道，它是：_____。

（63）化肥。

A. 不知道。   B. 知道，它是：_____。

10. "手机"这个东西您用方言一般怎么说？

11. "电视"这个东西您用方言一般怎么说？

12. "空调"这个东西您用方言一般怎么说？

13. 面对面时，您一般如何称呼您的"父亲"？

14. 面对面时，您一般如何称呼您的"母亲"？

15. 面对面时，您一般如何称呼您"父亲的父亲"？

16. 面对面时，您一般如何称呼您"父亲的母亲"？

17. 面对面时，您一般如何称呼您"母亲的父亲"？

18. 面对面时，您一般如何称呼您"母亲的母亲"？

闽南方言特征词（部分）

1. 长〔tioŋ²⁴〕：（钱物）超出原数，多余。

2. 必〔pit²⁴〕：裂开，皲裂。

3. 囝〔kin⁵³〕：儿女，后带词尾"仔"时泛指"小孩"。

4. 刺〔tshiah³²〕：针织或穿刺。如"刺毛衣"，即打毛衣。

5. 园〔hŋ²⁴〕：旱地。

6. 疕〔phi⁵³〕：伤口所结的痂。

7. 沃〔ak̃³²〕：浇灌。

8. 泛〔pha²¹〕：空虚，清浮。

9. 刣（猪）〔thai²⁴〕：宰杀。

10. 枋〔paŋ¹〕：木板。

11. 拍〔phah³²〕：敲，击，殴打。如"拍人"，即打人。

12. 拄〔tu⁵³〕：抵，顶，支撑。如"拄门"，即抵着门。

13. 饲〔tshi²²〕：喂养。

14. 炊〔tshe⁴⁴〕：蒸。

15. 泅〔siu²⁴〕：游泳。

16. 拭〔tshit³²〕：擦，抹。

17. 挢〔kiau²²〕：撬。

18. 垺〔pheh⁴〕：水等液体表面出现的一层泡沫。

19. 洋〔iũ²⁴〕：大片较为平整的田地。

20. 配〔phe²¹〕：下饭菜。

21. 厝〔tshu²¹〕：房子。

22. 晏〔uã²¹〕：晚，迟。

23. 秫〔tsut⁴〕：糯米。一般不单说，后面加"米〔bi⁵³〕"。

24. 倒 $[to^{53}]$：人或竖立的东西倒下来，躺。

25. 倚 $[ua^{53}]$：倚靠。

26. 獪 $[bue^{22}]$：不懂得，不通晓，与"会"相对。

27. 清 $[tshin^{21}]$：凉，冷。

28. 趁 $[than^{21}]$：赚。如"趁钱"，即赚钱。

29. 桸 $[hia^{44}]$：用鲎壳或匏瓜等做的舀水工具。

30. 悬 $[kuãi^{24}]$：高。

31. 移 $[ia^{22}]$：将细碎的东西撒落。如"移种"，即撒种。

32. 翕 $[hip^{32}]$：形容词：因闷热引起的不舒服的感觉；动词：蒙盖使不透气。

33. 粕 $[phoh^{32}]$：渣子。如"茶粕"，即茶叶渣子。

34. 粟 $[tshik^{32}]$：稻谷。

35. 摒 $[piã^{21}]$：清除，打扫。

36. 鼎 $[ti ã^{53}]$：烧菜用的锅，一般是铁制的。①

37. 跋 $[puah^4]$：跌倒。

38. 歕 $[pun^{24}]$：吹，吹奏。

39. 喙 $[tshui^{21}]$：嘴巴。

40. 焦 $[ta^{44}]$：焦，干，没有水分。

41. 敊 $[thau^{53}]$：解开（包裹或打结的东西等）。

42. 粞 $[tshue^{21}]$：米浸泡后磨成浆，可用来做汤圆或年糕等的东西。

43. 篩 $[thai^{44}]$：筛子。

44. 塍 $[tshan^{24}]$：水田。

45. 裱 $[ŋ^3]$：衣袖。

46. 墘 $[kĨ)^{24}]$：器物的边沿。

47. 箬 $[hioh^4]$：叶子。

48. 箠 $[tshe^{24}]$：用于鞭打的竹板或小竹棍；或作动词，即用竹板或

---

① "鼎"在闽语诸方言中都有使用，但具体所指各地略有差异。据张振兴（2000）考证，鼎原本是多用的，既用于烧饭，也用于炒菜，后来随着生活水平的提高，鼎主要用于烧菜了；厦门地区"鼎"与"锅"是不一样的，前者指铁锅，而后者则指铝制或陶制的锅。周长楫（2006：516）的《闽南方言大词典》对"鼎"的解释就是"铁锅"。我们的预调查也证明事实大致如此，只不过不仅厦门，漳泉也基本如此。本词条就是基于他们的研究以及我们的预调查而进行解释的。

小竹棍进行鞭打。

49. 箍［khɔ⁴⁴］：箍桶用的篾圈。

50. 骹［kha⁴⁴］：脚。

51. 翼［sit⁴］：翅膀。可以单说，后也可以加"股［kɔ⁵³］"或"仔［a⁵³］"。

52. 曝［phak⁴］：晒。如"曝日"，即晒太阳。

53. 蠓［baŋ⁵³］：蚊子。后面常加"仔［a⁵³］"，但也可以单说。

54. 饗［tsiã⁵³］：淡，不咸。

55. 牛母［gu²⁴bu⁵³］：母牛。

56. 风鼓［hɔŋ¹⁻⁶kɔ³］：风车，一种用于扬谷的农具，也有人称之为"风柜［hɔŋ⁴⁴kui⁴⁴］"。

57. 竹担［tik³²tã⁵³］：竹子做的扁担。

58. 面桶［bin²²thaŋ⁵³］：脸盆。

59. 匏仔［pu²⁴a⁵³］：匏瓜，俗称葫芦瓜。

60. 粗桶［tshɔ⁴⁴thaŋ⁵³］：装粪尿的桶。

61. 粟埕［tshik³²tiã²⁴］：晒稻谷等的场地。

62. 番肥［huan⁴⁴pui²⁴］：化肥，也有人称之为"番仔肥［huan⁴⁴a⁵³pui²⁴］"。

63. 鍥仔［kueh³²a⁵³］：镰刀，闽南部分地区也有人称之为"镰勒仔［ll)¹³lik¹²a］"。

闽南方言词汇与普闽共有词汇

（一）闽南方言词汇

伸：①剩，剩余；②（肢体或物体的某部分）展开。

勘：①盖上，罩上；②盖子，罩子；③超过，压倒。

秞：水稻。

塍：田。

壅：①施肥；②浇水。

刀仔：小刀。

平埔：平坦的地方。

瓜仔：瓜。

地仔：旱地，也可单说"地"。

米筹：筹筐，也可说"米筹仔"。

米糊：将米磨成粉，加水煮成的糊状物；有时也指直接用粥煮成的糊状物。

米糕：用糯米加糖做成的一种地方小吃。

洗锣：脸盆，一般为铜制。

尿壶：即便壶，形状似鳖，也叫"尿鳖"。

尿桶：装粪尿的桶，同"粗桶"。

肥粉：化肥。

茶仔：茶。

茶尿：溅落或溢出在茶盘里的剩余茶水。

面盆：脸盆。

洗浴：①洗澡；②到海里游泳。

涂骹：地面，地板。

甜馃：年糕。

釉仔：同"釉"。

塍刀：蚌，也称"田刀"。

糕馃：包括年糕在内的糕的统称。

翼仔：翅膀。

大桶仔：大桶。

米筥仔：同"米筥"。

茶心叶：茶叶，也说"茶心"。

秫米粉：将糯米泡软磨成浆，再制成细细的面条状，最后盘成团状晒干而成。

大阔水塍：大而宽的水田。

（二）普闽共有词汇①

加：普 ①两个或两个以上的东西或数目合在一起；②使数量或程度比原来多或高；③把本来没有的添上去；④加以。

闽 ①两个或两个以上的东西或数目合在一起；②把本来没有的添上去；③成数，用于数字前，相当于10%："趁加一"，即"赚一成"。

地：普 ①地球，地壳；②陆地；③土地，田地；④地板；⑤地区；⑥地方；⑦地点；⑧地位；⑨地步；⑩花纹或文字的衬托面；⑪路程。

闽 旱地，同"地仔"。

多：普 ①数量大，跟"少、寡"相对；②超出原有或应有的数目；③过分的，不必要的；④（用在数量词后）表示零头；⑤表示相差程度大。

闽 数量大，跟"少、寡"相对。

扫：普 ①用扫帚等除去尘土、垃圾等；②除去，消灭；③很快地左右移动；④归拢在一起。

闽 ①用扫帚等除去尘土、垃圾等；②除去，消灭；③扫帚。

补：普 ①添上材料、修理破损的东西；②补充，补足；③补养；④利益，用处。

闽 ①添上材料、修理破损的东西；②补充，补足；③补养；④有滋

---

① 本部分所解释的词语只是普通话、闽南方言中书写形式相同、意义相关而有别的那些词语，并对每个词按普通话、闽南方言分别进行解释，其中普通话的解释主要参照了《现代汉语词典（第5版）》。

养的食品，补品。

闷：普 ①气压低或空气不流通而引起的不舒畅的感觉；②使不透气；③不吭声，不声张；④声音不响亮；⑤待在家里，不到外面去。

闽 ①心情不舒畅，烦闷；②默默地，常用重叠式；③隐隐地，常用重叠式。

角：普 ①牛羊等头上长出的东西；②号角；③形状像角的东西；④岬角；⑤物体边沿相交的地方，角落；⑥几何意义上的"角"，如直角；⑦我国货币单位，一元的十分之一。

闽 ①牛羊等头上长出的东西；②物体边沿相交的地方，角落；③几何意义上的"角"，如直角；④某些物体的残余部分；⑤表示方位，相当于"边"；⑥我国货币单位，一元的十分之一；⑦家禽中的雄性，如"鸡角"，即公鸡；⑧凝结成的块状物。

顶：普 ①人体或物体上最高的部分；②（用头、肩膀等）支撑，抵住；③从下往上拱起；④对面迎着；⑤顶撞；⑥担当；⑦相当于；⑧顶替；⑨量词，用于某些有顶东西的计量；⑩最。

闽 ①人体或物体上最高的部分；②（用头、肩膀等）向外发力，支撑、抵住；③顶替；④担当；⑤将经营权或租赁权转让他人；⑥表示时间中的"前"，如"顶日"，即前天；⑦量词，用于某些有顶东西的计量。

衫：普 ①单上衣；②泛指衣服。

闽 衣服。

肥：普 ①胖；②肥沃；③肥料；④收入多；⑤利益；⑥肥大。

闽 ①胖；②肥沃；③肥料；④肥效高；⑤（布料）厚实。

挖：普 ①掘；②探究。

闽 ①掘；②探究；③撬；④扒；⑤大口吃东西。

柴：普 烧火用的草木等。

闽 ①木材，木头；②烧火用的草木等；③呆板、迟钝，不灵活；④食物因为太老等原因，纤维多而嚼不烂。

圆：普 ①圆形；②圆周或球形的物体；③汤圆；④圆满；⑤人民币币值，十角为一圆。

闽 ①圆形；②圆满；③货币的面额或价值；④汤圆，一般后加词缀"仔"。

盖：普 ①盖子；②动物背部的甲壳；③由上而下地遮掩；④盖印；

⑤超过；⑥建筑。

闽 ①盖子；②屋顶。

慢：普 ①速度低；②从缓；③不要；④对人冷漠。

闽 ①速度低；②从缓。

风车：普 ①利用风力而运行的一种机械装置，可以用于发电、磨面等；②一种儿童玩具，可以迎风而旋转。

闽 ①利用风力而运行的一种机械装置，可以用于发电、磨面等；②汽车。

茶卤：普 很浓的茶水。

闽 隔夜的茶水。

面粉：普 小麦磨成的粉。

闽 搽脸用的粉末，化妆品。

附录 Ⅳ

表 4.7　闽南农村方言词汇知晓情况的职业分布（N=1031）

序号	词语	就业							未就业	
		农业	工业	商业	服务业	行政	教育	其他1	学生	其他2
		变化中的闽南方言词汇								
1	盾	297 (98.3)	95 (99.0)	93 (96.9)	183 (94.8)	44 (97.8)	68 (100.0)	38 (92.7)	119 (90.8)	54 (100.0)
		5 (1.7)	1 (1.0)	3 (3.1)	10 (5.2)	1 (2.2)	0 (0.0)	3 (7.3)	12 (9.2)	0 (0.0)
2	箸	297 (98.3)	93 (98.9)	96 (100.0)	179 (93.2)	40 (88.9)	63 (91.3)	38 (90.5)	117 (88.6)	53 (98.1)
		5 (1.7)	1 (1.1)	0 (0.0)	13 (6.8)	5 (11.1)	6 (8.7)	4 (9.5)	15 (11.4)	1 (1.9)
3	饲	287 (95.3)	93 (97.9)	91 (94.8)	174 (91.1)	40 (88.9)	61 (88.4)	39 (92.9)	117 (88.6)	52 (96.3)
		14 (4.7)	2 (2.1)	5 (5.2)	17 (8.9)	5 (11.1)	8 (11.6)	3 (7.1)	15 (11.4)	2 (3.7)
4	秫	292 (96.7)	91 (94.8)	92 (95.8)	180 (93.8)	42 (91.3)	65 (94.2)	39 (95.1)	101 (76.5)	48 (88.9)
		10 (3.3)	5 (5.2)	4 (4.2)	12 (6.2)	4 (8.7)	4 (5.8)	2 (4.9)	31 (23.5)	6 (11.1)

序号	词语	就业							未就业	
		农业	工业	商业	服务业	行政	教育	其他1	学生	其他2
5	晏	289 (95.4)	87 (90.6)	87 (90.6)	178 (92.2)	43 (95.6)	63 (92.6)	37 (90.2)	109 (82.6)	50 (96.2)
		14 (4.6)	9 (9.4)	9 (9.4)	15 (7.8)	2 (4.4)	5 (7.4)	4 (9.8)	23 (17.4)	2 (3.8)
6	悬	291 (96.4)	88 (91.7)	88 (93.6)	180 (93.3)	38 (86.4)	66 (97.1)	36 (87.8)	103 (77.4)	52 (94.5)
		11 (3.6)	8 (8.3)	6 (6.4)	13 (6.7)	6 (13.6)	2 (2.9)	5 (12.2)	30 (22.6)	3 (5.5)
7	翼	287 (95.0)	90 (94.7)	90 (93.8)	176 (91.2)	37 (80.4)	64 (92.8)	34 (81.0)	104 (77.6)	51 (96.2)
		15 (5.0)	5 (5.3)	6 (6.2)	17 (8.8)	9 (19.6)	5 (7.2)	8 (19.0)	30 (22.4)	2 (3.8)
8	刣	281 (91.8)	88 (91.7)	93 (97.9)	155 (81.2)	44 (97.8)	65 (95.6)	38 (92.7)	114 (85.1)	53 (96.4)
		25 (8.2)	8 (8.3)	2 (2.1)	36 (18.8)	1 (2.2)	3 (4.4)	3 (7.3)	20 (14.9)	2 (3.6)
9	碗	288 (96.0)	93 (96.9)	87 (92.6)	185 (96.9)	42 (91.3)	65 (94.2)	35 (85.4)	81 (61.4)	47 (85.5)
		12 (4.0)	3 (3.1)	7 (7.4)	6 (3.1)	4 (8.7)	4 (5.8)	6 (14.6)	51 (38.6)	8 (14.5)
10	嗑	287 (94.7)	93 (96.9)	84 (87.5)	163 (85.8)	36 (80.0)	56 (81.2)	26 (65.0)	109 (83.2)	52 (96.3)
		16 (5.3)	3 (3.1)	12 (12.5)	27 (14.2)	9 (20.0)	13 (18.8)	14 (35.0)	22 (16.8)	2 (3.7)
11	膣	291 (96.0)	86 (89.6)	82 (85.4)	164 (85.4)	40 (90.9)	58 (84.1)	38 (90.5)	89 (68.5)	42 (77.8)
		12 (4.0)	10 (10.4)	14 (14.6)	28 (14.6)	4 (9.1)	11 (15.9)	4 (9.5)	41 (31.5)	12 (22.2)
12	沃	273 (89.5)	92 (93.9)	82 (86.3)	174 (90.2)	39 (86.7)	59 (85.5)	33 (80.5)	92 (70.8)	49 (89.1)
		32 (10.5)	6 (6.1)	13 (13.7)	19 (9.8)	6 (13.3)	10 (14.5)	8 (19.5)	38 (29.2)	6 (10.9)

续表

序号	词语	就业							未就业	
		农业	工业	商业	服务业	行政	教育	其他1	学生	其他2
13	鼎	284（94.0）	88（91.7）	78（82.1）	161（83.9）	36（80.0）	56（81.2）	34（82.9）	101（77.1）	47（87.0）
		18（6.0）	8（8.3）	17（17.9）	31（16.1）	9（20.0）	13（18.8）	7（17.1）	30（22.9）	7（13.0）
14	蠓	273（90.4）	84（88.4）	87（90.6）	156（81.3）	40（87.0）	58（85.3）	28（68.3）	106（80.3）	50（90.9）
		29（9.6）	11（11.6）	9（9.4）	36（18.7）	6（13.0）	10（14.7）	13（31.7）	26（19.7）	5（9.1）
15	炊	282（93.1）	85（88.5）	81（84.4）	163（84.9）	42（91.3）	64（92.8）	38（90.5）	73（55.3）	48（87.3）
		21（6.9）	11（11.5）	15（15.6）	29（15.1）	4（8.7）	5（7.2）	4（9.5）	59（44.7）	7（12.7）
16	粟	294（96.4）	88（91.7）	84（87.5）	160（83.3）	33（73.3）	53（76.8）	33（80.5）	66（50.4）	48（87.3）
		11（3.6）	8（8.3）	12（12.5）	32（16.7）	12（26.7）	16（23.2）	8（19.5）	65（49.6）	7（12.7）
17	搦	278（92.7）	66（76.7）	76（80.0）	152（84.0）	35（81.4）	61（89.7）	37（92.5）	78（61.4）	42（77.8）
		22（7.3）	20（23.3）	19（20.0）	29（16.0）	8（18.6）	7（10.3）	3（7.5）	49（38.6）	12（22.2）
18	敥	277（91.4）	70（73.7）	73（76.0）	158（81.9）	33（73.3）	54（78.3）	32（76.2）	71（53.8）	47（87.0）
		26（8.6）	25（26.3）	23（24.0）	35（18.1）	12（26.7）	15（21.7）	10（23.8）	61（46.2）	7（13.0）
19	必	261（86.4）	78（82.1）	75（78.9）	154（80.6）	37（80.4）	55（79.7）	27（67.5）	66（49.6）	45（83.3）
		41（13.6）	17（17.9）	20（21.1）	37（19.4）	9（19.6）	14（20.3）	13（32.5）	67（50.4）	9（16.7）
20	粕	281（93.0）	82（87.2）	71（74.7）	140（73.3）	34（75.6）	50（72.5）	28（66.7）	64（48.1）	47（87.0）
		21（7.0）	12（12.8）	24（25.3）	51（26.7）	11（24.4）	19（27.5）	14（33.3）	69（51.9）	7（13.0）

续表

序号	词语	就业							未就业	
		农业	工业	商业	服务业	行政	教育	其他1	学生	其他2
21	跤	218 (71.7)	74 (77.1)	85 (89.5)	136 (70.5)	39 (88.6)	61 (89.7)	35 (83.3)	103 (77.4)	48 (90.6)
		86 (28.3)	22 (22.9)	10 (10.5)	57 (29.5)	5 (11.4)	7 (10.3)	7 (16.7)	30 (22.6)	5 (9.4)
22	莿	261 (86.7)	81 (85.3)	69 (71.9)	148 (76.7)	36 (80.0)	58 (84.1)	33 (78.6)	66 (49.3)	45 (83.3)
		40 (13.3)	14 (14.7)	27 (28.1)	45 (23.3)	9 (20.0)	11 (15.9)	9 (21.4)	68 (50.7)	9 (16.7)
23	清	219 (72.5)	77 (79.4)	86 (87.8)	134 (70.2)	41 (89.1)	61 (88.4)	32 (80.0)	87 (66.9)	50 (90.9)
		83 (27.5)	20 (20.6)	12 (12.2)	57 (29.8)	5 (10.9)	8 (11.6)	8 (20.0)	43 (33.1)	5 (9.1)
24	牛母	287 (96.3)	72 (75.0)	78 (81.3)	153 (79.7)	29 (65.9)	51 (75.0)	32 (78.0)	42 (31.6)	36 (67.9)
		11 (3.7)	24 (25.0)	18 (18.7)	39 (20.3)	15 (34.1)	17 (25.0)	9 (22.0)	91 (68.4)	17 (32.1)
25	堡	250 (82.2)	74 (77.9)	73 (76.0)	150 (78.5)	30 (65.2)	49 (72.1)	31 (75.6)	66 (50.0)	46 (85.2)
		54 (17.8)	21 (22.1)	23 (24.0)	41 (21.5)	16 (34.8)	19 (27.9)	10 (24.4)	66 (50.0)	8 (14.8)
26	筆	262 (87.6)	72 (75.0)	78 (82.1)	130 (67.7)	34 (75.6)	48 (69.6)	36 (85.7)	59 (44.7)	45 (83.3)
		37 (12.4)	24 (25.0)	17 (17.9)	62 (32.3)	11 (24.4)	21 (30.4)	6 (14.3)	73 (55.3)	9 (16.7)
27	移	262 (86.5)	84 (88.4)	76 (79.2)	134 (69.4)	34 (77.3)	47 (68.1)	34 (85.0)	48 (36.1)	44 (81.5)
		41 (13.5)	11 (11.6)	20 (20.8)	59 (30.6)	10 (22.7)	22 (31.9)	6 (15.0)	85 (63.9)	10 (18.5)
28	枋	274 (91.3)	72 (75.0)	65 (67.7)	143 (74.1)	35 (77.8)	53 (77.9)	34 (81.0)	49 (36.6)	38 (69.1)
		26 (8.7)	24 (25.0)	31 (22.3)	50 (25.9)	10 (22.2)	15 (22.1)	8 (19.0)	85 (63.4)	17 (30.9)

续表

序号	词语	就业							未就业	
		农业	工业	商业	服务业	行政	教育	其他 1	学生	其他 2
29	疕	252 (84.0)	72 (75.0)	77 (80.2)	131 (67.5)	34 (77.3)	45 (65.2)	29 (72.5)	73 (54.9)	40 (74.1)
		48 (16.0)	24 (25.0)	19 (19.8)	63 (32.5)	10 (22.7)	24 (34.8)	11 (27.5)	60 (45.1)	14 (25.9)
30	竹担	272 (89.8)	80 (83.3)	73 (76.8)	130 (67.0)	29 (65.9)	49 (71.0)	28 (68.3)	51 (38.3)	36 (65.5)
		31 (10.2)	16 (16.7)	22 (23.2)	64 (34.0)	15 (34.1)	20 (29.0)	13 (31.7)	82 (61.7)	19 (34.5)
31	翕	229 (76.1)	69 (72.6)	77 (81.1)	137 (71.0)	31 (70.5)	57 (82.6)	29 (70.7)	70 (53.0)	41 (75.9)
		72 (23.9)	26 (27.4)	18 (18.9)	56 (29.0)	13 (29.5)	12 (17.4)	12 (29.3)	62 (47.0)	13 (24.1)
32	粟晃	284 (94.4)	77 (81.1)	52 (53.6)	136 (70.5)	29 (65.9)	50 (72.5)	34 (85.0)	36 (26.9)	44 (81.5)
		17 (5.6)	18 (18.9)	45 (46.4)	57 (29.5)	15 (34.1)	19 (27.5)	6 (15.0)	98 (73.1)	10 (18.5)
33	挬	253 (83.5)	67 (70.5)	68 (70.8)	115 (59.9)	36 (78.3)	46 (66.7)	28 (70.0)	52 (39.4)	36 (66.7)
		50 (16.5)	28 (29.5)	28 (29.2)	77 (40.1)	10 (21.7)	23 (33.3)	12 (30.0)	80 (60.6)	18 (33.3)
34	箬	247 (82.3)	72 (75.0)	65 (67.7)	122 (63.5)	30 (68.2)	47 (68.1)	29 (72.5)	41 (30.6)	36 (66.7)
		53 (17.7)	24 (25.0)	31 (32.3)	70 (36.5)	14 (31.8)	22 (31.9)	11 (27.5)	93 (69.4)	18 (33.3)
35	稀	259 (86.0)	73 (76.8)	69 (71.9)	109 (56.5)	28 (62.2)	39 (56.5)	27 (64.3)	36 (26.9)	40 (74.1)
		42 (14.0)	22 (23.2)	27 (28.1)	84 (43.5)	17 (37.8)	30 (43.5)	15 (35.7)	98 (73.1)	14 (25.9)
36	倚	223 (73.6)	73 (77.7)	61 (63.5)	121 (62.7)	32 (69.6)	46 (67.6)	25 (62.5)	38 (28.6)	38 (70.4)
		80 (26.4)	21 (22.3)	35 (36.5)	72 (37.3)	14 (30.4)	22 (32.4)	15 (37.5)	95 (71.4)	16 (29.6)

续表

序号	词语	就业							未就业	
		农业	工业	商业	服务业	行政	教育	其他1	学生	其他2
37	风鼓/风柜	283 (93.4)	64 (66.7)	44 (46.8)	117 (60.6)	23 (51.1)	38 (55.1)	31 (73.8)	25 (18.8)	32 (59.3)
		20 (6.6)	32 (33.3)	50 (53.2)	76 (39.4)	22 (48.9)	31 (44.9)	11 (26.2)	108 (81.2)	22 (40.7)
38	锲仔/镰勒仔	261 (86.7)	69 (72.6)	55 (57.3)	125 (64.8)	25 (55.6)	33 (47.8)	26 (63.4)	27 (20.1)	27 (49.1)
		40 (13.3)	26 (27.4)	41 (42.7)	68 (35.2)	20 (44.4)	36 (52.2)	15 (36.6)	107 (79.9)	28 (50.9)
39	配	195 (64.4)	72 (74.2)	55 (57.9)	129 (66.5)	28 (62.2)	48 (69.6)	24 (58.5)	56 (42.4)	40 (72.7)
		108 (35.6)	25 (25.8)	40 (42.1)	65 (33.5)	17 (37.8)	21 (30.4)	17 (41.5)	76 (57.6)	15 (27.3)
40	泛	261 (86.1)	55 (59.8)	45 (47.4)	116 (60.7)	28 (62.2)	37 (54.4)	21 (51.2)	41 (31.3)	29 (54.7)
		42 (13.9)	37 (40.2)	50 (52.6)	75 (39.3)	17 (37.8)	31 (45.6)	20 (48.8)	90 (68.7)	24 (45.3)
41	崁	182 (60.5)	68 (70.8)	77 (78.6)	116 (60.7)	28 (62.2)	46 (66.7)	28 (66.7)	51 (39.5)	37 (68.5)
		119 (39.5)	28 (29.2)	21 (21.4)	75 (39.3)	17 (37.8)	23 (33.3)	14 (33.3)	78 (60.5)	17 (31.5)
42	匏	244 (81.6)	64 (66.7)	58 (60.4)	99 (51.3)	34 (77.3)	37 (53.6)	27 (65.9)	31 (23.1)	39 (72.2)
		55 (18.4)	32 (33.3)	38 (39.6)	94 (48.7)	10 (22.7)	32 (46.4)	14 (34.1)	103 (76.9)	15 (27.8)
43	拄	217 (73.8)	57 (60.0)	57 (59.4)	114 (58.5)	32 (71.1)	46 (67.6)	27 (65.9)	40 (29.9)	39 (70.9)
		77 (26.2)	38 (40.0)	39 (40.6)	81 (41.5)	13 (28.9)	22 (32.4)	14 (34.1)	94 (70.1)	16 (29.1)
44	番(仔)肥	198 (64.7)	56 (57.7)	57 (59.4)	132 (67.7)	18 (40.9)	41 (59.4)	32 (76.2)	44 (33.1)	26 (47.3)
		108 (35.3)	41 (42.3)	39 (40.6)	63 (32.3)	26 (59.1)	28 (40.6)	10 (23.8)	89 (66.9)	29 (52.3)

续表

序号	词语	就业							未就业	
		农业	工业	商业	服务业	行政	教育	其他 1	学生	其他 2
45	泗	193 (64.1)	46 (48.4)	56 (58.3)	106 (54.6)	23 (51.1)	48 (70.6)	28 (70.0)	35 (26.1)	33 (61.1)
		108 (35.9)	49 (51.6)	40 (41.7)	88 (45.4)	22 (48.9)	20 (29.4)	12 (30.0)	99 (73.9)	21 (38.9)
46	粗桶	192 (63.2)	51 (53.1)	58 (61.1)	103 (53.4)	29 (64.4)	40 (58.8)	28 (68.3)	37 (29.2)	23 (41.8)
		112 (36.8)	45 (46.9)	37 (38.9)	90 (46.6)	16 (35.6)	28 (41.2)	13 (31.7)	97 (70.8)	32 (58.2)
47	长	173 (56.7)	51 (53.7)	51 (53.1)	102 (53.4)	27 (58.7)	48 (69.6)	27 (65.9)	38 (30.6)	39 (70.9)
		132 (43.3)	44 (46.3)	45 (46.9)	89 (46.6)	19 (41.3)	21 (30.4)	14 (34.1)	86 (69.4)	16 (29.1)
48	面桶	172 (57.3)	46 (47.4)	58 (61.7)	78 (40.0)	25 (54.3)	32 (46.4)	17 (40.5)	62 (46.3)	36 (67.9)
		128 (42.7)	51 (52.6)	36 (38.3)	117 (60.0)	21 (45.7)	37 (53.6)	25 (59.5)	72 (53.7)	17 (32.1)
49	铭	241 (79.8)	42 (44.2)	42 (43.8)	70 (36.6)	17 (37.8)	19 (27.9)	11 (26.8)	10 (7.6)	33 (61.1)
		61 (20.2)	53 (55.8)	54 (56.2)	121 (63.4)	28 (62.2)	49 (72.1)	30 (73.2)	122 (92.4)	21 (38.9)
50	稛	147 (48.5)	47 (49.4)	40 (41.6)	96 (49.5)	24 (52.2)	31 (44.9)	20 (48.8)	15 (11.4)	28 (51.9)
		156 (51.5)	48 (50.6)	56 (58.4)	98 (50.5)	22 (47.8)	38 (55.1)	21 (51.2)	117 (88.6)	26 (48.1)
51	园	220 (73.1)	34 (35.4)	31 (32.3)	58 (29.9)	11 (24.4)	21 (30.4)	24 (58.5)	12 (9.0)	22 (42.3)
		81 (26.9)	62 (64.6)	65 (67.7)	136 (70.1)	34 (75.6)	48 (69.6)	17 (41.5)	121 (91.0)	30 (57.7)
52	洋	175 (57.9)	25 (26.3)	31 (32.3)	62 (32.6)	19 (41.3)	21 (30.4)	17 (41.5)	11 (8.3)	26 (49.1)
		127 (42.1)	70 (73.7)	65 (67.7)	128 (67.4)	27 (58.7)	48 (69.6)	24 (58.5)	121 (91.7)	27 (50.9)

续表

序号	词语	就业							未就业	
		农业	工业	商业	服务业	行政	教育	其他1	学生	其他2
	平均数	251 (83.3)	72 (76.6)	70 (73.7)	136 (70.8)	33 (73.3)	50 (72.5)	30 (73.2)	64 (48.5)	41 (75.9)
		50 (16.7)	22 (23.4)	25 (26.3)	56 (29.2)	12 (26.7)	19 (27.5)	11 (26.8)	68 (51.5)	13 (24.1)

暂未变化的闽南方言词汇

序号	词语	农业	工业	商业	服务业	行政	教育	其他1	学生	其他2
53	扶	284 (94.0)	94 (97.9)	93 (96.9)	179 (93.7)	42 (93.3)	67 (97.1)	38 (92.7)	122 (91.7)	53 (98.1)
		18 (6.0)	2 (2.1)	3 (3.1)	12 (6.3)	3 (6.7)	2 (2.9)	3 (7.3)	11 (8.3)	1 (1.9)
54	倒	283 (93.0)	85 (90.4)	90 (93.8)	174 (90.2)	31 (68.9)	63 (91.3)	34 (85.0)	111 (83.5)	52 (96.3)
		21 (7.0)	9 (9.6)	6 (6.2)	19 (9.8)	14 (31.1)	6 (8.7)	6 (15.0)	22 (16.5)	2 (3.7)
55	馨	298 (97.7)	95 (97.9)	93 (96.9)	188 (96.9)	40 (88.9)	66 (97.1)	36 (90.0)	114 (87.7)	53 (96.4)
		7 (2.3)	2 (2.1)	3 (3.1)	6 (3.1)	5 (11.1)	2 (2.9)	4 (10.0)	16 (12.3)	2 (3.6)
56	拍	277 (91.4)	89 (91.8)	80 (83.3)	163 (84.9)	34 (75.6)	57 (83.8)	34 (81.0)	109 (82.6)	49 (89.1)
		26 (8.6)	8 (8.2)	16 (16.7)	29 (15.1)	11 (24.4)	11 (16.2)	8 (19.0)	23 (17.4)	6 (10.9)
57	焦	290 (96.3)	94 (98.9)	94 (98.9)	185 (96.4)	43 (95.6)	65 (94.2)	38 (95.0)	117 (90.0)	53 (98.1)
		11 (3.7)	1 (1.1)	1 (1.1)	7 (3.6)	2 (4.4)	4 (5.8)	2 (5.0)	13 (10.0)	1 (1.9)
58	贻	276 (91.1)	90 (94.7)	86 (89.6)	164 (85.4)	40 (87.0)	62 (89.9)	36 (87.8)	127 (94.8)	53 (98.1)
		27 (8.9)	5 (5.3)	10 (10.4)	28 (14.6)	6 (13.0)	7 (10.1)	5 (12.2)	7 (5.2)	1 (1.9)
59	曝	295 (97.7)	93 (96.9)	92 (95.8)	179 (92.7)	44 (97.7)	68 (98.6)	38 (92.7)	122 (91.7)	52 (96.3)
		7 (2.3)	3 (3.1)	4 (4.2)	14 (7.3)	1 (2.3)	1 (1.4)	3 (7.3)	11 (8.3)	2 (3.7)

续表

序号	词语	就业							未就业	
		农业	工业	商业	服务业	行政	教育	其他 1	学生	其他 2
60	趁	304 (99.7)	92 (98.9)	96 (100.0)	188 (97.9)	43 (95.6)	68 (98.6)	41 (97.6)	127 (96.2)	53 (98.1)
		1 (0.3)	1 (1.1)	0 (0.0)	4 (2.1)	2 (4.4)	1 (1.4)	1 (2.4)	5 (3.8)	1 (1.9)
61	困	300 (98.7)	96 (100.0)	95 (100.0)	190 (99.0)	42 (91.3)	69 (100.0)	39 (97.5)	125 (94.0)	54 (100.0)
		4 (1.3)	0 (0.0)	0 (0.0)	2 (1.0)	4 (8.7)	0 (0.0)	1 (2.5)	8 (6.0)	0 (0.0)
62	嗦	295 (97.0)	96 (100.0)	95 (99.0)	184 (95.3)	43 (95.6)	68 (98.6)	40 (97.6)	125 (93.3)	54 (98.2)
		9 (3.0)	0 (0.0)	1 (1.0)	9 (4.7)	2 (4.4)	1 (1.4)	1 (2.4)	9 (6.7)	1 (1.8)
63	散	300 (98.7)	96 (100.0)	95 (99.0)	189 (97.9)	45 (100.0)	69 (100.0)	41 (97.6)	132 (98.5)	55 (100.0)
		4 (1.3)	0 (0.0)	1 (1.0)	4 (2.1)	0 (0.0)	0 (0.0)	1 (2.4)	2 (1.5)	0 (0.0)
	平均数	291 (96.0)	93 (96.9)	92 (95.8)	180 (93.8)	41 (89.1)	66 (95.7)	38 (92.7)	121 (91.0)	53 (96.4)

注：有底纹表格显示的是"知道"的数据，与其相对的无底纹表格显示的是"不知道"的数据；括号外数据为人数，括号内数据为该数据人数占所在群体人数的百分比。

参考文献

一 著作

艾布拉姆·德·斯旺：《世界上的语言——全球语言系统》，花城出版社 2008 年版。

艾尔·巴比：《社会研究方法》，华夏出版社 2009 年版。

爱德华·萨丕尔：《语言论》，商务印书馆 1985 年版。

安徽省地方志编纂委员会：《安徽省志·方言志》，方志出版社 1997 年版。

博纳德·斯波斯基：《语言政策——社会语言学中的重要论题》，商务印书馆 2011 年版。

布龙菲尔德：《语言论》，商务印书馆 1980 年版。

曹志耘：《汉语方言地图集·词汇卷》，商务印书馆 2008 年版。

陈荣岚、李熙泰：《厦门方言》，鹭江出版社 1999 年版。

陈松岑：《社会语言学导论》，北京大学出版社 1985 年版。

陈向明：《质的研究方法与社会科学研究》，教育科学出版社 2000 年版。

陈原：《社会语言学》，商务印书馆 2000 年版。

戴嘉村：《寻常巷陌里的文化遗存——厦门马巷文化遗存研究》，世界图书出版公司 2016 年版。

戴维·克里斯特尔：《现代语言学词典》，商务印书馆 2007 年版。

邓伟志：《社会学辞典》，上海辞书出版社 2009 年版。

费尔迪南·德·索绪尔：《普通语言学教程》，商务印书馆 1980 年版。

费正清：《美国与中国》，世界知识出版社 2006 年版。

冯汉骥：《中国亲属称谓指南》，上海文艺出版社 1989 年版。

付义荣：《言语社区和语言变化研究——基于安徽傅村的社会语言学调查》，北京大学出版社 2011a 年版。

甘柏兹：《会话策略》，社会科学文献出版社 2001 年版。

郭锦桴：《汉语地名与多彩文化》，上海辞书出版社 2004 年版。

郭锦桴：《汉语与中国传统文化》，商务印书馆 2010 年版。

郭骏：《方言变异与变化：溧水街上话的调查研究》，北京大学出版社 2009 年版。

郭熙：《中国社会语言学（增订本）》，浙江大学出版社 2004 年版。

韩玉敏：《新编社会学辞典》，中国物资出版社 1998 年版。

胡士云：《汉语亲属称谓研究》，商务印书馆 2007 年版。

胡裕树：《现代汉语》，上海教育出版社 2005 年版。

黄伯荣、廖序东：《现代汉语》，高等教育出版社 2007 年版。

黄树民：《林村的故事：一九四九年后的中国农村改革》，生活·读书·新知三联书店 2002 年版。

霍凯特：《现代语言学教程》，北京大学出版社 2002 年版。

简·爱切生：《语言的变化：进步还是退步?》，语言出版社 1997 年版。

杰里·本特利、赫伯特·齐格勒、希瑟·斯特里兹：《简明新全球史》，北京大学出版社 2009 年版。

黎熙元：《现代社区概论》，中山大学出版社 1998 年版。

李培林：《村落的终结——羊城村的故事》，商务印书馆 2004 年版。

李培林、李强、孙立平等：《中国社会分层》，社会科学文献出版社 2004 年版。

李强：《转型时期的中国社会分层结构》，黑龙江人民出版社 2002 年版。

李如龙：《论福建方言》，福建人民出版社 1997 年版。

李如龙：《汉语方言特征词研究》，厦门大学出版社 2002 年版。

李如龙、姚荣松：《闽南方言》，福建人民出版社 2008 年版。

李宗江：《汉语常用词演变研究》，上海教育出版社 2016 年版。

林国平、钟建华：《漳州民间信仰与闽南社会（上、下）》，中国社会科学出版社 2016 年版。

林寒生：《闽台传统方言习俗文化遗产资源调查》，厦门大学出版社

2014 年版。

林华东：《泉州方言研究》，厦门大学出版社 2008 年版。

林连通：《泉州市方言志》，社会科学文献出版社 1993 年版。

林耀华：《民族学通论》，中央民族大学出版社 1997 年版。

刘豪兴、徐珂：《农村社会学》，中国人民大学出版社 2004 年版。

陆学艺：《当代中国社会阶层研究报告》，社会科学文献出版社 2002 年版。

马重奇、施榆生：《海峡西岸闽南方言与文化研究（上、下）》，中国社会科学出版社 2016 年版。

戚雨村等：《语言学百科词典》，上海辞书出版社 1993 年版。

齐沪扬、陈昌来：《应用语言学纲要》，复旦大学出版社 2016 年版。

乔姆斯基：《句法理论的若干问题》，中国社会科学出版社 1986 年版。

孙德平：《工业化过程中的语言变异与变化——江汉油田调查研究》，中国社会科学出版社 2013 年版。

孙立平：《断裂——20 世纪 90 年代以来的中国社会》，社会科学文献出版社 2004 年版。

谭邦君：《厦门方言志》，北京语言学院出版社 1996 年版。

佟新：《人口社会学》，北京大学出版社 2003 年版。

王玲：《城市语言研究的理论与方法》，中国社会科学出版社 2012 年版。

邢福义：《文化语言学》，湖北教育出版社 2000 年版。

徐大明、陶红印、谢天蔚：《当代社会语言学》，社会科学文献出版社 1997 年版。

徐大明：《语言变异与变化》，上海教育出版社 2006a 年版。

徐永祥：《社区发展论》，华东理工大学出版社 2000 年版。

许国璋：《论语言和语言学》，商务印书馆 1997 年版。

杨世莹：《Excel 数据统计与分析范例应用》，中国青年出版社 2006 年版。

叶蜚声、徐通锵：《语言学概论（修订版）》，北京大学出版社 2012 年版。

袁方：《社会研究方法》，北京大学出版社 1997 年版。

袁庭栋：《古代称谓谈》，中华书局 1994 年版。

约翰·J. 马休尼斯、文森特·N. 帕里罗：《城市社会学》，中国人民大学出版社 2016 年版。

詹伯慧：《汉语方言及方言调查》，湖北教育出版社 2001 年版。

张斌、徐青：《现代汉语》，华东师范大学出版社 2006 年版。

张光博：《社会学词典》，人民出版社 1989 年版。

郑杭生：《社会学概论新修（第四版）》，中国人民大学出版社 2013 年版。

中国社会科学院语言研究所词典编辑室：《现代汉语词典（第 5 版）》，商务印书馆 2005 年版。

中国语言生活状况报告课题组：《中国语言生活状况报告（2006）》，商务印书馆 2007 年版。

中国语言文字使用情况调查领导小组办公室：《中国语言文字使用情况调查资料》，语文出版社 2006 年版。

周长楫：《厦门方言词典》，江苏教育出版社 1993 年版。

周长楫：《闽南方言大词典》，福建人民出版社 2006 年版。

周长楫：《闽南方言与文化》，中国国际广播出版社 2014 年版。

周长楫、欧阳忆耘：《厦门方言研究》，福建人民出版社 1998 年版。

周其仁：《城乡中国》，中信出版集团 2017 年版。

周振鹤、游汝杰：《方言与中国文化》，上海人民出版社 2006 年版。

庄孔韶：《人类学通论（修订版）》，山西教育出版社 2005 年版。

Chambers, J. K. 1995. *Sociolinguistic Theory: Linguistic Variation and Its Social Significance*. Oxford: Blackwell.

Chambers, J. K. and P. Trudgill. 2002. *Dialectology*. Peking: Peiking University Press.

Chomsky, N. 1977. *Language and Responsibility*. Brighton: Harvester.

Coulmas, F. 2010. *Sociolinguitics: The Study of Speakers' Choices*. Peking: Foreign Language Teaching and Research Press.

Croft, W. 2011. *Explaining Language Change: An Evolutioary Approach*. Peking: World Book Publishing Company.

Fasold, R. 2000. *The Sociolinguistics of Language*. Peking: Foreign Language Teaching and Research Press.

Gumperz, J. J. 1971. *Language in Social Groups*. Stanford: Stanford University Press.

Holmes, J. 2011. *An Introduction to Sociolinguistics (Third Edition)*. Peking: World Book Publishing Company.

Hudson, R. A. 2000. *Sociolinguistics*. Peking: Foreign Language Teaching and Research Press.

Hymes, D. H. 1974. *Foundations in Sociolinguistics: An Ethnographic Approach*. Philadelphia: University of Pennsylvania Press.

Labov, W. 1966. *The Social Stratification of English in New York City*. Washington, D. C: Center for Applied Linguistics.

Labov, W. 1972a. *Language in the Inner City: Studies in the Black English Vernacular*. Philadelphia: University of Pennsylvania Press.

Labov, W. 1972b. *Sociolinguistic Patterns*. Philadelphia: University of Pennsylvania Press.

Labov, W. 2001. *Studies in Sociolinguistics: Selected Papers by William Labov*. Peking: Peking Language and Culture University Press.

Labov, W. 2007. *Principles of Linguistic Change: Internal Factors*. Peking: Peking University Press.

Macaulay, R. K. S. 1977. *Language, Social Class, and Education: A Glasgow Study*. Edinburgh: Edinburgh University Press.

Milroy, L. 1987. *Language and Social Networks*. 2nd edn. Oxford: Basil Blackwell.

Platt, J. T. and H. K. Platt. 1975. *The Social Signification of Speech: An Introduction to and Workbook in Sociolinguistics*. Amsterdam: North-Holland.

Smith, N. 1989. *The Twitter Machine*. Oxford: Blackwell.

Thomason, S. G. 2014. *Language Contact: An Introduction*. Peking: World Book Publishing Company.

Trudgill, P. 2003. *A Glossary of Sociolinguistics*. Edinburgh: Edinburgh University Press.

Wardhaugh, R. 2000. *An Introduction to Sociolinguistics*. Peking: Foreign Language Teaching and Research Press.

二 期刊论文

鲍厚星:《方言词汇比较与湖南方言分区》,《湖南师范大学学报》(哲学社会科学版) 1985 年第 3 期。

鲍明炜:《六十年来南京方音向普通话靠拢情况的考察》,《中国语文》1980 年第 4 期。

曹志耘:《浙江金华珊瑚村方言状况研究》,《中国社会语言学》2003 年第 1 期。

曹志耘:《汉语方言:一体化还是多样性?》,《语言教学与研究》2006 年第 1 期。

曹志耘:《关于建设汉语方言博物馆的设想》,《语文研究》2010 年第 2 期。

陈汉初:《潮汕民间亲属称谓浅谈》,《汕头大学学报》(人文社会科学版) 2003 年增刊。

陈恒汉:《闽南方言的外来词研究:历史及类型》,《内蒙古农业大学学报》(社会科学版) 2011 年第 1 期。

陈鸿、苏翠文:《闽方言传承现状与保护对策研究之一:闽南方言》,《闽江学院学报》2016 年第 6 期。

陈建民:《从方言词语看地域文化》,《语言教学与研究》1997 年第 4 期。

陈琦敏:《莆田方言母亲称谓的调查分析》,《莆田学院学报》2009 年第 6 期。

陈新文:《休宁方言亲属称谓的文化内涵》,《西昌学院学报》(社会科学版) 2009 年第 1 期。

陈友义:《潮汕民间亲属称谓》,《寻根》2011 年第 6 期。

陈章太:《中国社会语言学在发展中的问题》,《世界汉语教学》2002 年第 2 期。

程序:《鄱阳方言语音变异研究》,《中国社会语言学》2006 年第 2 期。

丛铁华:《濒危语言个案研究:仙岛人的语言状况及其成因》,《中国社会语言学》2004 年第 2 期。

丁斌余:《从方言的接触探究社会因素对方言变体的影响——以温州

方言为例》，《社科纵横》（新理论版）2013 年第 1 期。

邓晓华：《客家方言的词汇特点》，《语言研究》1996 年第 2 期。

董海军：《个案研究结论的一般化：悦纳困境与检验推广》，《社会科学辑刊》2017 年第 3 期。

董绍克：《方言字初探》，《语言研究》2005 年第 2 期。

都兴宙：《青海方言亲属称谓词简论》，《青海大学学报》（社会科学版）1998 年第 3 期。

冯兰瑞：《不能用"城镇化"代替城市化》，《中国商界》2004 年第 4 期。

福建省教育厅：《福建省 1958 年推广普通话工作总结及 1959 年计划》，《文字改革》1959 年第 4 期。

付义荣：《南京市语言使用情况调查及其思考》，《南京航空航天大学学报》（社会科学版）2004 年第 3 期。

付义荣：《社会流动：安徽无为傅村父亲称谓变化动因》，《中国语文》2008 年第 2 期。

付义荣：《也谈人口流动与普通话普及——以安徽无为县傅村进城农民工为例》，《语言文字应用》2010 年第 2 期。

付义荣：《社会语言学理论整合的必要性与可能性》，《华文教学与研究》2011b 年第 2 期。

付义荣：《新老农民工语言状况比较研究——以上海、厦门两地的农民工为例》，《语言学研究》2016 年第 2 期。

付义荣、葛燕红：《社会语言学视野中的社会认同理论》，《福建师范大学学报》（哲学社会科学版）2018 年第 4 期。

付义荣、胡萍：《闽南农村语言状况调查》，《语言战略研究》2020 年第 6 期。

付义荣、柯月霞：《闽南农村父母称谓变异与变化研究——以漳州市流岗村为例》，《中国语言战略》2019 年第 1 期。

付义荣、吴海松：《〈汉语方言地图集·词汇卷〉中无为方言词汇之补正》，《集美大学学报》（哲学社会科学版）2017 年第 1 期。

付义荣、严振辉：《论城市方言的社会分布——基于对厦门市的快速匿名调查》，《东南学术》2017 年第 4 期。

高海洋：《甘柏兹教授谈社会语言学》，《语言教学与研究》2003 年第 1 期。

高莉琴、李丽华:《乌鲁木齐农民工语言调查研究》,《新疆大学学报》(哲学人文社会科学版) 2008 年第 5 期。

葛俊丽:《城市化进程中城市新移民语言状况调查与分析》,《浙江工业大学学报》(社会科学版) 2011 年第 4 期。

郭锦桴:《闽南人外迁及其方言文化的传播》,《闽台文化交流》2008 年第 1 期。

郭骏:《关于城市语言调查的几点思考》,《语言文字应用》2013 年第 4 期。

郭熙、曾炜、刘正文:《广州市语言文字使用情况调查报告》,《中国社会语言学》2005 年第 2 期。

胡蓉、蒋于花:《对怀化市鹤城区中小学学生语言使用状况的调查与思考》,《怀化学院学报》2008 年第 6 期。

黄雪贞:《湖南江永方言词汇(一)》,《方言》1991 年第 1 期。

黄雪贞:《湖南江永方言词汇(二)》,《方言》1991 年第 2 期。

黄雪贞:《湖南江永方言词汇(三)》,《方言》1991 年第 3 期。

姜爱林:《"城市化"与"城镇化"基本涵义研究述评》,《株洲师范高等专科学校学报》2003 年第 4 期。

蒋冰冰:《双语与语言和谐——来自上海市学生语言使用情况的调查》,《修辞学习》2006 年第 6 期。

黎红:《从被动到自觉:新生代农民工的语言环境与同化路径研究》,《浙江社会科学》2015 年第 2 期。

李荣:《方言研究中的若干问题》,《方言》1983 年第 2 期。

李如龙:《福建方言与福建文化的类型区》,《福建师范大学学报》(哲学社会科学版) 1992 年第 2 期。

李如龙:《汉语方言资源及其开发利用》,《郑州大学学报》(哲学社会科学版) 2008 年第 1 期。

李如龙:《论方言特征词的特征》,《方言》2014 年第 2 期。

李如龙、徐睿渊:《厦门方言词汇一百多年来的变化》,《厦门大学学报》(哲学社会科学版) 2007 年第 1 期。

李少婧:《铜陵方言亲属称谓词考察》,《广西科技师范学院学报》2018 年第 3 期。

李现乐：《试论言语社区的层次性》，《东北大学学报》（社会科学版）2010 年第 3 期。

李子才：《厦门市农村劳动力就业状况分析》，《中国统计》2009 年第 8 期。

林宝卿：《漳州方言词汇（一）》，《方言》1992 年第 2 期。

林宝卿：《漳州方言词汇（二）》，《方言》1992 年第 3 期。

林宝卿：《漳州方言词汇（三）》，《方言》1992 年第 4 期。

林宝卿：《闽南方言若干本字考源》，《厦门大学学报》（哲学社会科学版）1998 年第 3 期。

林寒生：《从方言词汇透视闽台文化内涵》，《厦门大学学报》（哲学社会科学版）1994 年第 4 期。

林华东、陈燕玲：《泉州地区三峡移民语言生活状况调查》，《语言文字应用》2011 年第 2 期。

林连通：《福建永春方言词汇（一）》，《方言》1987 年第 4 期。

林连通：《福建永春方言词汇（二）》，《方言》1988 年第 1 期。

林晓峰、吴晓芳：《两岸交流视域中的厦漳泉闽南方言》，《东南学术》2015 年第 6 期。

刘丹青：《〈南京方言词典〉引论》，《方言》1994 年第 2 期。

刘慧：《社会变迁与亲属称谓的发展》，《牡丹江教育学院学报》2008 年第 6 期。

刘丽华：《蓝田（涟源）方言词汇（一）》，《方言》2000 年第 4 期。

刘丽华：《蓝田（涟源）方言词汇（二）》，《方言》2001 年第 1 期。

刘玉屏：《农民工语言行为的社会学研究》，《求索》2010 年第 8 期。

刘玉屏、侯友兰：《农民工语言使用情况调查——以浙江省绍兴市为样本》，《绍兴文理学院学报》（哲学社会科学版）2008 年第 4 期。

陆镜光、张振江：《近五十年来广东地区语言变迁大势》，《中国社会语言学》2003 年第 1 期。

雒鹏：《甘肃方言本字考察》，《西北师范大学学报》（社会科学版）2008 年第 1 期。

马重奇：《十九世纪初叶福建闽南方言词汇研究（一）》，《福建论坛》（人文社会科学版）2009 年第 11 期。

马重奇：《20 年来闽方言研究综述》，《东南学术》2011 年第 1 期。

马重奇、张凡：《闽台闽南方言词汇比较考源（一）》，《福建论坛》（人文社科版）2007 年第 9 期。

马重奇、张凡：《闽台闽南方言词汇比较考源（二）》，《福建论坛》（人文社科版）2007 年第 10 期。

马重奇、张凡：《闽台闽南方言词汇比较考源（三）》，《福建论坛》（人文社科版）2008 年第 11 期。

马重奇、张凡：《闽台闽南方言词汇比较考源（四）》，《福建论坛》（人文社科版）2008 年第 12 期。

马赛厄斯·布伦津格、伯恩特·海因、加布里埃尔·萨默：《非洲的语言消亡》，《第欧根尼》1992 年第 2 期。

马宇、谭吉勇：《江津方言使用现状的语言分析——以亲属称谓词和动物名称词为例》，《西安航空学院学报》2018 年第 6 期。

蒙凤金、唐红梅：《广西南宁市万秀村平话词汇代际差异现象探索》，《广西教育学院学报》2010 年第 1 期。

苗守艳：《言语社区五要素存在价值的思考》，《河北广播电视大学学报》2014 年第 1 期。

莫红霞：《城市化进程中农民工语言接触与语言认同研究——以杭州市农民工为调查样本》，《文教资料》2010 年第 14 期。

钱乃荣：《SOV 完成体句和 SVO 完成体句在吴语中的接触结果》，《中国社会语言学》2006 年第 2 期。

秦广强：《进京农民工的语言能力与城市融入》，《语言文字应用》2014 年第 3 期。

饶秉才、欧阳觉亚、周无忌：《广州话词汇特点研究（上）》，《暨南大学学报》（哲学社会科学版）1981 年第 1 期。

邵百鸣：《南昌话词汇的历史层次》，《江西社会科学》2003 年第 6 期。

沈文洁：《成都话与普通话及各方言词汇的比较》，《华中师范大学学报》（哲学社会科学版）1996 年第 2 期。

苏晓青、刘磊：《徐州话向普通话靠拢趋势的考察》，《徐州师范大学学报》（哲学社会科学版）2002 第 4 期。

苏晓青、佟秋妹、王海燕：《徐州方言词汇 60 年来的变化——徐州方言向普通话靠拢趋势考察之二》，《徐州师范大学学报》（哲学社会科学版）2004 年第 3 期。

　　苏新春：《论方言特征词的频率选取法》，《学术研究》2000 年第 8 期。

　　素虹：《亲属称谓的特殊现象》，《汉语学习》1991 年第 6 期。

　　孙锐欣：《方言存在维度的探索与常州市区语言使用状况调查》，《常州工学院学报》（社会科学版）2007 年第 3 期。

　　孙雅静：《"城镇化"与中国特色的城市化道路》，《中共中央党校学报》2004 年第 2 期。

　　孙叶林：《从语言接触看常宁塔山汉语对塔山勉语的影响》，《湖南师范大学社会科学学报》2011 年第 1 期。

　　谭伦华：《四川平昌方言的亲属称谓词》，《西南民族学院学报》（哲学社会科学版）2001 年第 2 期。

　　佟秋妹：《三峡移民社区内部网络与语言使用情况分析》，《语言文字应用》2018 年第 2 期。

　　王粉梅：《宝应县"河西人"的语言使用状况调查研究》，《安徽广播电视大学学报》2011 年第 3 期。

　　汪化云：《鄂东北方言中的父母称谓词考辨》，《黄冈师专学报》（社会科学版）1996 年第 1 期。

　　汪平：《普通话与苏州话在苏州的消长研究》，《语言教学与研究》2003 年第 1 期。

　　王慧、梁雯娟：《新中国普及义务教育政策的沿革与反思》，《河北师范大学学报》（教育科学版）2015 年第 3 期。

　　王玲：《言语社区基本要素的关系和作用——以合肥科学岛社区为例》，《语言教学与研究》2009 年第 5 期。

　　王远新：《都市"城市村"的语言生活——乌鲁木齐市水磨沟区红山村居民语言使用、语言态度调查》，《民族翻译》2010 年第 3 期。

　　王远新：《贵阳市"城中村"的语言生活——花溪村居民语言使用和语言态度调查》，《民族翻译》2013 年第 1 期。

　　魏宁：《闽南红砖民居探析》，《西南农业大学学报》（社会科学版）2012 年第 8 期。

　　吴翠芹：《上海市"问路"调查》，《现代语文》2008 年第 6 期。

　　伍昀、伍巍：《嘉应学院学报》（哲学社会科学版）2018 年第 10 期。

武小军：《交际空间与话语选择——流动人口在务工流入地语言实态调查》，《语言文字应用》2012 年第 4 期。

武小军、杨绍林：《返乡流动人口的语言选择与变化——基于交际空间的量化分析》，《语言文字应用》2014 年第 1 期。

夏历：《城市农民工语言态度调查》，《社会科学战线》2012 年第 1 期。

向亮：《南部土家语的"孤岛"现象研究》，《民族论坛》2010 年第 1 期。

肖巧朵：《论社区的相对意义》，《社会学》2002 年第 4 期。

徐大明：《言语社区理论》，《中国社会语言学》2004 年第 1 期。

徐大明：《中国社会语言学的新发展》，《南京社会科学》2006 年第 2 期。

徐大明：《中国社会语言学的新发展》，《南京社会科学》2006b 年第 2 期。

徐大明、付义荣：《南京"问路"调查》，《中国社会语言学》2005 年第 2 期。

徐大明、王玲：《城市语言调查》，《浙江大学学报》（人文社科版）2010 第 6 期。

许宝华：《加强汉语方言的词汇研究》，《方言》1999 年第 1 期。

许绿翎、陈笃彬：《闽南方言词汇初探》，《华侨大学学报》（哲学社会科学版）1991 年第 1 期。

许婉虹：《饶平县疍家人语言生活状况调查报告》，《韩山师范学院学报》2016 年第 2 期。

杨梅：《川渝亲属称谓漫谈》，《文史杂志》2001 年第 2 期。

杨晋毅：《洛阳市普通话和方言的分布与使用情况》，《语言文字应用》1997 年第 4 期。

杨晓黎：《关于"言语社区"构成基本要素的思考》，《学术界》2006 年第 5 期。

杨秀明：《闽南方言"仔"缀的语法化》，《中国方言学报》2015 年第 5 期。

张斌华：《东莞地名语言及文化研究——兼论言语社区理论在地名研究中的应用》，《东莞理工学院学报》2014 年第 4 期。

张红川、王耘：《论定量与定性研究的结合问题及其对我国心理学研究的启示》，《北京师范大学学报》（人文社科版）2001 年第 4 期。

张惠英：《广州方言词考释》，《方言》1990 年第 2 期。

张嘉星：《闽南话词汇主要来源的探讨》，《闽台文化研究》2016 年第 3 期。

张璟玮、徐大明：《人口流动与普通话普及》，《语言文字应用》2008 年第 3 期。

张丽娟：《中国的城市化与城镇化的问题》，《内蒙古师范大学学报》（哲学社会科学版）2008 年第 6 期。

张振兴：《闽语及其周边方言》，《方言》2000 年第 1 期。

赵蓉晖：《中国社会语言学发展的若干特点》，《解放军外国语学院学报》2004 年第 2 期。

赵蓉晖：《最近十年的中国社会语言学》，《新疆大学学报》（哲学·人文社会科学版）2005 年第 3 期。

钟梓强、邓玉荣：《贺州市近郊鸬鹚屋的语言生活》，《文化遗产》2010 年第 1 期。

周长楫：《说"一""酉"和"蜀"》，《语言研究》1982 年第 2 期。

周长楫：《福建境内闽南方言的分类》，《语言研究》1986 年第 2 期。

周加来：《城市化·城镇化·农村城市化·城乡一体化》，《中国农村经济》2001 年第 5 期。

周明强：《言语社区构成要素的特点与辩证关系》，《浙江教育学院学报》2007 年第 5 期。

周晓虹：《社会学理论的基本范式及整合的可能性》，《社会学研究》2002 年第 5 期。

周永军：《试析言语社区的类型——基于言语社区理论"认同"要素再认识》，《宁夏大学学报》（人文社会科学版）2015 年第 5 期。

周志锋：《宁波方言的词汇特点》，《宁波大学学报》（人文科学版）2010 年第 1 期。

朱建颂、刘兴策：《武汉方言词汇（一）》，《方言》1981 年第 1 期。

朱建颂、刘兴策：《武汉方言词汇（二）》，《方言》1981 年第 2 期。

朱建颂、刘兴策：《武汉方言词汇（三）》，《方言》1981 年第 3 期。

Docherty, G., Foulkes, J., Milroy, J., Milroy, L., and D. Walshaw.

1997. Descriptive Adequency in Phonology: A Variationist Perspective. *Journal of Linguistics*, 33:1-36.

Haas, M. 1944. Men and Women's Speech in Koasati. *Language*, 20: 142-149.

Labov, W. 1963. The Social Motivation of a Sound Change. *Word*, 19: 273-309.

Milroy, J. and L. Milroy. 1993. Mechanisms of Change in Urban Dialects: The Role of Class, Social Network and Gender. *International Journal of Applied Linguistics*, 3 (1): 57-78.

Milroy, L. and J. Milroy. 1995. 社会语言学中的"网络分析". 国外语言学, 1995, (2): 45-50.

Trudgill, P. 1972. Sex, Covert Prestige and Linguistic Change in the Urban British English of Norwich. *Language in Society*, 1: 179-95.

Trudgill, P. 1988. Norwich Revisited: Recent Linguistic Changes in an English Urban Dialect. *English World-Wide*, 9: 33-49.

三　论文集论文

陈名实:《现代闽南概念的形成及其文化意义》,载于福建省炎黄文化研究会、世界(澳门)闽南文化交流协会编《闽南文化的当代性和世界性论文集》,海峡文艺出版社 2015 年版。

陈忠敏:《〈语言变化原理:内部因素〉导读》,载于 Labov (2007)。

费孝通:《二十年来中国社区研究》,载于《费孝通文集》,群言出版社 1999 年版。

李如龙:《闽南方言与闽南文化》,载于《闽南文化研究——第二届闽南文化研讨会论文集》,海峡文艺出版社 2003 年版。

李如龙:《闽南方言与闽台文化》,载于《中华文化与地域文化研究——福建省炎黄文化研究会 20 年论文选集》,鹭江出版社 2011a 年版。

李如龙:《汉语词汇学论集》,厦门大学出版社 2011b 年版。

仇立平:《职业地位:社会分层的指示器》,载于李培林、李强、孙立平《中国社会分层》,社会科学文献出版社 2004 年版。

沈家煊:《近年来语言学研究综述》,载于李铁映编《中国人文社会科学前沿报告(1999)》,社会科学文献出版社 1999 年版。

张先亮、赵思思：《城市化进程中农民工语言能力现状及对策研究——以嘉兴市农民工为例》，载于《第七届全国语言文字应用学术研讨会论文集》，湘潭大学出版社 2013 年版。

朱媞媞：《埔村亲属称谓反映的闽南渔村民俗》，载于《论闽南文化：第三届闽南文化学术研讨会论文集（下）》，鹭江出版社 2005 年版。

Anttila, A. 2002. Variation and Phonological Theory. In J. K. Chambers, P. Trudgill and N. Schilling-Estes (eds). 2002: 206-243.

Brenzinger, M. (ed). 1992. *Language Death: Factual and Theoretical Explorations with Special Reference to East Africa*. Berlin & New York: Mouton de Gruyter.

Bright, W. 2001. Social Factors in Language Change. In F. Coulmas, 2001: 81-91.

Brown, P. and Levinson, S. 1979. Social structure, groups and interaction. In K. R. Scherer and H. Giles (eds) *Social markers in Speech*. Cambridge: Cambridge University Press, 56-289.

Chambers, J. K. 2002. Studying Language Variation: An Informal Epistemology. In Chambers, J. K., Trudgill, P. and Schilling - Estes, N., *The Handbook of Language Variation and Change*. Oxford: Blackwell, 3-14.

Chambers, J. K., Trudgill, P. and Schilling - Estes, N., 2002. *The Handbook of Language Variation and Change*. Oxford: Blackwell.

Coulmas, F. 2001. *The Handbook of Sociolinguistics*. Peking: Foreign Language Teaching and Research Press.

Gal, S. 1978. Variation and Change in Patterns of Speaking: Language Shift in Austria. In D. Sankoff (ed.). *Linguistic Variation: Models and Methods*, New York: Academic Press, 227-238.

Gumperz, J. J. 1967. Language and Communication. In Bertram M. Gross (ed.). *The Anuals of the American Acadamy of Political and Social Sciences*, 373: 219-231.

Le Page, R. B. 2001. A Sociolinguistic Theory of Language. In Coulmas (2001), 15-32.

Lyons, J. (ed). 1970. *New Horizons in linguistics*. Harmondsworth, England: Penguin Books.

Milroy, L. 1999. Woman as Innovators and Norm-Creators: The Sociolinguistics of Dialect Leveling in A Northern English City. In S. Wertheim, A. C. Bailey and M. Corston-Oliver (eds.) *Engendering Communication: Proceedings of the 5th Berkeley Women and Language Conference*, Berkley, CA: Berkeley Women and Language Group, 361-376.

Patrick, Peter L. 2002. The Speech Community. In J. K. Chambers, Peter Trudgill, and Natalie Schilling-Estes (eds.) *The Handbook of Language Variation and Change.* Malden MA: Blackwell Publishers, 573-597.

Tajfel, H. 1972. Social Categorization, English Manuscript of 'La Categorization Sociale'. In S. Moscovici (ed.). *Inruoduction à la psychologie sociale*, Paris: Larousse.

Trudgill, P. (ed.). 1978. *Sociolinguistic Paterns in British English.* London: Edward Arnold.

Weinreich, U., W. Labov and M. Herzog. 1968. Empirical Foundations for a Theory of Language Change. In W. P. Lehmann and Y. Malkiel (eds.) *Directions for Historical Linguistics.* Austin, TX: University of Texas Press, 95-188.

四 学位及会议论文

付义荣:《傅村语言调查:言语社区和语言变化》,博士学位论文,南京大学,2005 年。

何传勇:《新型城镇化进程中成都客家话亲属称谓研究》,硕士学位论文,暨南大学,2018 年。

雷红波:《上海新移民的语言社会学调查》,博士学位论文,复旦大学,2008 年。

李如龙:《论汉语方言特征词》,中国语言学会第十届学术年会论文,1999 年福州。

林伟:《宿城村外出务工人员语言状况研究》,硕士学位论文,南京大学,2011 年。

林艳:《平潭闽南方言岛亲属称谓排行》,硕士学位论文,福建师范大学,2012 年。

刘建希:《1949—2010 年泉州农村剩余劳动力转移研究》,硕士学位论文,南京师范大学,2013 年。

刘立娅：《河南固始方言词汇的变化研究》，硕士学位论文，集美大学，2017年。

刘若轩：《亲属称谓：传统与变革——以山东地区为中心》，硕士学位论文，山东大学，2012年。

明黎娟：《云南腾冲方言亲属称谓研究》，硕士学位论文，吉首大学，2018年。

邵则遂：《古楚方言词历时研究》，博士学位论文，武汉大学，2011年。

孙建华：《陕西方言词汇比较研究》，硕士学位论文，山西师范大学，2009年。

万小双：《湖北广水方言亲属称谓研究》，硕士学位论文，湖南师范大学，2018年。

吴洁：《潮州方言亲属称谓研究》，硕士学位论文，暨南大学，2007年。

谢文英：《东部沿海欠发达地区农业的可持续发展问题——以福建省漳州市为例》，硕士学位论文，厦门大学，2006年。

叶雪萍：《客家方言词汇源流考》，硕士学位论文，西北大学，2010年。

易希：《城镇化进程中农村语言状况研究——以湖南株洲云田村方言为个案》，硕士学位论文，湖南师范大学，2013年。

岳雅凤：《绿春县牛孔乡双语状况研究》，硕士学位论文，中央民族大学，2010年。

张敏：《城市化进程中农村方言词汇研究》，硕士学位论文，湘潭大学，2011年。

五　报纸文章

教育部：《2017年全国教育事业发展统计公报》，《中国教育报》2018年7月21日第3版。

潘悟云、游汝杰、麦耘、张洪明、孔江平：《抢救日渐衰微的方言》，《社会科学报》2010年6月3日版。

杨敏：《史学研究：定量与定性相得益彰》，《中国社会科学报》2013年8月19日第A04版。

后　　记

　　这是我的第三部学术专著，前两部的"后记"，我写得都很轻松，因为完稿终究是件高兴的事。这一次的"后记"，虽然也是在完稿之后，但我却没有丝毫的轻松，更谈不上高兴。因为我不由得想起了我的父母，他们分别于2014年、2018年患病离世，先后相隔仅四年半的时间，这也正是本人主持国家社科基金项目"闽南农村汉语方言词汇变化研究"的时间。该项目的起止时间为2014—2019年，回想这段日子，脑子里所充斥的不再是做项目的艰辛，而是对父母无尽的哀思：他们劳作一生、朴素一生，在时无福消受荣华，走时却要遭受病痛折磨！每每想到此处，总是让人痛心不已。"生者为过客，死者为归人"，李白曾以此来豁达面对生死，有时我也以此开解自己：父母只是去了他们要去的地方而已，而作为"过客"的我，还是要把手头的事情做好，认真过好每一天。因此，这也是一本献给我父母的书，感谢他们的生养之恩与教导之情，希望此书能够让他们在另一个地方感到些许的安慰。

　　作为项目的一部分，本书的最终出版得益于诸多单位及人士的支持与帮助。感谢集美大学，那是我最早工作的地方，也是我工作最久的地方，我在那里足足工作了21年，甚至比我在老家所待的日子还要长。可以说，集美大学就是我的第二个"老家"。本项目正是在那里得以申报并立项的，其绝大部分工作也是在那完成的。而在实施的过程中，本项目得到了集美大学诸多同事实质而具体的帮助：王丽华、洪映红、吴光辉三位老师是本项目的成员；黄碧琴、李显增、柯志贤、白丽灵、汪叶俊五位老师帮我分担了项目中的诸多琐事。

　　感谢华侨大学文学院的胡萍博士，她是本项目的成员，不仅参与了本项目的调查，还非常认真地帮我校对了书稿，提出了许多有益的建议；感谢暨南大学华文学院的祝晓宏博士，他也是本项目的成员，与他的日常切磋，增进了我对本项目研究的自信，尤其明确了本项目的研究思路。

感谢我现在的单位——汕头大学。2019 年 7 月，我由集美大学调至汕头大学，这是一所年轻而纯朴的大学。她创建于 1981 年，迄今还不到四十岁，甚至比我还年轻好几岁。汕大虽然年轻，但却没有年轻者的张扬与浮躁。她一直静静地依立于市郊的桑浦山，校园里郁郁葱葱、溪水长流，既没有高楼大厦的恢宏，也没有街市广场的喧嚣，唯有一些舒缓白净而各具风格的建筑掩映其中，一切都是这么地自然而然。身处其中，心也跟着平静下来，读书、思考、写东西……做什么都纯粹得多，也有效得多。

当然，更要感谢的是汕大人。感谢文学院院长毛思慧教授、副院长杨庆杰博士，他们的平易与热情能让我顺利融入汕大，并且在我申请出版经费的过程中，他们都提供了有益的指导与重要的支持。

感谢中国社会科学出版社的任明先生，虽与他未曾谋面，但因出版事宜有过多次交往，他严谨认真的处事风格给我留下了深刻的印象，这也是我乐于将本书交由他编辑出版的重要原因。

最后，谨以此书献给所有关心中国农村社会语言学的读者，一则真诚地期待他们对本书的批评与指正，二则也热切地期望能有更多的学者投入中国农村社会语言学的调查与研究之中。

付义荣

2020 年 8 月 7 日